JN098349

人権入門【第4版】

憲法／人権／マイノリティ

横藤田　誠　著
中坂恵美子

法律文化社

はしがき

　本書は，主として大学の法学部以外の学生や市民の方々に「人権」について学ぶための材料を提供するために作成した入門書である。2008年に初版，2011年に第2版，2017年に第3版が出版され，今回4年ぶりの改訂となった。以下，この本の構成とタイトルの意味について少し説明をしておきたいと思う。

　本書は3部構成である。FIRST STAGE は，人権総論部分であり，人権保障の歴史やあり方を，歴史的な人権文書，明治憲法，日本国憲法，国際人権法等を材料として解説している。読者には，まず，自分が人権の享有主体であることを意識していただきたいと思う。そして，人権はすべての人に保障されるはずのものであることも再認識してもらいたい。そのためには，人権保障の歴史等を理解することは不可欠であると考えてこの部分をおくこととした。

　SECOND STAGE は，日本国憲法が保障している人権のうち，個人の尊厳と平等，幸福追求権，精神的自由，生存権，労働者の権利，刑事手続における権利を取り上げることとした。これらの人権は今日の日本でも侵害されやすく，誰もが人権侵害の被害者になりうる可能性が高いものであり，まさに自分の身を護るためにもしっかりと知識と思考を身につけてほしいと思う。

　THIRD STAGE がマイノリティの権利で，すべての人というよりは特定の人たちに関して問題となってくる人権を扱っている。取り上げたのは，性別に関連する問題，子ども，障害者，ホームレス，外国人，戦後補償，ビジネスと人権，少数民族等の権利，である。おわかりいただけると思うが，弱い立場におかれた人たちのことである。日本で，あるいは世界でも，マイノリティという言葉は，はっきりと用法が定まっておらず，近年の研究，岩間暁子／ユ・ヒョヂョン編著『マイノリティとは何か』（ミネルヴァ書房，2007年）では，研究対象とした7カ国のマイノリティ概念を3つに分けて整理している。1つ目は「限定型」，2つ目は「拡散型」，3つ目には「回避型」である（同書5頁）。日本では，1990年以降同性愛者や障害者などを含む「弱者」一般を指し示す2

つ目の用法が増加し，その使われ方は1994年ごろにほぼ定着したといわれている（同書37〜45頁）。本書のタイトルに使われているマイノリティの意味は，この日本で一般的に使われている「拡張型」の用法によるものである。「弱者」の権利といってしまえばわかりやすいのかもしれないが，その人たちが本来的に「弱者」であるわけではなく，社会のあり方が「弱者」を作り出しているのである。そして，少数派の彼らが弱者でなくなるような社会をつくることこそが求められることであるという立場がまさにこの本の訴えたいことでもあるので，マイノリティという用語をあてることにした。第17講に出てくる少数民族等の権利は，第1番目の国際人権法の規定に依拠した「限定型」の意味でのマイノリティであるが，混乱を防ぐために少数民族等と区別して表記することにした。

　このTHIRD STAGE は，必ずしも自分には関係が深い問題ではないかもしれない。しかし，すべての人に保障されるべき人権が，最も否定されやすい局面を知り，基本的人権がすべての人に保障される社会とは何かということを，人として，主権者としてしっかり考えてみてほしい。2010年5月には「日本国憲法の改正手続に関する法律」が施行され，私たちの一票が，憲法を，そしてこの国のあり方を決める日々がやってくるのは，現実的になっている。

　今回の改訂で特に意識したことは，コロナ禍において生命や自由について改めて考えた人たちに思いをよせて，コロナ禍と人権についてところどころで言及したこと，そして，戦後補償の問題が日本にとって重要な課題であることを痛感し，第16講でそのテーマを第2版以来再び扱ったことである。

　入門書として，わかりやすい表現を心がけたが，それでもまだ法律的なかたいいいまわしもある。各講の導入部分でとっつきにくさを補ってみた。

　なお，本書の製作にあたり法律文化社の小西英央氏に数多くの適切なアドバイスをいただいた。紙面を借りてここにお礼を申し上げさせていただきたい。

　2020年11月

　　　　　コロナ禍によるオンライン授業を試行錯誤した年に

　　　　　　　　　　　　　　著　者

目　　次

SECOND STAGE　日本国憲法の人権

THIRD STAGE　マイノリティの人権

FIRST STAGE

人権とは何か

（広島大学文書館森戸辰男関係文書より）

　1946（昭和21）年6月，「帝国憲法改正案」が帝国議会に提出された。写真は，衆議院議員・森戸辰男（後の広島大学長）が所持していたもの。22条（現行24条）と23条（現行25条）に森戸による書き込みが見える。GHQ草案を基にした政府案の23条には現行25条2項の部分しかなかったが，森戸の熱心な主張によって「生存権」が明記された。日本国憲法が決して単純な「押しつけ」ではなかったことがわかる。

　FIRST　STAGEでは，人権の意味，歴史，広がりを考える。これまで学んできた歴史や思想などの知識を総動員して，人権の本質を探ってみよう。

第1講

人権を護る砦──憲法

From: professor
To: student
Sent: Monday, April XX, 20XX　10：52AM
Subject: Re：憲法・人権への違和感

メールありがとう。あなたが留学先のアメリカで，深く感じ，考えている様子がよくわかりました。

> アメリカではなんでも憲法や人権を持ち出して対立している感じがします。新
> 型コロナ禍では移動の自由制限に賛成，反対，マスク強制に賛成，反対など，
> 何でも憲法が持ち出されます。"Black Lives Matter" 運動もそうだし。日本と
> 違い人種・文化が多様なアメリカだから仕方ないかもしれないけど，なんかギ
> スギスして嫌です。

確かに，「空気」に同調する傾向のある日本とは違う状況もあると思うけど，日本も最近多様性が強調されるようになっているから，憲法・人権の存在感は高まっていると思います。

> 人権はとても大切だと思うけど，それって，人に優しくするとか，自分にとっ
> て嫌なことは人にしないとか，そういう心の持ち方で実現するものじゃないん
> ですか？　憲法とか人権条約とか，ややこしい話をされると，とたんにどこか
> 遠い世界の話になって，リアリティがなくなっちゃうんです。

確かに，世の中のあらゆる問題を憲法や条約で解決することはできないし，人権理念だけで社会の悲惨がなくなるわけではありません。人権を法的なものではなく，人間関係を円滑にするスキルの1つと捉えることも間違ってはいないでしょう。

でも，人類のこれまでのあゆみの中で，ただ肌が特定の色というだけで不条理な差別をされたり，社会の主流とは違う信仰や思想を持つだけで陰惨な迫害を受けたりした人たちが，自分たちの尊厳を訴えるとき旗印として掲げたのが，憲法に基づく人権の理念だったことも事実です。人権は大きな役割を果たしてきたし，これからも当分は必要な観念でしょう。

人権を絶対視することもないし，多様な用い方をしてもいいのですが，まず人権の本来の意味や役割を知ることから始めませんか？

1　私たちは憲法に違反しない?!

　唐突だが，私たち国民は，刑法や道路交通法に違反するように憲法に違反することがあるのだろうか？　「そんなの当然！」と思う人は，巻末掲載の憲法99条に目を通してみてほしい。憲法尊重擁護義務を定める同条で名指しされているのは，天皇，国務大臣，国会議員，裁判官……，そう「国民」は含まれていない。書き忘れたのだろうか？　そんなはずはない。実はこの条文は，国民に守ることを強制する普通の法律とは違って，憲法が「統治者に宛てたメッセージ」であることを示しているのだ。憲法の中で99条が一番好きだと公言している憲法学者もいるくらいだ。[*1]

　＊1　愛敬浩二『改憲問題』（ちくま新書，2006年）213頁。

　人権について語る本書の最初の章が憲法の話だというのには理由がある。憲法には，国家権力が誰のもので，どのように行使されるべきかを定めるルール（固有の意味の憲法）という意味もあるが，私たちが通常思い浮かべるのはそういう意味の憲法ではなく，人権を保障し，国民主権や権力分立を定めた憲法（近代的意味の憲法）だろう。前者は，邪馬台国にも，「朕は国家なり」（ルイ14世）の絶対王政にもあったが，後者の意味の憲法は，権力を制限して人権を保障するという「立憲主義」（constitutionalism）の思想を基礎にしてはじめて成立した。だから，近代的意味の憲法は，「立憲的意味の憲法」とも呼ばれる。つまり，憲法制定の目的は人権を保障することなのである。

　私たちは，憲法や人権を普遍的で堅固な完成品ととらえがちだが，実はこれらは人類の祈りや願いの詰まった歴史の産物であり，"1つの思想"なのだ。何百年後には，もしかしたらこれらの概念は不要になっているかもしれないが，今の人類にとっては不可欠の思想である。さあ，人類の"自由・人権を求める試行錯誤"を歴史の中にたどる旅に出よう。

2　人類の宿題

法・権力の必要性

人類の歴史は「自由を目指しての闘争」（イギリスの思想家・政治家のアクトン卿〔1834～1902年〕の言葉）だといわれるが，その道は決して平坦なものではなかった。道路脇に散乱する空き缶や捨てられたペットを見てもわかるように，残念ながら人間は放っておくと勝手きままな行動に出るおそれがある。傷害・殺人・詐欺・脅迫等の他害行為に及ぶことすらある。これに秩序を与えるには，宗教・道徳といった社会規範も役割を果たすが，やはりそれだけでは足らず，権力によって遵守を強制される社会規範である「法」の存在が必要となる。つまり，悪人も善人も強者も弱者も渦巻く人間社会で，多くの人々が安心して社会生活を営むためには，法を作り，それを守らせる力を備えた国家権力が必要なのだ。まず，安全を保持するために犯罪者を処罰する力（刑法・警察・検察・刑事裁判所）を必要とする。次に，契約を実行させる力（民法・民事裁判所）が，取引秩序を維持するために不可欠だ。さらに，みんなが必要とするけれども特定の誰かが自らの出費で整備することを期待できない道路・橋・港等（公共財）を作るためには税金を徴収する力（税法・税務当局）もなくてはならない。

＊2　法を制定機関で分類すると，①国民が制定する「憲法」，②外国との合意である「条約」，③国民の代表である国会が制定する「法律」，④法律の枠内で行政機関が制定する「命令」（これには内閣が制定する「政令」と，各省大臣が制定する「省令・府令」がある）に分かれ，①→④の順で効力が強い。つまり，憲法に違反する法律等は無効なのだ。

「国家」のな
かった中世

本来人々の幸福のためにつくられたはずの国家権力は，しかし，しばしば暴走する。その例を，私たちは世界史・日本史の中にいくらでも見つけることができる。その国家権力が頂点に達したのが，16～18世紀のヨーロッパを席巻した絶対主義の時代だ。それまでの中世には，フランク王国等の国はあっても，私たちが考える「国家」は存在し

ていなかった。中世国家の国内には独立した封建領主や自治都市等が並び立って政治権力は分散していた。おまけに，ローマ・カトリック教会の支配が網の目のようにはりめぐらされており，国王の権力を牽制していた。中世の人々は，自分がどこの国の国民かという意識はほとんどなく，ただ貴族・庶民といった身分制の支配に属していた。そこで人々がもつのは，身分・集団に与えられた権利のみであって，個人として享受する権利は1つもなかったのである。

絶対主義国家　その後，貨幣経済の進展等の要因によって中世封建制社会はその基礎を掘り崩され，内乱が激発した。平和と秩序を求める声に応えて，強力な封建領主が他の封建領主や自治都市等の権力を奪って作り上げたのが，中央集権的な絶対主義国家だった。絶対君主が他の競争相手に打ち勝つために，そしてその権力を維持し続けるために持ち出した権威が「神」だ。王権は神から授かった神聖なものであるから，臣下が国王に逆らうことは神への反逆を意味する。そう，「王権神授説」の登場である。ここでは，中世のような「聖」と「俗」の二元支配ではなく，教会が国家に従属し，すべてが絶対君主のにぎるところとなった。身分制は温存されていたから，人々は個人としての権利を認められることなく，華美な宮廷生活を支えるために富を搾取されるばかりでなく，国教を強制されることで心も収奪されていたのである。文字通り身も心も支配される生活――この中からしか憲法や人権が誕生しなかったのは，歴史の皮肉か，必然か。

＊3　この時代の様相について，たとえば，今井宏『世界の歴史13　絶対君主の時代』（河出書房新社，1989年）を参照してほしい。この本の中に，フランスのルイ14世（在位1643〜1715年）が廷臣に年齢を尋ねたところ，「すべてのことは陛下のお考えしだいでございます。わたくしめの年齢も，どうぞよろしいようにおきめください」と答えたというエピソードが紹介されている（16頁）。

このような権力者の圧制を目の当たりにし，人類の英知は《国家権力をコントロールするにはどうすればよいか》という課題に取り組むことになる。そう，それこそが今もなお人類の宿題なのだ。

3　国家権力コントロールの論理——近代立憲主義

中世立憲主義　権力をコントロールするという発想が中世になかったわけではない。「国王も神と法の下にある」といわれ，国王が法に違反して恣意的な政治をすれば抵抗権を発動することができると考えられていたのである（中世立憲主義）。しかし，このようにいえたのも，権力が教会・封建領主・自治都市等に分散していたので王権が実際に制御可能だったからであり，絶対君主のもとに権力が一元化される絶対主義国家にあっては，これに対抗するにはまったく新たな論理が必要であった。

社会契約論　ここに鮮烈に登場するのが，ジョン・ロック（1632〜1704年）に代表される社会契約論である。ロックは，人間は自然権（生命・自由・財産を享受する権利）——特定の身分に与えられた権利ではなく，「人」であれば誰でももつ権利——を生まれながらにもっているという前提から出発する。「個人」の発見である。そして，自然状態では十分に守られない自然権を確保するために，全員の合意（社会契約）で国を作り上げた。つまり，国家は人権を守るために作られたものなのだから，政府は人々の人権を侵害することは許されず，侵害した場合には革命が正当化されるという。「契約」という観念が骨身に染みついているとはいえない日本人にはとても考えつかない論理といえよう。

近代立憲主義の成立　社会契約論から，統治する人が強制力を行使してよい範囲と条件を明示した国の根本的ルールが必要となり，そのルールこそが社会契約を明文化した「憲法」であるとの発想が生まれる。国家の統治が憲法に従って行われなければならないという原理，「近代立憲主義」の成立である。[4]

* 4　近代立憲主義の歴史と内容については，高橋和之『立憲主義と日本国憲法〔第5版〕』（有斐閣，2020年）「第2章　立憲主義の基本原理」を参照してほしい。

ロックの理論はイギリスの名誉革命（1689年）を正当化するものであった。

カトリックの復活をもくろむジェームズ2世（在位1685〜88年）に対抗するため，議会指導者がオランダ総督ウイリアムを招請し，「権利章典」を受け入れることを条件に即位を要請して承諾を得た，というこの革命の経緯は，社会契約を連想させると同時に，「国家」観の転換を劇的に示した。それまで国家は，人間の生まれてくるのに先立ってすでに与えられているもので，個人はただその中に組み込まれてそこで一生を送るにすぎなかった。ところが，国家というものは1人ひとりの人間が構成しているものだという新しい見方が生まれたのである。「ベルリンの壁」崩壊（1989年）後のソ連・東欧の社会主義諸国の崩壊や旧ユーゴの惨状，平和的手段で国の構造を作り替えた南アフリカの姿，イラク戦争後の混乱は，"国家は人間が作るもの"という原理を改めて思い起こさせた。日本は歴史が古いだけにこの点を忘れやすいが，肝に銘じておきたい。[5]

＊5　日本の場合は自然発生的に共同社会ができてしまっていて，国家を人間がつくるという社会契約論的な発想はなじまない，という議論がある。佐伯啓思「国家・国民・公共性」とそれについての討論（佐々木毅・金泰昌編『公共哲学5 国家と人間と公共性』〔東京大学出版会，2002年〕147〜176頁）参照。

ヴァージニア憲法　近代立憲主義に基づく世界最初の成文憲法は，1776年のアメリカ・ヴァージニア憲法だった。[6]ここに近代立憲主義のエッセンスが凝縮されている。1項では，すべての人が「生来の権利」（自然権）をもつことが明言されている。アメリカの独立に多大な影響を与えたといわれるイギリスの権利章典（1689年）が，「聖俗の貴族・庶民の古来の権利と自由」を取り戻すという発想であったのに対して，ここでは，身分から切り離された「個人」がもともともっている権利という，現代に通じる人権概念が打ち出されているのだ。そして3項は，その自然権を保全するために社会契約によって政府をつくったことを明示する。

＊6　有名な独立宣言（7月4日）よりも早く，6月12日に権利章典が，6月29日に統治機構の部分が採択された。両者をあわせてヴァージニア憲法という。フランス革命に大きな影響を与えたといわれている。主な規定は次の通り。
　1項　すべて人は生来ひとしく自由かつ独立しており，一定の生来の権利を有す

7

るものである。これらの権利は人民が社会を組織するに当り，いかなる契約によっても，人民の子孫からこれを奪うことのできないものである。かかる権利とは，すなわち財産を取得所有し，幸福と安寧とを追求獲得する手段を伴って，生命と自由とを享受する権利である。

3項　政府というものは，人民，国家もしくは社会の利益，保護および安全のために樹立されている。あるいは，そう樹立されるべきものである。……いかなる政府でも，それがこれらの目的に反するか，あるいは不じゅうぶんであることがみとめられた場合には，社会の多数のものは，その政府を改良し，変改し，あるいは廃止する権利を有する。……

12項　言論出版の自由は，自由の有力なる防壁の1つであって，これを制限するものは，専制的政府といわなければならない。

16項　……すべて人は良心の命ずるところにしたがって，自由に宗教を信仰する平等の権利を有する。

（高木八尺ほか編『人権宣言集』〔岩波文庫，1957年〕108頁以下〔斎藤真訳〕）

　具体的な権利としてあげられているのは，選挙権（6項），犯罪の訴追に関する権利（8項），残虐で異常な刑罰の禁止（9項），不合理な捜索・逮捕の禁止（10項），陪審裁判の権利（11項），言論・出版の自由（12項），信教の自由（16項）である。ほとんどが自由権だ。当時，人間の幸福追求を妨げる最大のものは国家権力だった。だから，"国民がどんな宗教を信じても干渉しない"，"権力者の耳に痛いことを言っても処罰したりしない"と国家が国民に対して誓うことこそが，最も求められていたのだ。人権の中核は自由権，ということを覚えておいてほしい。

人権の核心　ヴァージニア憲法を読むと，人権の人権たるゆえん＝核心が何であるかがよくわかる。1つは，1項に「すべて人は」とあるように，人権は人であれば誰にでも保障され，人種・家柄などを問わない（「人権の普遍性」）。これは，人権の思想と平等の理念が密接にからまっていることを示している（⇒第5講）。2つ目は，人権は人が人であるがゆえに無条件にもっている「生来の権利」だということである（「人権の固有性」）。国王から与えられたものでも，憲法によってはじめて認められたものでもない，というこの人権の性質は，現実の国家の政治や制度を批判する際の強

力な武器になる。3つ目は，「いかなる契約によっても，人民の子孫からこれを奪うことができない」と書かれているように，人権は統治者が誰であっても侵されない（「人権の不可侵性」）。民主的に選ばれた議会で制定された法律であっても，人権を侵害することが許されないのだ。人権が大切である理由の1つは，民主制のなかでの多数者による決定をも超える力にあるのである。[*7]

*7　ジョン・スチュアート・ミルは，『自由論』（1859年）において，「もし1人をのぞいたすべての人類が同意見で，ただ1人の人間がそれに反対の意見をもっているとしても，人類がその1人を沈黙させることが不当なのは，その1人が力をもっていて人類を沈黙させるのが不当なのとまったく同様である」と述べる。早坂忠訳「自由論」『世界の名著38』（中央公論社，1967年）232頁。

| フランス革命 |　ヴァージニア憲法は，独立戦争に従軍したフランス人によって母国に持ち帰られ，フランス革命の理論的支柱となった。1789年の「フランス人権宣言」[*8]は，立憲的意味の憲法のモデルとして文字通り世界を一周した。それは，当時広く使われていたフランス語で書かれ，ヴァージニア憲法等のアメリカの権利宣言よりもはるかに抽象的な言葉で表明されたために，より普遍的なメッセージとして世界に波及し，人権思想の普遍化に重大な影響を与えた。

*8　この宣言（8月26日採択）は後に，1791年9月3日の憲法の冒頭におかれた。主な条項は以下の通り。
　第1条　人は，自由かつ権利において平等なものとして出生し，かつ生存する。社会的差別は，共同の利益の上にのみ設けることができる。
　第2条　あらゆる政治的結合の目的は，人の消滅することのない自然権を保全することである。これらの権利は，自由・所有権・安全および圧制への抵抗である。
　第4条　自由は，他人を害しないすべてをなし得ることに存する。その結果各人の自然権の行使は，社会の他の構成員にこれら同種の権利の享有を確保すること以外の限界をもたない。これらの限界は，法によってのみ，規定することができる。
　第10条　何人もその意見について，それが，たとえ宗教上のものであっても，そ

　　の表明が法律の確定した公序を乱すものでないかぎり，これについて不安をも
　　たないようにされなければならない。
　第11条　思想および意見の自由な伝達は，人の最も貴重な権利の1つである。し
　　たがってすべての市民は，自由に発言し，記述し，印刷することができる。た
　　だし，法律により規定された場合におけるこの自由の濫用については，責任を
　　負わなければならない。
　第16条　権利の保障が確保されず，権力の分立が規定されないすべての社会は，
　　憲法をもつものではない。
　　（高木八尺ほか編『人権宣言集』〔岩波文庫，1957年〕128頁以下〔山本桂一訳〕）

　フランス人権宣言がアメリカの権利宣言と異なるのは，人権の理念的根拠と
しては「自然権」から出発するが，人権保障は「法律によって」なされるとい
う点であろう（10条・11条）。つまり，議会こそが人権保障の担い手というので
ある（⇒第3講1）。

　この宣言は通常「人権宣言」といわれるが，正確には「人と市民の権利宣
言」だ。「人」と「市民」（主権の行使にあずかる個々人）を並べることで，市民
によって構成される主権的国家の完成によってはじめて，身分制的秩序の網の
目から解放された個人が創出されたことを示している。

　宣言16条が近代立憲主義のエッセンスを示したものであることはいうまでも
ない。「権利の保障」と「権力分立」を規定しない憲法は，たとえ憲法と名
乗ってはいても立憲的意味の憲法ではない。成文憲法が人権宣言と統治機構と
の2つの部分から成るというアメリカで生まれた伝統は，フランス憲法の強い
影響のもとで世界的に広まった。

　人権のモデルを世界に示したフランス人権宣言だが，実は，女性や黒人など
マイノリティは排除されていた。ナポレオンは言った。「文明というものを持
たず，植民地の何たるか，フランスの何たるかを知らぬアフリカ人に，どうし
て自由を与えることができようか」。現代にも通じる人権の限界を忘れてはな
らない。

　イギリス権利章典（1689年）の影響を受けたヴァージニア憲法（1776年）が，
フランス人権宣言（1789年）の理論的支柱となり，そしてこの立憲主義の潮流
は遠く極東にまで及び，（相当の変形はこうむったとはいえ）大日本帝国憲法

（1889年）制定につながったのである（⇒第 2 講）。

4　人権思想の展開

現実からの挑戦

ヨーロッパの片隅で生を受け，成長して世界を一巡した人権思想は，しかし，19世紀から20世紀にかけて現実からの手痛い挑戦を受けることになった。それまでは，人々の幸福追求は統治者の権力の横暴をやめさせるだけで達成されるだろうと，楽観的にみられていた。ところが，この頃になるとそれが疑問視されてくる。とくに経済的自由が憲法によって保障されているとしても，それはもっぱら富める人に有利に働き，貧富の差が次第に大きくなってきた。人間らしい最低限度の生活すら危うい人々と，裕福な生活を送ることのできる人々との格差がはっきりしてきたのである。

こうなると，《統治者よ，手を出すな》という従来の自由権だけでは不十分で，《統治者よ，手をかせ》という声が出てきても不思議ではない。これに応える道が，自由権に加えて社会権をも憲法で保障しようという動きだった。世界で最初にこのような権利を規定したのは1919年のワイマール憲法151条だ。「経済生活の秩序は，すべての者に人間たるに値する生活を保障する目的をもつ正義の原則に適合しなければならない。この限界内で，個人の経済的自由は，確保されなければならない」。ここでは，従来「不可侵」とされてきた経済的自由が制限されうることが明確にされている。自由権を中心とする「18世紀的人権」に対する「20世紀的人権」の登場である。

人権の広がり

第二次世界大戦後，このような人権思想の波はさらに広がり，現在イスラム世界にも及んでいる。たとえば，イランの憲法（1980年）は，平等（19条・20条），女性の権利（21条），個人の尊厳（22条），信条の自由（23条），出版の自由（24条）など多くの権利を保障している。ただ，「イスラムの価値尺度に合致する限りで」（20条・21条）といった限定がついていることには注意が必要だ。場合によっては，西洋的な人権概念と衝突することも予想される。それでも，西ヨーロッパで生まれた人権思想がこ

こまで到達したという感慨はある。

　真空の中では思想は生まれない。約300年前，西ヨーロッパで生まれた立憲主義・自然権思想が，歴史のうねりを経て，国境を超え，文化に溶け込んで，それぞれの形を顕す。思想は生きているのだ。

　第二次世界大戦後の人権保障のもう1つの特色は，その国際化だ。1945年の国際連合憲章が人権尊重の重要性を強調したのをはじめ，多くの宣言・条約で種々の人権が定められている。今や，人権は単なる国内問題ではないのである（⇒第4講）。

5　憲法は統治者に宛てられたメッセージ

憲法の名宛人は
統　治　者

　長い歴史の話はこれでおしまい。ここまでの話で，立憲的意味の憲法の役割は明らかだろう。そう，憲法とは，私たち国民が守るべきルール（行為規範）ではない。私たち1人ひとりがもつ生来の権利を統治者（政府）から護るために，統治者に宛てられたメッセージなのだ。だから，憲法は人権保障を定める部分をもたなければ意味がない。人権も，厳密にいえば統治者に対して主張するものである。ヴァージニア憲法の12項が政府に向けて書かれていることは文言上明らかであるが，16項も，《統治者は，人々の自由に宗教を信仰する自由を侵してはならない》と命じているわけである。えっ，それなら信仰を理由に婚約を破棄してもおとがめなしなの？

　それは（憲法ではなく）民法の規定との関係で違法となる可能性があるし，そういう市民と市民との関係（私人間関係）に憲法の人権保障の趣旨をどのように及ぼすかについては，議論が重ねられている（⇒第3講3）。大切なことは，原則として憲法の規定は統治者に向けられたものだ，という点を肝に銘じておくことだ。

　「憲法には義務規定が少なすぎる」，「憲法で権利ばかり保障しているから社会がおかしくなった」という人が時々いる。冷静になって考えてほしい。私たちには本当に義務が課されていないだろうか？　《私たちがしてはいけないこと》，《しなければいけないこと》は無数にある。ただそれが，「憲法」にでは

なく「法律」や「命令」に書かれてあるだけだ。それを憲法に書くことでどう変わるのだろうか。それぞれの法にはそれぞれの役割がある。憲法が義務規定でいっぱいになった時，憲法の役割は大きく変わるだろう。それで喜ぶのははたして誰だろうか？

改憲論議の隠れた争点 ——憲法の役割論	2007年5月，日本国憲法の改正手続に関する法律（国民投票法）が制定公布された。2010年5月からは，憲法改正の発議がいつでもできる状態だ。

　改憲論議の最大の焦点はいうまでもなく戦争放棄・戦力不保持を規定する憲法9条だが，それに勝るとも劣らないほど重要な論点が隠れている。憲法は誰に向けて書かれたメッセージか，という論争だ。

　ある自民党議員は，家族・共同体の保護規定の新設，義務規定の増加を主張したうえで，こう言う。「確かに，私の主張は，近代立憲主義から一歩踏み出し，国民と国家の共に働く共働を規定するものとして憲法を再構築しようとするものであります。それは，近代国家の原埋を根本的に変える壮大な仕事になるかもしれません。新しい文明を構想するような遠大な試みとなるかもしれません。しかし，今こそ，国家と国民の二項対立関係を克服して，新しい時代における権利関係，人権関係を考える果敢な試みを行う時期が来たと私は確信する」[*9]と。

＊9　衆議院憲法調査会（永岡洋治衆議院議員，2005年2月10日），衆議院HP（http://www.shugiin.go.jp/internet/itdb_kaigirokua.nsf/html/kaigirokua/008916220050210002.htm）。

　このような潮流の集大成が，自民党憲法改正草案（2012年4月27日）[*10]だ。この草案には，憲法の役割を大きく変えかねない規定が含まれている。最も顕著なのは現行99条の改正案だ。「国会議員，国務大臣，裁判官その他の公務員は，この憲法を擁護する義務を負う」の前に，「全て国民は，この憲法を尊重しなければならない」という規定を加えている。人権規定において，「公共の福祉」にかえて「公益及び公の秩序」という表現を多用していることも気になる。これらは，憲法＝統治者に宛てたメッセージという近代立憲主義の原点を揺るが

すことにならないだろうか。

　この草案が立憲主義を否定すると明言しているわけではない。ただ，力点の置き方は従来の立憲主義理解と大きく異なっている。自民党の党首が，「立憲主義には確かに，憲法は権力を縛るという側面がある。しかし，権力をすべて縛るものであるという考え方は王権の時代，専制主義的な政府に対する憲法という考え方だ。いまは民主主義の国家だ。民主主義国家である以上，権力を縛るものであると同時に，国の姿について書き込んでいるものだと私たちは考えている」と述べる時，「権力を制限するものとしての憲法」の側面よりも「国の姿を示すものとしての憲法」に重点が置かれているのは明らかだ。現代は，もはや権力の行使を警戒する必要がなくなっているというのだろうか。

　＊10　自由民主党「日本国憲法改正草案Q&A〔増補版〕」（自民党HP）で改正案と
　　　　その解説，漫画も読める。草案に批判的な，樋口陽一・小林節『「憲法改正」の
　　　　真実』（集英社新書，2016年）と併せて自分で検討してほしい。
　＊11　9党首討論会（日本記者クラブ主催，2013年7月3日）での安倍晋三首相の言
　　　　葉（朝日新聞7月4日付）。

┌─────────────┐
│ 統治者ではない │
│ 国民は憲法に │
│ 無 関 係 か？ │
└─────────────┘
権力を警戒すべきという近代立憲主義の重要性は，民主制の現代でも変わらない。選挙違反被告12人の容疑がまったくのでっち上げだった鹿児島県の事件，強姦罪等で2年以上服役した後に真犯人の告白で冤罪が明らかになった富山県の事件（いずれも2007年に無罪判決），障害者郵便割引制度悪用事件を捜査した大阪地検特捜部検事の証拠改ざんが明らかになった事件（2010年無罪判決），看護助手が人工呼吸器のチューブを外して患者を殺害したとして懲役12年の判決を受け，出所後の再審請求で無罪が確定した滋賀・患者死亡冤罪事件（2020年）など，誤認逮捕・冤罪事件が後を絶たない。「権力は腐敗する。絶対的権力は絶対的に腐敗する」（アクトン卿）との警句を，権力行使を担当する人も，そうでない国民も決して忘れてはならない。国民には，統治者（公務員）を監視する役割が課されているのだ。

　もう1つ，われわれには，問題を問題と見抜く智恵と感覚が求められてい

る。権力による人権侵害を許さないためには，それが人権侵害だと気づくこと
が前提となる。権力がどんなひどいことをしても「他人事さ」と傍観していた
ら，人権侵害を防ぐことはできない。19世紀の終わり，フランスを揺るがせた
ドレフュス事件のさなか，ドイツのスパイとして終身禁錮に処されたユダヤ人
の軍人の苦境を見過ごすことができなかった作家エミール・ゾラはただ１人，
新聞に一文を載せ，「身に覚えのない濡れ衣を着せられ，恐るべき責め苦を受
けている１人の純真な人間がいることを考えれば，夜も眠られない！」と弾劾
した。この一声がフランス人の「人権の感覚」を次第に愛国的な眠りから覚ま
せ，無罪の判決を導いたのだ。戦後憲法学を築いた学者は，この事件を紹介し
て，「自分や，自分の家族が，人権じゅうりん的取り扱いを受けて憤激するこ
とではない。自分となんのかかわりのない赤の他人が，そういう取り扱いを受
けたことについて，本能的に，いわば肉体的に，憤激をおぼえること」こそが
「人権の感覚」だという。[*12]

　＊12　宮沢俊義「人権の感覚」同『平和と人権』（東京大学出版会，1969年）65頁以
　　　　下所収。

　ここで求められているのは，決してやさしいことではない。しかし，これな
くして，人類が求めてきた権力コントロールの十分な仕組みを求める長い旅は
終わりを迎えることができない。

मेसेज

　人権という言葉を聞かない日はありません。一方で，人権を否定的に見る主張が声
高に語られてもいます。ある評論家は，「人権＝民主主義は，自らがイデオロギーに
すぎないと内省する契機を持たない点において，人類の生んだイデオロギーのなかで
最悪のイデオロギーである」と述べています（呉智英『危険な思想家』〔メディア
ワークス，1998年〕53頁。八木秀次『反「人権」宣言』〔ちくま新書，2001年〕も参
照）。たしかに，立憲主義も人権も，文字通り「普遍的」な概念ではありません。１
つの「思想」（考え方）で，地域と歴史に影響を受け，変容するものです。でも，人
の命や人生が悲しいほど軽く扱われている国内外の出来事を見ると，人権の意義を痛
感します。理不尽なことには人権を武器に声を上げたいものです。

第2講

「臣民の権利」と「基本的人権」——明治憲法から日本国憲法へ

混迷する日本の政治状況を見かねて，天上で緊急座談会が開催された。出席者は，坂本龍馬，福沢諭吉，伊藤博文の3名。

福沢：今の日本国を諸君はどう見ているかね？　われわれが作ろうと志した国とはずいぶんちがっているようにも見えるが……。まず，昨今人気急上昇中の坂本くんはどうかね。

坂本：私が「船中八策」（1867年）で唱えた「議員を置きて万機を参賛せしめ，万機宜しく公議に決すべき」という国にはなっているようだが……。土佐の後輩・植木枝盛くんが唱えた人権思想を明治憲法で採用しなかったことには疑問もあるぜよ。

伊藤：君は国家経営の難しさを知らないから，そういう能天気なことをいう。だいたい，君のように若くして死ぬと美しいイメージが残るから人気があるが，我輩などは貧乏くじをひいて……。それはともかく，列強がわが国を利用しようと虎視眈々と狙っておったあの時期に，国家を安定させるには，あの憲法しかなかったのじゃ。

坂本：太平洋戦争が終わって，憲法改正が日程にのぼったときに，政府の反応があまりに鈍くて，結局占領軍の起草した憲法を受諾した形で，人権思想を導入したのも，はがゆいぜよ。

福沢：根本の問題は，われわれ日本人が「独立自尊」の精神をついに身につけられなかった点にあるのではないか。現憲法制定からでも75年になる。日本人が人権を自分の血肉にしていてもいい頃合ではないか……。

1　明治憲法の「臣民の権利」

与えられた人権

「基本的人権」という言葉は今では小学生でも知っている。でも，1945年に連合国が「言論，宗教及び思想の自由並に基本的人権（fundamental human rights）の尊重は，確立せられるべし」

（ポツダム宣言）と述べて，日本に降伏を迫った時点で，この言葉を聞いたことのある国民がどれほどいただろうか。「人が人であるがゆえに無条件で有する権利」である基本的人権は，それ以前の日本では，思想としてごく一部の者に知られていたものの，一般国民にとってはまったく未知のものであった。その意味で，日本国憲法の人権保障は「与えられたもの」だった。人権の保障規定が日本に出現するまで，フランス人権宣言から約150年，明治維新からでも約80年という時の経過が必要だったのはなぜか⁉

人権思想の導入

明治維新の後，政府は，不平等条約改正問題もからんだ国際的圧力もあって，次々に斬新な改革を打ち出した。[*1]
1870（明治3）年に平民に「氏」を名乗ることを許したのに続き，翌年には武士の特権であった斬捨御免の禁止，華族・士族・平民相互の婚姻許可，穢多・非人の称の廃止，さらに1872年には人身売買を禁止するなど，人権尊重の方向に一歩踏み出した。

＊1　阿部照哉ほか著『基本的人権の歴史』（有斐閣，1979年）118頁以下参照。

　一方で，拷問が日常的に行われ，それを目撃して衝撃を受けた法律顧問ボアソナードの訴えによってようやく法制度上拷問を廃止したこと（1879〔明治12〕年），政府が自由民権運動に対処するため，新聞紙条例，出版条例（1875〔明治8〕年），集会条例（1880〔明治13〕年）などを相次いで制定して，政治的表現の自由を抑圧する措置を整えていったことなど，政府の人権軽視を示す事実が数多くあったことを忘れてはならない。

　民間では，すでに明治維新前後から，福沢諭吉，加藤弘之などにより西洋の人権思想が紹介されていたが，1874（明治7）年に端を発する自由民権運動は，自由の語を全国にあふれさせることとなった。

　ただ，政府でも民間でもこの時期の人権論の多くは，個人の尊厳から出発するというよりも，「国家あっての自由」という，いわゆる外見的人権宣言の傾向が強かった。その点，植木枝盛が起草した「東洋大日本国国憲案」（1881〔明治14〕年）は，35カ条に及ぶ詳細な人権カタログをもち，その中には，政府が恣意的に人民の権利自由を侵害すれば，人民は政府を転覆して新政府を樹立す

ることができるという，ヴァージニア憲法（⇒第1講3参照）3項さながらの抵抗権規定を含むなど，本来の意味の人権宣言であったことが注目される。

　しかし，植木案に見られるような，法律を超えて保護されるという人権観は明治日本に根づくことはなかった。自由民権運動の盛り上がりに危機感を強めた政府が憲法調査のためヨーロッパに派遣した伊藤博文が岩倉具視に宛てた次のような趣旨の書簡（1882〔明治15〕年8月）が残っている。「ドイツで憲法を学んで国家組織の大体を了解することができました。皇室の基礎を固め大権を確立するという大眼目は十分成り立ちます。これで，英・米・仏の自由過激論者の著述のみを金科玉条のごとく誤信し，ほとんど国家を傾けようとするわが国の現状を挽回する道理と手段とを得ることができました」。ヨーロッパにおける後進国であったドイツ（プロイセン）の憲法を参考にして，天皇中心の国家体制を樹立する見込みを得た伊藤の喜びがあふれんばかりの文面だ。

　こうして，政府の憲法起草は，「天皇によって与えられた臣民の権利」という方向で進められ，1889（明治22）年，大日本帝国憲法（明治憲法）が発布されたのである。[*2]

　　＊2　この日，国民は，天皇が「絹布の法被」を下さると喜んだそうだ。明治憲法の
　　　　権利規定は次の通り（20条は兵役の義務，21条は納税の義務）。
　　　　第19条　日本臣民ハ法律命令ノ定ムル所ノ資格ニ応シ均ク文武官ニ任セラレ及其
　　　　　　　ノ他ノ公務ニ就クコトヲ得
　　　　第22条　日本臣民ハ法律ノ範囲内ニ於テ居住及移転ノ自由ヲ有ス
　　　　第23条　日本臣民ハ法律ニ依ルニ非スシテ逮捕監禁審問処罰ヲ受クルコトナシ
　　　　第24条　日本臣民ハ法律ニ定メタル裁判官ノ裁判ヲ受クルノ権ヲ奪ハル、コトナシ
　　　　第25条　日本臣民ハ法律ニ定メタル場合ヲ除ク外其ノ許諾ナクシテ住所ニ侵入セ
　　　　　　　ラレ及捜索セラル、コトナシ
　　　　第26条　日本臣民ハ法律ニ定メタル場合ヲ除ク外信書ノ秘密ヲ侵サル、コトナシ
　　　　第27条　①日本臣民ハ其ノ所有権ヲ侵サル、コトナシ
　　　　　　　　②公益ノ為必要ナル処分ハ法律ノ定ムル所ニ依ル
　　　　第28条　日本臣民ハ安寧秩序ヲ妨ケス及臣民タルノ義務ニ背カサル限ニ於テ信教
　　　　　　　ノ自由ヲ有ス

第29条　日本臣民ハ法律ノ範囲内ニ於テ言論著作印行集会及結社ノ自由ヲ有ス

第30条　日本臣民ハ別ニ相当ノ敬礼ヲ守リ別ニ定ムル所ノ規程ニ従ヒ請願ヲ為スコトヲ得

「臣民の分際」　明治時代の憲法論議の質が意外に高かったことを示すエピソードを紹介しよう。明治憲法の枢密院での審議の際、森有礼文部大臣は、政府案の「臣民権利義務」を「臣民の分際」と改めるよう主張した。その理由は、臣民は天皇に対して責任（分際）を負うのみで権利をもつものではない、という点にあった。これに対し、伊藤博文議長は、「そもそも憲法を創設するの精神は、第一君権を制限し、第二臣民の権利を保護するにあり」と、近代立憲主義（⇒第1講3参照）の正しい理解の上から反論している。もっとも、伊藤は、「臣民はこの憲法の効力により法律に対し法律の範囲内において権理を有するものなり」とも述べている。国家以前の権利としての「基本的人権」は明らかに視野の外にあったのである。

臣民の権利　明治憲法の権利保障には次のような特質があった。

①天皇・皇族の特権的地位を前提にして、それに反しない限りでの「臣民の権利」だった。したがって、皇室の尊厳を害する言論を禁止することや、天皇家の宗教を臣民に強制することは、言論の自由や信教の自由に反しないとされた。

②権利規定の多くに「法律ノ範囲内ニ於テ」とか「法律ニ定メタル場合ヲ除ク外」という、いわゆる「法律の留保」が付いていた。フランスやドイツの学説にいう本来の法律の留保は、《議会の制定した法律がなければ権利は制限されない》という意味だったのに、日本では、《議会の制定した法律さえあれば権利は制限できる》と理解（曲解？）されたことに注意が必要だ。その結果、立法権による権利侵害に対しては、憲法の権利保障は悲しいほど無力であった。なお、「臣民タルノ義務ニ背カサル限ニ於テ」保障される信教の自由（28条）は、（法律でなくても）行政命令によっても制限可能と解された。

③天皇・皇族・華族という特権的身分の存在を前提としていたこと、公務就任の機会均等（19条）を唯一の例外として、平等保護規定を欠いていたことなど、平等原則の軽視は著しかった。男女差別は当然とされ、たとえば、妻の姦

19

通のみを犯罪としたり，妻を法律上無能力とすることも疑問視されなかった。

　④緊急勅令（8条），独立命令（9条），戒厳大権（14条）などによって権利を制限することが予定されていたこと，また軍人には権利規定が完全には適用されなかったこと（32条）など，権利保障には広範囲の例外が認められていた。

　⑤裁判所の法律審査権が規定されず，また司法権の独立が不完全であったことなどにより，権利侵害に対する救済は，はなはだ不十分であった。

　このように，明治憲法で保障された臣民の権利は，本来の人権保障とは質的に異なるものだった。そのうえ，次に見るように，権利保障の意味を失わせるような運用がなされたために，その「外見」性はますます強められた。

　　**明治憲法下の
　　人身の自由**　明治憲法23条は，法律によらない逮捕・監禁を禁止していた。それなのに，実際には，「任意出頭」などの形で法律によらずに身体の拘束がなされたり，法律の禁ずる拷問が行われることは日常茶飯事だった。また，法律には基づいていても，行政執行法（1900〔明治33〕年）が定める「保護検束」や「予防検束」のように，事実上警察などが無制限に身体を拘束できる手段も認められていた。昭和期に入ると思想弾圧はますます苛烈を極め，『蟹工船』を書いた作家・小林多喜二のように残虐な拷問によって死に至る者も相当数にのぼった。

　人身の自由は，イギリスのマグナ・カルタ（1215年）以来，人権宣言の中核的地位を占めるものであり，この自由がかくも無残に無視されたところに，日本の人権史の大きな特徴を見ることができる。日本国憲法の人権規定の3分の1を占める人身の自由保障は，このような悲惨な犠牲のうえに成立しているのである。

　　精神的自由の窒息　終戦後，連合国軍最高司令官（GHQ）が発した指令によって撤廃された精神的自由を制約する法令は，治安維持法，治安警察法，新聞紙法など驚くべき多数にのぼる。そもそも明治憲法の基本原理は神権天皇制だったから，それに反する信仰や思想を禁止しても権利侵害とはみなされなかった。そのうえに，これらの法令によって自由は制約され，精神的自由は窒息状態にあった。なかでも治安維持法（1925〔大正14〕年に制定，その後の改正により厳罰化）は，国体の変革および私有財産制度の否認を

目的とする結社の組織・加入を処罰する（場合によっては死刑を科しうる）もので，精神的自由の抑圧に猛威をふるった。予防検束や拷問などは，治安維持法違反の被疑者に対して特に苛烈に行われた。当初は無政府主義者や共産主義者を対象としていたが，次第に広げられ，自由主義者・宗教家など，政府の意に沿わない思想をもつ者は容赦なく弾圧され，明治憲法の保障する信教・言論・集会・結社の自由（28条・29条）は息の根を止められた。

　明治憲法には学問の保障規定はなかったものの，大学における研究の自由や大学の自治は他の自由に比較すれば保護されていたといえる。しかし，東京帝国大学経済学部森戸辰男助教授のクロポトキンに関する論文が無政府主義を唱導するものとして，休職・起訴に至った「森戸事件」（1920〔大正9〕年），京都帝国大学法学部滝川幸辰教授が，その著書の中で，妻の姦通のみを犯罪とするのはよくないなどと述べているのは安寧秩序を損なうとして文部省が辞職を迫ったのに端を発し，結局，7人の教授が大学を去った「京大滝川事件」（1933〔昭和8〕年），そして美濃部達吉博士の天皇機関説が右翼・軍部から攻撃され，博士の著書が発禁となりついに貴族院議員辞職のやむなきに至った「天皇機関説事件」（1935〔昭和10〕年）などで明らかなように，学問の自由も政府の恣意によって容易に侵される弱い自由であることにかわりはなかった。

| 労働者の生活 |

遅れた資本主義国として列強に伍して富国強兵を目指した日本において，労働者の生活は先進諸国に増して悲惨であった。たとえば，農村の口べらしのため輸出の基幹産業たる製糸・紡績工場に連れて来られた女工が監禁同然で低賃金労働を強いられた実態は，『職工事情』や『女工哀史』などの著作で今日よく知られている。石炭産業を中心とする鉱業においても，いわゆるたこ部屋に象徴される奴隷的労働が強制されていた。

　そのうえ，労働運動は厳しく弾圧された。特に，組合結成やストライキの誘惑煽動などを違法とする1900（明治33）年の治安警察法17条は，労働運動に大打撃を与えた。イギリスやフランスでは19世紀後半に労働者の団結を承認する法律が制定されたが，日本ではその種の法律はついに第二次世界大戦後まで日の目を見なかった。組合組織率が戦前最高の1931（昭和6）年ですら，組合員数40万人足らず，組織率約7％という弱体ぶりであった背景に，反体制的な勢

力の成長阻止に細心の注意を払った政府の姿勢を見て取ることができる。

　公権力を名宛人とする日本国憲法の人権規定の中にあって，あえて私人を名宛人に規定された18条や28条の存在は，多くの労働者の血と涙であがなわれたものであることに思いをいたしたい。

2　明治憲法から日本国憲法へ

| ポツダム宣言の 受　諾 | 1945年8月，日本は満州事変（1931〔昭和6〕年）から足掛け15年に及んだ戦争を，ポツダム宣言の受諾という形 |

で終結させた。客観情勢から見れば憲法改正は不可避だったにもかかわらず，長らく国際的に孤立していた日本の指導者も学者も，対応は遅かった。改憲論議が始まってからも，その焦点はもっぱら天皇制の維持におかれ，人権についてはほとんど問題にされなかった。これは，「国民の自由が極度に圧迫せられたのも，憲法それ自身に基くものではなく，多くの悪法令の成立と官憲の権力の濫用に基くもの」（美濃部達吉）との認識が一般的であったことによる。たしかに，明治憲法の権利保障が為政者によってはなはだしく軽視されたというのは事実だ。しかし，その権利保障自体に欠陥があったことも否定しがたく，遅かれ早かれ人権についても根本的な見直しを迫られていた。

| 押しつけ憲法？ | 日本国憲法の原型が総司令部内で作成されたマッカーサー草案であることはよく知られている。この草案が修 |

正を経て政府の改正案として帝国議会に提案され，明治憲法の改正手続に従って可決・成立した（1947年5月3日施行）。この経緯を見れば，「押しつけられた」という事実は否定できない。しかし，マッカーサー草案作成の経緯，政府案作成の経過，議会での審議の状況を詳細にたどれば，単にいやいや押しつけられたと一言では語れない人間ドラマがここにはある。[*3]

　＊3　ジェームズ三木『憲法はまだか』（角川文庫，2007年），塩田純『日本国憲法誕
　　　　生』（NHK出版，2008年）が，この間の経緯に詳しい。

遅々として進まない政府の改憲作業を尻目に，高野岩三郎を中心に1945年11

月に発足した憲法研究会が作成した憲法改正案は，総司令部の草案作成に多大な影響を与えたことがわかっている。そして，「東洋大日本国国憲案」の作者が植木枝盛であることを突きとめた憲法研究会唯一の憲法学者・鈴木安蔵が中心となって作成した研究会案には，植木をはじめとする明治以来のデモクラシーの精神が息づいていたのである。[*4] マッカーサー草案にはなかった生存権規定（25条）が，衆議院の審議で追加されたことを含め，日本国憲法の人権規定は，明治以来の日本の歩みの結晶といえる側面がたしかにあるのである。

＊4　小西豊治『憲法「押しつけ」論の幻』（講談社現代新書，2006年）。

　憲法制定時，極東委員会は「施行後1年を経て2年以内に新憲法を再検討する」との政策を決定し（1946年10月17日），GHQや日本政府に伝わっていたが，再検討は行われず，占領終了後，ほぼ一貫して政権を担った政党が改憲を党是としていながら，国会は一度も改憲を発議していない。これを「押しつけ」といえるだろうか。

3　日本国憲法の「基本的人権」

| 日本国憲法の
人 権 保 障 | 日本国憲法の人権保障には，明治憲法と比べて次のような特質がある。 |

　①明治憲法では「臣民の権利」とされていたのに対し，日本国憲法は「侵すことのできない永久の権利」（11条・97条）としての「基本的人権」を保障した。
　②「法律の留保」を認めず，立法権をも拘束する。明治憲法下で治安警察法，治安維持法などの法律によって人権が窒息させられたことは，法律の留保が一歩間違えれば極めて危険な道具となることをまざまざと示した。もっとも，このことは基本的人権の制限がいっさい認められないことを意味するものではない。他人を犠牲にした権利の行使はもちろん許されない（⇒第3講）。
　③戦前の歴史的経験に鑑み，人身の自由に関する規定が人権規定全体の3分の1を占めている。奴隷的拘束および苦役からの自由（18条）は，かつてのたこ部屋や人身売買などを根絶することを目的とするものであるし，拷問を「絶

対に」禁ずる（36条）とされるのも，思想弾圧に猛威をふるった拷問をいっさいの例外なく禁止しようとするものである。このほかにも，本来なら法律レベル（刑事訴訟法）で規定されてもよい，被疑者・被告人の権利が詳細に定められている背景には，治安維持法に代表されるかつての弾圧立法による多数の犠牲者の血と涙があったことを忘れてはならない（⇒第10講）。

　④精神的自由についても質量ともに保障が強化されている。新たに思想・良心の自由（19条）と学問の自由（23条）が加えられたのは，戦前の恐るべき思想弾圧の反省のうえに立ったものであることはいうまでもない。また，経済的自由（22条・29条）では予定されている「公共の福祉」による制限が明示されていないのは，精神的自由の重要性（「二重の基準」）を憲法自体が認めていると解することもできる（⇒第3講・第7講）。

　⑤平等が厚く保障されている（14条・24条・26条・44条）。本来人権宣言で平等原則を定めないものはないが，明治憲法が極めて不徹底であったのに対し，日本国憲法が自由とならんで平等を最重要な原則と明示した点は，この憲法が「外見的」ではなく本来の意味の人権宣言を備えるものであることの表れである（⇒第5講）。

　⑥伝統的な自由権以外に各種の社会権を保障した（25〜28条）。20世紀半ばに誕生した憲法として当然ではあるが，国民の生活向上を犠牲にして急速な近代化を図る一方で，一貫して労働運動を弾圧の対象としていた戦前の日本における国民生活や労働事情を考えれば，これらの社会権保障の意義は西欧諸国に増して大きい。格差が拡大している現在，社会権の重要性はますます高まっている（⇒第7講・第9講）。

　⑦裁判所に司法審査権（81条）を与えて，人権侵害の際の救済制度を強化している。明治憲法ではこれがなかったばかりに，法律による人権侵害を防止することができなかった。また，行政裁判制度の変革によって，行政権による人権侵害に対する救済の道もはるかに広くなった。現憲法下では，裁判所が「憲法（人権）の番人」となったのである。

| 人 権 の 体 系 | 日本国憲法の「第3章　国民の権利及び義務」に眼を通してほしい。多くの権利をただ並べているだけのように |

表2－1　日本国憲法第3章の休系図（一部第3章以外の条文もはいっている）

```
                  ┌個人の尊重（個人の尊厳）（13条）
  ┌人権を支える基本原理┤
  │               └平等原則（14条ほか）
  │      ┌包括的人権…幸福追求権（13条）
  │      │         ┌精神的自由（19・20・21・23条）…信教の自由，表現の自由など
 ┤人権┤      ┌自由権─経済的自由（22・29条）…職業選択の自由，財産権など
  │      │      │   └人身の自由（18・31・33～39条）…残虐な刑罰禁止など
  │      └個別的人権┼社会権（25～28条）…生存権，教育を受ける権利，労働基本権など
  │             ├受益権（16・17・32・40条）…国家賠償請求権，裁判を受ける権利など
  │             └参政権（15・79・95・96条）…選挙権，憲法改正承認権など
  └義務（26・27・30条）…子どもに教育を受けさせる義務，勤労の義務，納税の義務
```

思うかもしれないが，これを表2－1のような基本的な枠組みで整理すること
ができる。

　まず，「個人の尊厳」は，《私たちはみんな，それぞれかけがえのない存在
だ》ということを表している。この考え方は，《かけがえのない存在である点
で等しい私たちは，それぞれ等しく扱われるべきだ》という主張につながって
いく。これが「平等原則」のことだ（⇒第5講）。

　《私たちは，それぞれが等しくかけがえのない存在だ》ということをもう少
し具体的にいうと，《私たちはみな，生命の自由，身体の自由をもって，それ
ぞれの幸福を追求できる》という主張になる。これを「幸福追求権」という。
幸福追求のために必要なさまざまな権利が，この後，憲法に列挙されていく
（個別的人権）。いいかえれば，幸福追求権は，個別的に列挙されている自由権
の母体なのだ。個別的な自由権を支え，これらを産み出す母，というわけだか
ら，これを「包括的人権」と呼ぶことにしよう（⇒第6講）。

　人権思想が誕生した頃には，個別的人権は自由権を中心に，参政権・受益権
がこれを支える構造だった。日本国憲法ではもちろん，これらに加えて社会権
も規定されている（⇒第8講・第9講）。日本国憲法は，どこに出しても恥ずか
しくない豊富な人権カタログを備えているのである。

| 日本人の人権意識 | 多くの人は，人権侵害と聞いて，人種差別・部落差別か
ら，芸能人の私生活報道，隣家の騒音やいじめ，授業中 |

の私語まで，実にさまざまなことを連想するが，権力をもつ国や地方公共団体による人権侵害はあまり意識されていない。日本人の人権意識には独特の性格があるようだ。

　まず，「有害図書」の規制を警察に頼むなど，生活上のさまざまな要求を公権力の力を借りてでも実現しようとする傾向がある。ここでは，自由権（国家からの自由）と社会権（国家による自由）が渾然一体のものとしてとらえられている。国家権力との闘争を経て自由権を獲得したという歴史がないままに社会権が与えられたために，国家との緊張関係を欠く人権観が生まれたのかもしれない。また，人権擁護機関に持ち込まれる人権侵害の訴えを見ると，家族による圧迫とか隣人による騒音・悪臭といった私人間のものが圧倒的に多いことに示されているように，対公権力よりも対私人の人権主張が主流である。これらの点が，国家による人権の制限に対する警戒心が希薄だという日本人の人権意識につながっていることを指摘しなければならない。

привет

　「マッカーサー草案における自由権は，日本国憲法の自由権規定……にほぼ一致する。この，人間の根源的自由を表す豊富な自由権についても，マッカーサー草案をさかのぼり憲法研究会案に，さらに植木枝盛案にその起源を見出すことができるのである」（小西豊治『憲法「押しつけ」論の幻』〔講談社現代新書，2006年〕120～121頁）。日本国憲法が押しつけられたものかどうかはともかく，憲法の中に，われわれの先人の努力が脈々と息づいていることに誇りをもちたいと私は思います。「人権」自体は西洋で生まれ育ったものですが，日本は非西洋世界で人権をいち早く根づかせたトップランナーです。

　アメリカのディズニーランドは国威発揚の場だそうです（独立戦争，奴隷解放など）。日本ではそうしたディズニーの機能に頓着しない。正月はミッキーも着物を着る。よそのものを独自に編み直すのは日本のお家芸。しかも質が高く，大成功する。「いつもアメリカを見て，形は忠実にならいつつ，社会や人間の行動原理の面では必ずしも受け入れていない」（設立に関わった能登路雅子東大教授）。それが戦後日本だった，と。」（朝日新聞　2012. 5. 3）。人権思想の面でも，日本の風土・感性に合った付加価値をつけることはできると私は信じます。

第3講

人権は無制限？——人権制約の原理

教師：おい，A，そのタバコ，没収だ。職員会議にかけて処分されるぞ。

高校生A：えーっ，なんで？　誰にも迷惑かけてないじゃないですか。憲法には自由が保障されているんだから，こういうのを人権侵害っていうんじゃないんですか!?

教師：このあいだSNSで，クラスのBの悪口を書いていたのはお前だろう？　それこそ人権侵害だぞ。

高校生A：あっ，証拠もないのに疑ってる！　それに，仮にそうだとしても，憲法は表現の自由を保障しているんだから，問題ないでしょう。

教師：アーイエバコウイウ。お前，人権っていえば何でもありと思ってないか？

高校生A：だって，人権は「侵すことのできない永久の権利」って憲法に書いてありますよ。明治憲法の「法律の留保」とはまったく違いますよね。

教師：おっ，けっこう勉強してるな。感心，感心。でも，考えてみろよ。人の悪口を書くのも表現の自由，高校生がタバコを吸うのも自由って，お前ホントにそう思ってる？

高校生A：そりゃ，常識で考えたらおかしいと思うけど。でも，悪口とタバコって，ちょっと違うような気もするし。どういう場合に自由が制限されるのかなあ？　制限されるんだったら，「不可侵の権利」とはいえないしなあ……。

1　人権保障の不可侵性とその限界

人権保障は不可侵？　巻末の日本国憲法21条と明治憲法29条（⇒第2講注2）を比べてみてほしい。違いがはっきりわかるはずだ。そう，今の憲法は「法律の留保」（⇒第2講1参照）を定めていない。また，日本国憲法11条・97条には，人権の永久・不可侵性が格調高く謳われている。これらを読むと，冒頭の高校生のように，人権の制限はいっさい許されないと思うのも無理はない。

しかし，人権思想が人間の社会生活を前提にしていることを思えば，いくら自分の身体をどう動かそうが自由だといっても，腕で人をなぐってはいけないのは誰でもわかる。フランス人権宣言（1789年）4条にも，「自由は，他人を害しないすべてをなし得ることに存する」と定められている。問題は，人権の限界がどこまでで，それを誰がどうやって判断するか，ということだ。

| 加 害 原 理 |

まず思いつくのは，「他人の権利・利益を害しない」という限界だろう。ジョン・スチュアート・ミルは，『自由論』（1859年）の中で，「文明社会の成員に対し，彼の意志に反して，正当に権力を行使しうる唯一の目的は，他人に対する危害の防止である。彼自身の幸福は，物質的なものであれ道徳的なものであれ，十分な正当化となるものではない[*1]」と述べている。《あなたのため》というパターナリズム（父権主義・温情主義）に基づく自由への干渉を基本的に許さないというもので，「ミルの加害原理（harm principle）」として，人権の制約を考える際の出発点となっている。感染症予防のための自由制限などを思えば，ここまでは大方の合意が得られるだろう。

＊1　早坂忠訳「自由論」『世界の名著38』（中央公論社，1967年）224頁。

しかし，何をもって「他人を害する行為」と見るかは，実は難しい。ある人は，「他人の権利を侵害すること」を限界ととらえる。別の人は，「他人の感情を害する行為」までも含めて考える。また，他人を害しなければ何をしてもいいのかと問い詰められれば，特に子どもの自由（喫煙，援助交際など）をめぐって，われわれは答えを躊躇する。人権の大切さを強調するのは必要なことだが，それだけでは問題は解決しない。人権問題を考えることは，人権の限界を見極めることなのだ。

| 司 法 審 査 |

人権の限界を誰がどうやって判断するかという問題について，人類はさまざまな試行錯誤をしてきた。昔は万能の神様や慈悲深い王様がすっきりと問題を解決してくれることを期待したのだろうが，このような偶然に頼っていては不安定極まりないと気づいた人類は，システムを構築することでこれに対応しようと考えた。

　まず，ヨーロッパ大陸諸国では，伝統的に国民の代表である議会が人権保障の担い手と目された。たとえば，フランス人権宣言（1789年）10条は，「何人もその意見について，それが，たとえ宗教上のものであっても，その表明が法律の確定した公序を乱すものでないかぎり，これについて不安をもたないようにされなければならない」と定める。本来，「法律の留保」は，権利の制限に議会を関与させることにより権利制限を制限しようとした試みだったのである。しかし，人権の核心は多数決をも超える力をもつことにある（⇒第1講3参照）。それなのに，少数者の人権擁護を多数派が支配する議会にのみ頼ることができないのは見やすい道理であろう。

　これに対して，アメリカでは議会に対する警戒感が強く，早くから裁判所に人権保障の役割が委ねられた。アメリカ合衆国憲法修正1条は，「連邦議会は，国教の樹立を規定し，もしくは宗教の自由な行使を禁止する法律，または言論もしくは出版の自由を縮減する法律，または人民の平穏に集会する権利……を縮減する法律を制定してはならない」と定めている。まさに，議会に向かって自由の制限を禁止しているのだ。これを審査するのが（憲法には明示されていないが）裁判所なのである。

　だが，よく考えてみると，国民に選ばれてもいない裁判官が，民主的な議会が制定した法律を無効にすることがどうやって正当化されるのだろうか。こういう原理的問題を抱えながらも，20世紀後半以降，世界の潮流は司法審査制を人権保障の中心におく傾向を強めている。つまり，「法律による人権保障」から「法律からの人権保障」への転換である。

2　公共の福祉

　憲法12条・13条・22条・29条に「公共の福祉」という言葉が出てくる。これは人権を一般的に制約する原理なのか？　「他人を害さない」ことと同じ意味だろうか？　また，22条・29条に重ねて公共の福祉が出てくることにどういう意味があるのか？　戦後の憲法学や裁判所は，これらの点をめぐって激しく争ってきた。

公共の福祉＞人権　人権が無制限ではなく，何らかの理由で制約されることがあるのは当然だろう。問題はその制約の仕方だ。憲法ができてしばらくの間，最高裁判所は，ある法律が人権を侵害し違憲だという主張に対して，判で押したように《たしかに〜する自由は人権として国民に認められている。だが，その自由は絶対的なものでなく，公共の福祉によって制限される。この法律はそのためのものであって，違憲ではない》と答えていた。つい納得してしまうかもしれないが，要注意だ。

ここでいう「公共の福祉」は，《社会の多数の利益》《多くの人の便宜》といった漠然とした広い意味にとらえられていた。国会の多数決によって成立した法律が，この意味の公共の福祉をまったく無視しているとは考えにくい。ということは，ほとんどすべての法律が合憲と判断されかねないわけだ。社会や多数の利益という大雑把な理由で人権を外側から制限できるという考え方（外在的制約説）では，明治憲法時代の「法律の留保」と変わらず，人権を保障した意味がなくなるのではないだろうか。

内 在 的 制 約　これに対して，個人の尊厳を指導理念とする日本国憲法においては，個人に優先する「全体」「社会」の利益なるものは存在しない。ある人の人権が制限されるのは他人の人権に影響を及ぼす（他人を害する）ときのみである，という見解が出てきた。つまり「公共の福祉」とは，人権を外から（＝社会全体の利益を守るために）制約するものではなく，《人権相互間に生ずる矛盾・衝突の調整をはかるための実質的公平の原理》だというのである。これはすべての人権に論理必然的に内在しているという（内在的制約説）。

コロナ禍をめぐって，感染者の入院の強制や飲食店などの営業の制限の是非が問われた。これらの措置は居住・移転の自由や営業の自由などの人権を明らかに制約するけれども，他者の人権との調整を図る内在的制約ととらえることができよう。しかし，このような措置を必要とする根拠（立法事実）があいまいなままに罰則付きで強制するなど強度の規制を行うことは許されない。私たちはらい予防法の悲劇（⇒SECOND STAGE扉，第13講5）を忘れてはならない。

二 重 の 基 準

公共の福祉がすべての人権に内在する制約だといって
も，人権の性質によって制約の根拠と程度が変わるとす
る考えが有力である。精神的自由を制約する場合には，自由を各人に公平に保
障するための「必要最小限度の規制」のみが認められる。これに対して，所得
再分配のために累進課税制度を設けるように，社会権を実質的に保障するため
に経済的自由（財産権）を制約するような場合には，政策目的を達成する上で
「必要な規制」が認められる，というのである（これを内在的制約と区別して，政
策的制約ということがある）。

　このように，精神的自由権の規制と経済的自由権の規制とで審査基準を変え
る考え方を「二重の基準」といい，アメリカの憲法判例の中で生まれ，日本の
学者の間でも広く受け入れられている。経済的自由権を制約する法令は一応合
憲だと推定され，「合理性基準」（緩やかな司法審査基準）が妥当するのに対し
て，精神的自由権の制約にはそのような合憲性推定が排除されて，「厳格な審
査基準」によって慎重に審査されることになる。精神的自由の重要性に着目し
た魅力的な理論だ（⇒第7講）。

　この考え方は，最高裁にも一部取り入れられている。「憲法は，国の責務と
して積極的な社会経済政策の実施を予定しているものということができ，個人
の経済活動の自由に関する限り，個人の精神的自由等に関する場合と異なつ
て，右社会経済政策の実施の一手段として，これに一定の合理的規制措置を講
ずることは，もともと，憲法が予定し，かつ，許容するところ」として，「精
神的自由等」と比べれば，経済的自由に対する規制は認められやすいことを明
らかにしている（小売市場事件・最高裁判決1972.11.22）。

　このように最高裁は二重の基準論を採用していると一応いえるものの，実
は，精神的自由（特に表現の自由）の領域で，厳格な審査基準を適用して違憲と
したものは1件もない。経済的自由の規制に関する事件で，枕詞のように使わ
れるだけだから，本当に二重の基準を採用したものかどうか，真意は明らかで
はない。

　「公共の福祉」という言葉は確かに抽象的だ。しかし，この言葉をめぐって
判例・学説が戦後積み重ねてきた議論の蓄積は，《人権は不可侵であるべき》

という理念と《それでも人権を制約しなければならない場合がある》現実の間
で，揺れながら苦闘した歴史の産物である。この言葉にかえて「公益及び公の
秩序」（自民党憲法改正草案，2012年4月27日）とすることは，何が「公益」等に
当たるのかを判断するのが第一義的には公権力であることを思えば，このよう
な苦渋の歴史をスキップし，人権保障の意味すら失いかねない試みであること
を指摘しなければならない。

限定された
パターナリスティ
ックな制約

　内在的・政策的制約のほかに，第3のカテゴリーとし
て，「限定されたパターナリスティックな制約」をあげ
る見解がある。「自己加害」を理由とする公権力による
介入は原則として許されないが，人格的自律そのものを回復不可能なほど永続
的に害する場合は，例外的に自由への制約が認められる，というのである。
「人に迷惑をかけてないのに，援助交際のどこが悪いの ?!」と開き直る子ども
の自由を例外的に制約することができるという理論だ。未成年者の飲酒・喫煙
を禁止する法律も，この理論に基づいて規定されている。

　このような制約原理が登場する背景に，《他人の人権を害する場合以外には
人権の規制ができない》という原則論を貫いていたのでは，現実に対応できな
いし，非常識な結果を招くという考慮がある。特に子どもの人権に対する制約
をいかなる根拠でどのくらい認めるか，という問いは，極めてリアルな現代的
問題である（⇒第12講）。

3　人権の私人間適用

社会的権力

　人権規定の名宛人は，国家や地方公共団体といった公権
力であることを再三述べてきた（⇒第1講）。このことは
いくら強調しても強調しすぎることはない。しかし，だからといって，（権力
と関わりない）私とあなたの間では憲法上の人権は文字通りいっさい関係ない
ということもいえない。公権力ではないけれども，国家に匹敵する強い力をも
つ団体（企業・マスメディア・労働組合などの「社会的権力」）が私人の一定の利益
を侵害するとき，憲法の人権規定がいかなる効力を及ぼすか，大いに議論され

てきたのである。

| 憲法自身に
よる「修正」 |

公法である憲法典の権利章典部分に，私人に関する行為規範が組み込まれることがときにある。日本国憲法でも，15条4項・18条・24条1項・27条3項がそれにあたる（実際に条文を読んで確認してほしい）。また，28条の労働基本権は，近代私法の三大原則である所有権絶対，契約自由，過失責任を修正し，労働者の団結権などの行使を妨害しないよう，私企業に求めている（⇒第9講）。

| 間接適用説 |

それでは，上記の規定以外は私人間ではまったく関係ないのだろうか。憲法学者の多くと最高裁判所は，こう考えている。まず，人権規定の拘束力が私人間にはまったく及ばないという考え（無関係説）は否定する。その理由として，人権をもっぱら対国家との関係においてとらえる伝統的人権概念は決して必然的なものではなく，歴史的理由に由来するものであり，18世紀の人権宣言も全法秩序に対して妥当性を要求する側面があったことが指摘される。また，国家の社会生活への積極的な介入を認める社会国家の思想からも，人権規定の私人間における意義が浮かび上がる。

では，人権規定の効力が直接に私人間の行為にも及ぶと考える（直接適用説）かといえば，そうではない。最高裁はこう言う。憲法の人権規定は，「もっぱら国または公共団体と個人との関係を規律するものであり，私人相互の関係を直接規律することを予定するものではない。このことは，基本的人権なる観念の成立および発展の歴史的沿革に徴し，かつ，憲法における基本権規定の形式，内容にかんがみても明らかである」（三菱樹脂事件判決・最高裁判決1973. 12. 12）。もし人権規定を直接私人間関係に適用すれば，私的自治を否定し，人権保障規定が市民生活における道徳的監視の道具となってしまう，と危惧するのである。

そこで，通説・判例は，人権規定が直接に私人間関係を規律することはないが，人権規定の精神が私法上の一般条項（民法1条3項の権利濫用，90条の公序良俗等）[*2]，不法行為法[*3]，労働基準法等[*4]を通して実現される，と見ているのである（間接適用説）。

＊2　民法1条3項　権利の濫用は，これを許さない。

　　民法90条　公の秩序又は善良の風俗に反する事項を目的とする法律行為は，無効とする。

＊3　民法709条　故意又は過失によって他人の権利又は法律上保護される利益を侵害した者は，これによって生じた損害を賠償する責任を負う。

＊4　労働基準法3条　使用者は，労働者の国籍，信条又は社会的身分を理由として，賃金，労働時間その他の労働条件について，差別的取扱をしてはならない。

　ただ，これらの説の違いは一見するほど大きくない。無関係説も，憲法に特段の定めがあれば憲法の適用を認めるし，関係法律規定があればそれを憲法の精神に照らして解釈するのを否定するわけではない。また，直接適用説でも，「私」を否定する徹底した説を説くものは見られず，私的自治も憲法上保護された原則とみている。関係法律規定があれば直接適用されるのは（憲法ではなく）その法律規定であることを否定しない。さらに，間接適用説も，一定の人権規定については直接効力を認めており（28条・27条3項・18条・24条），いっさいの人権規定が間接効力しか有しないとしているわけではないのだ。「適用」の意味をどう理解するかによっては，無関係説とも直接適用説ともいえる余地がある。

　人権の侵害が問題となる私法関係の性質や事情に即して，法律の解釈などを通じて調和のある合理的解決がはかられるべきであろう。

mensaje

　人権は不可侵といいながら，いろいろな制限を認める。人権制約の合憲性を判断するために，面倒くさい理屈をあーでもないこーでもないとこねくり回す。「もっとすっきりしろー」と叫びたくなる気持ちはよくわかります。

　でも，本来単純であるはずのない人間とその社会を分析対象とする法律学では，すっきりすることだけを求めるわけにはいきません。善人もいれば悪人もいる，強者も弱者もいるこの社会で，できる限り多くの人が幸福を追求できる条件と秩序を打ち立てるために，人権があるのです。誰かが理不尽な扱いをされているとき，これはどの人権を制限しているのか，その制限を正当化する理由があるか，面倒くさがらずに考えをめぐらせて，声をあげていきましょう！

第4講

国家対個人の問題に国際社会は関係ない？──国際人権保障

基美：もうすぐ夏休みだね。

暢子：ようやくね。大学は高校までとちがって90分授業で長いとは聞いていたけど，それが，2コマ続きなんだもん。好きでもない法学の授業を半日ずっと聞いてるのは，つらかったわぁ〜。

基美：そうそう。でも，私はそこそこ楽しめたし，もっと社会のことも知ろうって気になったかな。ところで，夏はどうするの？　サークルかバイト？

暢子：いや，オーストラリアに短期留学に行くことにしたんだ。ほら，大学のプログラムがあるでしょ。あれに応募して，ダメだと思ったけど運よく受かったから。

基美：へぇー，いいね。そういえば，この間授業ででてきたオーストラリアで捕まった日本人の話って衝撃的だったよね。

暢子：入国審査のときに麻薬の密輸で捕まって有罪になったって事件ね。途中経由地のマレーシアでスーツケースを壊され，代替品としてツアーガイドから渡されたスーツケースが二重底になっていてそこに麻薬が入れられていたから，自分が知らないうちに運び屋をさせられていたって話，ホント怖いと思ったよ。

基美：もっと怖いのは，外国で捕まったら日本じゃないから法律も知らないし，どんな手続が進むのかもわからない，英語力が十分じゃないから自分の主張もできないうちに有罪になっちゃうってことがありうる。でも，領域国に管轄権があるから，日本政府は基本的にどうすることもできないってこと。

暢子：取調べに通訳はいたけれど，正確に訳してくれていなかったらしいよね。そのことを自由権規約委員会に個人通報の申立てをしたけど，却下されてしまったとか。何があるかわからないし，いざというときに自分を守れるように，まずは英語研修がんばってくるわ。

(参照：メルボルン事件弁護団編『メルボルン事件　個人通報の記録　国際自由権規約第一選択議定書に基づく申立て』〔現代人文社，2012年〕)

1　概　　説

国際的に人権を
保障するとは？　人権の概念は，強大な権力をもつ国家から個人を守るた
めに生み出された。人権を侵害する可能性があるのも，
侵害しないように保障する義務をもつのも国家である，したがって人権保障の
ための法である憲法の名宛人は国家だということは，第1講を読んで理解して
くれたことと思う。しかし，人権の国際的な保障，あるいは国際人権法という
言葉も耳にするが，これはいったいどのようなことなのだろう？　国家を超え
て，国際社会が人権を保障するということ？　それとも，自分の属する国家以
外の国が，人権を保障してくれるということ？　……そうではない。やはり，
今でも，基本的に人権の保障はその人の属する国家——必ずしも国籍という意
味だけでなく，その管轄内にいるという意味で——が負う義務なのである。な
ぜなら，その人に対して強制的にも権力をふるうことができるのは，その人を
管轄下においている国しかないからである。

　ただ，第二次世界大戦以前は，人権は国内問題であり，ある国の人権問題に
関して他の国が口出ししてはならないという不干渉の原則が適用する領域で
あった。それに対して，現在は，口出しをしてもよい，いや，場合によっては
口出しをしなければならない分野へと変化したということが，人権が「国際
化」された，ということの第一次的な意味である。第二次世界大戦前は，少数
者保護の制度はあったが（⇒第17講），人権全般が国家間の問題になることはな
かった。第一次世界大戦後には，はじめての普遍的な平和のための組織，国際
連盟ができた。[1]日英同盟を結び連合国側として戦勝国の一員であった日本は，
連盟規約の起草会議に代表を出し，規約に人種や国籍による差別の禁止をもり
込む提案をした。当時，日本はアメリカ大陸等に移民を送り出していたが，彼
らがヨーロッパからの移民と比べて差別されていたからである。しかし，多く
の国は，人権は国内問題であり，連盟が扱うべきではないと考え，日本の提案
は受け入れられなかったのである。それが，第二次世界大戦中に，自国の国内
での人権侵害と他国への侵略は深い関係があるという認識が連合国の中で芽生

えた。平和を守るためには各国国内での人権保障が必要な条件だと認識され，第二次世界大戦後に設立された国際連合では，「人権と基本的自由」の保障が目的の1つに掲げられたのである[*2]。つまり，ナチスがユダヤ人を大量に虐殺していることを知りながらも何もしなかったような態度は，これからはとってはならない，人権は，国際社会の問題でもあるので，どこかの国の人権侵害にも干渉していくことが必要だ，人権保障が十分でない国に対しては国際社会が人権を護らせるようにしていくというのが，国際的な人権保障である。繰り返せば，あくまで，人権を保障するのはその人の属する国家であるが，それぞれの国家は国内で人権を保障しなければならないという義務を国際社会に対しても負うことになったのである。逆に言えば，個人は自分の国での人権保障が十分でないから，他の国に保護してもらう，あるいは，国際社会全体に保護してもらうという権利を与えられているわけではない。このことは，外国人の入国や在留に対する国家のほぼ絶対的な主権として現れている（⇒第15章）。

＊1　人権の国際化の歴史は，田畑茂二郎『国際化時代の人権問題』（岩波書店，1988年）参照。
＊2　国連憲章1条3項は，国連の目的の1つとして，「経済的，社会的，文化的又は人道的性質を有する国際問題を解決することについて，並びに人種，性，言語又は宗教による差別なくすべての者のために人権および基本的自由を尊重するように助長奨励することについて，国際協力を達成すること」と述べている。

人権は世界中で同じように保障されるのか

ところで，国家がお互いにその国内で人権を保障しているかどうかを国家同士で，あるいは，国際社会が関心を払うといっても，保障すべき人権の内容やレベルが同じでなければ，それは難しいだろう。守るべき人権は，それぞれの国がそれぞれの憲法で定めているが，それと同時に，国際的な基準も必要だ。そこで，1948年には世界人権宣言という文書が作られた。これは，自由権も社会権も参政権も含んだ包括的な人権カタログだが，宣言なので国家に対する拘束力はない（ただし今は慣習法になっていると理解されている）。条約としては，世界人権宣言の採択された前日に「ジェノサイド罪の防止と処罰に関する条約」（ジェノサイド防止条約）がつくられた。ジェノサイド，すなわち，ナチスのホロコースト[*3]

のような行為を国際法上の犯罪と定めて，犯罪者を行為地国の裁判所又は国際刑事裁判所で審査し処罰することを規定したのだ。

＊3　ジェノサイド防止条約の2条は次の行為をジェノサイド（集団殺害）と定義している。すなわち，国民的，人種的，民族的又は宗教的集団を全部又は一部破壊する意図をもって行われた，(a)集団構成員を殺すこと。(b)集団構成員に対して重大な肉体的又は精神的な危害を加えること。(c)全部又は一部に肉体的破壊をもたらすことを意図した生活条件を集団に対して故意に課すること。(d)集団内における出生を妨げることを意図する措置を課すること。(e)集団を他の集団に強制的に移すこと。

　しかし，ジェノサイドのような究極的な人権侵害を離れて，もっと一般的にどの国もが保障の義務をもつ人権のカタログをつくることは容易ではなかった。世界人権宣言の次の段階として拘束力のある人権条約をつくる段階になると，資本主義国，社会主義国，途上国とそれぞれの立場が分かれてしまったのである。結局1つのカタログをつくることは諦めて，「経済的，社会的及び文化的権利に関する国際規約」（社会権規約）と「市民的及び政治的権利に関する国際規約」（自由権規約）の2つの条約が，宣言から18年も経った1966年にできあがり，それからさらに10年がかかって発効した。2020年現在には，社会権規約は171カ国，自由権規約は173カ国が加盟していて，ともに多くの国によって受け入れられている人権基準となったと考えられるが，それでも，大国であるアメリカは社会権規約を，中国は自由権規約を批准していない。そもそも，国を問わず文化を問わず保障されるべき普遍的な人権はあるのか，という問いは，いつの時代にも投げかけられ続けている。1993年にウィーンで第2回世界人権会議が開催されたころは，一部のアジアの国々が人権におけるアジア的価値を強く主張し，最終的に採択された宣言には，人権の文化的多様性に気づいていながらも，人権は普遍的であるという表現が盛り込まれた。[*4] 人権の概念が西側ヨーロッパ中心に発展してきたことは否めず，これまで，社会主義諸国が，アフリカ諸国が，アジア諸国が，イスラム諸国が，人権の相対性や多様性を主張してきたが，結果として，それらのものを包摂しながら，国際的な人権基準は発展してきていると考えられる。

＊4　同宣言5項、「すべての人権は普遍的であり，不可分かつ相互依存的であって，相互に連関している。国際社会は公平かつ平等な方法で，同じ基礎に基づき同一の強調をもって，人権を総体的に扱わなければならない。国家的及び地域的独自性の意義，並びに多様な歴史的，文化的及び宗教的背景を考慮にいれなければならないが，すべての人権及び基本的自由を助長し保護することは，政治的，経済的および文化的な体制のいかんを問わず，国家の義務である。」

2　条約システムによる人権保障

どんな人権条約が
あ　る　の　か

上で言及した自由権規約，社会権規約，ジェノサイド防止条約のほかにも普遍的な，つまり全世界的に加盟国を予定している人権条約がこれまでに多くつくられてきた。ヨーロッパでネオナチが台頭してきた60年代にできた人種差別撤廃条約，70年代の「国連女性のための10年」の際につくられた女子差別撤廃条約，80年代終わりにつくられて最大の加盟国数をもつ児童の権利条約，少しずつであるが加盟国が増加している移住労働者保護条約，つい最近に採択された強制失踪条約と障害者権利条約。これらは国連が舞台となって起草作業が行われたが，労働者の権利等に関する問題は国際労働機関（ILO）が古くから条約をつくってきた。また，ユネスコは「教育における差別待遇の防止に関する条約」（1962採択／68年発効）などを作成している。

条約の実施措置

宣言と異なり条約は拘束力をもつが，もちろん，それは加盟国となった国に対してのみである。では，国内で批准して加盟したら，その国は積極的にその義務を果たしてくれるのだろうか？そうではないことも想定して，締約国に条約を守らせるための仕組みが必要である。といっても，人権条約の場合，条約によって負っている義務は主として自国民に対するものなので，通商条約のように，他国との相互性が条約違反の抑止力となるわけではない。たとえば，拷問等禁止条約の締約国Aが条約を無視してその国内で拷問を行っているとして，それならば他の締約国BやCも自国内で拷問をすることにしましょうでは，Aに対する対抗措置とはなっ

表4−1　主な人権条約等（締約国数は2020年9月現在）

条約名	採択年	発効年	日本加入年	締約国数
ジェノサイド防止条約	1948	1951		152
世界人権宣言	1948			
社会権規約	1966	1976	1979	171
社会権規約選択議定書	2008	2013		24
自由権規約	1966	1976	1979	173
自由権規約選択議定書（個人通報制度）	1966	1976		116
自由権規約第二選択議定書（死刑廃止）	1989	1991		88
人種差別撤廃条約	1965	1969	1995	182
女子差別撤廃条約	1979	1981	1985	189
女子差別撤廃条約選択議定書（個人通報制度）	1999	2000		114
拷問等禁止条約	1984	1987	1999	171
拷問等禁止条約選択議定書(小委員会による訪問)	2002	2006		91
児童の権利条約	1989	1990	1994	196
児童の権利条約選択議定書（武力紛争）	2000	2002	2004	170
児童の権利条約選択議定書（児童売買等の禁止）	2000	2002	2005	176
児童の権利条約選択議定書（個人通報制度）	2011	2014		46
移住労働者保護条約	1990	2003		55
強制失踪条約	2007	2010	2009	63
障害者権利条約	2006	2008	2014	182
障害者権利条約選択議定書（個人通報制度）	2006	2008		96

ていない。そこで，人権条約の場合は，それぞれの国に，加入以後何かと機会を見つけて義務を遵守するよう圧力を加えることが重要となってくる。

　まず，どの条約も共通して備えているのが，国家報告制度である。それぞれの条約は，締約国の国民から選出される委員からなる委員会を条約の機関として備えている。締約国の国民といっても，その国の代表として国の意向を背負って任務を行うのではなく，独立した専門家としての活動が求められている。すべての締約国はその委員会に，定期的に，その条約が規定する人権に関

する情報を報告する。また，NGO も独自に報告書（カウンター・レポートまたは影のレポート）を作成し，政府の情報では足りない部分を委員たちに理解させようとしている。これらの情報をもとに，委員会は，政府代表と質疑応答を行い，総括所見と呼ばれる勧告を出す。たとえば，日本は自由権規約委員会には，今まで 6 回報告書を出している。締約国はこの勧告を無視しても制裁を加えられることはないが，権限ある委員会が出した意見として国内外で尊重され，特に，国内の人権擁護運動の大きな力となっていることは間違いない。

　すべての締約国が負う義務のほかに，その制度を受け入れた国のみに義務が生じるものとして，国家間通報制度と個人通報制度がある。国家間通報とは，他国の義務違反を委員会に通報するという仕組みで，まさに，お互いの国内人権問題に無関心であってはならない，という国際人権保障の考えの原点のような制度だが，実際にはあまり利用されていない。やはり，人権問題を非難されるというのはどの国にとっても面白いことではなく，非難したらその相手国からも非難を返されるかもしれない（非難される可能性がないほど立派に人権保障をしている国などないだろう）。あるいは，経済面など他の局面で仕返しをされることも考えられ，そこまでのリスクを犯して，自国に直接の利益もないのに通報しようという選択を国家がしたがらないのは当然だろう。

　国家間通報制度とは異なり，その制度を受け入れた国では大いに活用されているのが個人通報制度である。その国家の管轄下にある個人が，条約で保障されている権利を侵害された場合に，国内裁判などの国内的救済手段を尽くした後に，委員会に申立てができる制度である。申立てをして委員会から人権侵害が認められても，その意見はやはり勧告的な効力しかもたないが，国内外で重要視されるのは国家報告に対する総括所見と同様である。個人通報の事例が蓄積されていくと，特定の人権に関する具体的な問題点が明確になっていき，それらを，委員会は「一般的意見」として表明することもある。さらに，拷問等禁止条約の議定書は，実情調査のための国家訪問の制度を用意している。

　すべての条約が以上の仕組みを全部備えているわけではなく，また，国家報告制度以外は義務的ではない。日本は，人権条約について，国家報告制度しか受け入れていない。個人通報制度に入らない理由として政府は，その制度が

「司法の独立を侵す」おそれがあるというが，そのような見解は国際社会では一般的でない。

表4－2　人権理事会の特別手続（国）2020年11月現在

ミャンマー	1992
カンボジア	1993
パレスチナ占領地域	1993
ソマリア	1993
朝鮮民主主義人民共和国	2004
イラン・イスラム共和国	2011
ベラルーシ	2012
エリトリア	2012
中央アフリカ共和国	2013
マリ	2013

出典：国連 HP より作成（https://spinternet.ohchr.org/ViewAllCountryMandates.aspx?lang=en）。

3　国連システムの中の人権保障

　1で述べたように，国連は連盟と異なり，目的の1つとして人権及び基本的自由が述べられている。総会，経済社会理事会もそれぞれにその任務の中に人権及び基本的自由が言及されているが，特に68条には，経済社会理事会の下部組織として「人権の伸長に関する委員会」を設けることが規定された。そこで，1946年の第1回国連総会で設立されたのが，人権委員会（Commission on Human Rights）であった。人権委員会は加盟国の代表としての資格をもつ53人からなる組織で，毎年春に6週間の会期を開催していた。世界人権宣言や自由権規約・社会権規約を起草したのもこの委員会である。人権基準作りが一段落した1967年，実際に世界の各地で起こっている人権侵害の問題についての取り組みが始まり，同年の経済社会理事会決議1235と70年の同決議1235により，重大かつ一貫した形態の人権侵害を，人権委員会とその下の人権小委員会[5]が取り上げる権限を与えられた。はじめは，国別に取り上げていたが，80年以降，国を横断した特定のテーマに関しての審議を行うようになった。日本に関係する問題も，女性に対する暴力（慰安婦問題）や強制または非自発的失踪（拉致）などのテーマで取り扱われてきている。

＊5　1947年に設立され，当初は「差別防止及び少数者保護小委員会」という名前であったが，1999年から「人権の促進と保護のための小委員会」と改称された。専門家からなるシンクタンクと説明されたが，任務は人権理事会の「諮問委員会」に引き継がれた。

表 4 - 3　人権理事会の特別手続（テーマ）2020年11月現在

強制又は非自発的失踪	1980
裁判外，即決，恣意的な死刑執行	1982
拷問及び他の残虐な，非人道的な又は品位を傷つける取扱い又は刑罰	1985
信教・信条の自由	1986
子どもの売買及び性的搾取（ポルノグラフティ及び他の性的虐待を含む）	1990
恣意的拘禁	1991
意見・表現の自由	1993
人種主義，人種差別，排外主義及び関連する不寛容の現代的形態	1993
裁判官と弁護士の独立	1994
女性に対する暴力	1994
教育の権利	1998
極度の貧困と人権	1998
移民の人権	1999
適切な住居	2000
食糧の権利	2000
外債及び関連する国際的な財政上の義務	2000
人権擁護者の状況	2000
先住民の権利	2001
アフリカの子孫の人々	2002
到達可能な最高水準の身体的・精神的健康	2002
国内避難民の人権	2004
人身取引	2004
人権と国際的な連帯	2005
人権侵害と人民の自決権の行使を妨げる手段としての傭兵の使用	2005
テロへの戦いと人権及び基本的自由の促進及び保護	2005
少数者問題	2005
奴隷の現代的形態	2007
安全な飲料水と衛生施設	2008
文化的権利	2009

平和的な集会・結社の自由	2010
女性及び女児に対する差別	2010
民主的で衡平な国際秩序の促進	2011
真実，正義，補償及び再発防止の保証	2011
人権と超国籍企業及び他のビジネス企業	2011
安全，清潔，健康的かつ持続可能な環境の享有に関する人権義務	2012
高齢者の人権	2013
障害をもつ人の人権	2014
アルビニズムをもつ人の人権	2015
プライバシーの権利	2015
性的指向及びジェンダー・アイデンティティに基づく暴力及び差別からの保護	2016
発展の権利	2016
ハンセン病患者及びその家族への差別撤廃	2017

出典：国連 HP より作成（https://spinternet.ohchr.org/ViewAllCountryMandates.aspx?Type=TM&lang=en）。

　2005年3月に，人権委員会は人権理事会へ改組された。総会の下部機関として位置づけられた同理事会は，47の理事国からなり，少なくとも年に3回の会期を開くことと定められており，2020年11月までに73回（定例会期45回，特別会期28回）開催された。理事国は，アジア13，アフリカ13，ラテンアメリカ8，東欧6，西欧7という地理的な配分が定められており，特定の地域が理事国全体を占めないように配慮されている。人権理事会は，人権委員会が行っていた2つの特別手続（国別・テーマ別）による活動を引き継いだ。2020年11月現在，10の国別手続，42のテーマ別手続が継続中である。2007年に人権委員会は「大規模で信頼できうるほどに証明されたあらゆる人権及び基本的自由の一貫した形態」の通報手続を改定した。通報は被害者や被害に直接的で信頼できる知識をもつ個人，団体，NGO が行うことができ，非公開で審議される。人権委員会時代からあった2つの手続に加え，人権理事会では，すべての加盟国の人権状況を4年ごとに審査する普遍的定期的審査（UPR）の制度が新設された。
　国連人権高等弁務官は，1993年のウィーン人権会議で提唱され，94年に設け

られた国連の人権活動に責任をもつ機関である。現在その職に就いているのは，チリ出身のミシェル・バチェレで，第8代目である。弁務官の仕事を支える事務所のスタッフ数は2013年末で1085人，国連事務局の人権部門として位置づけられている同事務所は，人権理事会の事務局としての職務のほか，世界各地でフィールド活動も展開している。

　国連の人権保障システムの強みは，条約システムとは異なり，すべての国連加盟国の問題を取り上げることができることだ。ただし，国連の人権機関が出す決議は勧告的な効力しかない。それでも，国家は，自国の人権問題が取り上げられ非難されることに非常に敏感である。条約システムと補い合いながら，また，相乗効果で，国家に人権保障を促すための大きな力となっている。

4　地域的な人権保障体制

　以上見てきたのは，普遍的な人権保障システムであったが，ヨーロッパ，アメリカ，アフリカには，地域的な人権保障システムもある。

　1949年にできたヨーロッパ評議会は，50年にヨーロッパ人権条約を制定して以来，人権や言語に関する多くの条約を生み出してきた。ヨーロッパ評議会は人権と民主主義の擁護を理念としてもち，そこには設立当時は反ファシズムに加えて反共の意味も含まれていたが，今では，以前は社会主義国だった東欧の国々やロシアも加わり，2020年現在47カ国がメンバーである。人権の訴えを審議する機関として，当初はヨーロッパ人権委員会とヨーロッパ人権裁判所の2つの組織があったが，98年11月から後者に一本化され，国家のみでなく個人も直接提訴できる国際的な人権裁判所が誕生した。ヨーロッパでは，そのほかにもヨーロッパ安全保障協力機構（OSCE）やヨーロッパ連合（EU）などの組織も，人権に関しての一定のコミットメントをしている。

　南北アメリカ大陸及びカリブ海諸国とアフリカ諸国もそれぞれ独自の人権条約をもっている。前者の場合は，米州機構（2020年現在35カ国が加盟）が母体となって67年に米州人権条約を採択し，米州人権委員会や米州人権裁判所が人権保護の任務を負っている。後者では81年に，人及び人民の権利に関するアフリ

カ憲章（バンジュール憲章）が，当時のアフリカ統一機構（OAU。2001年からアフリカ連合（AU）。2020年現在55カ国が加盟）によって採択され，アフリカ人権委員会とアフリカ人権裁判所を備えたシステムを作っている。同憲章は，個人の人権とならんで人民の権利をうたい，また家族や共同体の中で生きていく個人の義務をも強調した，人権に対する独自のアプローチを提唱するものである。

　アジアでは，アセアン（東南アジア諸国連合，ASEAN。2020年現在10ヵ国が加盟）が，2009年にアセアン政府間人権委員会を立ち上げ，2012年にはアセアン人権宣言を採択した。また，地域的な機構とは異なるが，1990年に「イスラムにおける人権に関するカイロ宣言」がイスラム諸国会議機構によって起草され，2008年にアラブ連盟諸国による「アラブ人権憲章」が発効した。

5　日本と国際人権

国 際 法 と
国 内 法 の 関 係

ところで，憲法の人権保障と国際人権法による保障，この2つの関係はどうなっているのだろうか？　国内における国内法と国際法の関係は，それぞれの国がそれぞれのルールで決めればよいことになっている。一定の条約は憲法よりも上位にあり，条約に矛盾するような憲法規定は無効になるという選択をしている国も少ないけれど存在する（オランダなど）。逆に，憲法，法律，と序列されているその下に国際法を位置づけている国もある（南アフリカなど）。日本では，憲法98条1項が憲法を国の最高法規と定めていること，および2項の「日本国が締結した条約及び確立された国際法規は，これを誠実に遵守することを必要とする」の規定から，憲法，条約，法律，という序列になっていると理解されている。ある条約が憲法の規定に反しないかどうかは批准の際に十分審議が行われるはずなので，憲法違反の条約に入ってしまったらという心配はあまり必要ないだろうが，もし，そうなっても，国内では憲法の規定が優先され，対外的には条約違反を問われることになる。ある条約の一部のみ国内法に矛盾してそこだけは遵守できないという場合は，その条項だけ留保するということが一般的である。[*6]

＊6　日本の場合，たとえば，社会権規約の7条(d)（公の休日についての報酬），8
　　条1項(d)（同盟罷業をする権利），13条2項(b)(c)（中等・高等教育における無償
　　教育の漸進的な導入）に留保を，8条2項（労働基本権における警察の意味）に
　　解釈宣言をつけていたが，13条に関する留保は，2012年に撤回した。

| 日本の国内裁判における扱い |

国際法がそのまま国内で法として効力を有するか否かという問題も，それぞれの国が決める問題であり，すべての国際法は国内法に変形されないと国内での効力をもたないシステムをもつイギリスなどもあるが，日本では，国際法もそのまま国内で法として通用する（一般受容形式）。ただし，国際人権条約で保障されている権利が裁判において直接適用され効力をもつのかどうかという点は，その条文が明確に権利を個人に付与しているものであるかどうかによって決まってくる。

　以前は，原告側が国際人権条約に基づく主張を行っても，裁判所がそれを無視する，あるいは，それが，憲法でも保障されている人権である場合は，裁判所は憲法の審理だけで十分であると考え条約の検討に立ち入らないというようなこともあった。しかし，現在は，同じ人権についても憲法で保障されている範囲と条約で保障されている範囲が異なることもありうるので，条約による保障が独自に検討されるべきことが，徐々に認識されるようになってきている。

　例えば，後述する外国人に対する差別的発言の差止めを求めた訴訟では，被告の言動を人種差別撤廃条約上の人種差別と判断し，同条約上の日本の義務に言及している（京都地裁判決2013. 10. 7⇒第15講5参照）。また，国際人権条約が日本の裁判で活かされない原因のひとつに，国際人権条約違反を理由とする最高裁への上告は認められていない（民事訴訟法312条「上告は，判決に憲法の解釈の誤りがあることその他憲法の違反があることを理由とするときにすることができる」）ことがある。しかし，例えば，2013年の非嫡出子の相続に関する民法900条4号但し書き前段が憲法14条1項に違反すると判断した判決においては，条約違反について判断したわけではないが，自由権規約委員会や児童の権利条約委員会から日本に対して懸念が表明されていたことも背景事実として考慮に入れている（最高裁判決2013. 9. 4）。むろん，条約によって憲法には規定のない人権が保障されていることもあるので（自由権規約12条4項の「自国に戻る権利」，同14条3

表4－4　日本に対する国際人権機関からの最近の勧告

人種差別撤廃委員会	2018年8月	第10・11回政府報告に関する総括所見
自由権規約委員会	2014年8月	第6回政府報告に関する総括所見
拷問等禁止委員会	2013年5月	第2回政府報告に関する総括所見
社会権規約委員会	2013年5月	第3回政府報告に関する総括所見
児童の権利委員会	2019年3月	第3回政府報告に関する総括所見
女子差別撤廃委員会	2016年8月	第7・8回政府報告に関する総括所見
国連人権理事会	2018年3月	第3回政府報告に関する結果文書
強制失踪条約	2018年11月	第1回政府報告に関する総括所見

項(f)の裁判所で「無料で通訳の援助を受ける」権利など），憲法とともに，条約もわれわれの人権保障にさらに活用されなくてはならない。

国際人権機関からの日本への勧告　すでにみてきたように，各人権条約により設立された委員会は日本政府の報告書の審議の後に日本へ総括所見を公表する機会をもつし，国連の人権理事会の普遍的定期的審査も審査後結果文書を採択する。これらは，すべて勧告であり，法的な拘束力はないが，国際人権機関が国家の条約義務の履行状況をどう考えているのかを示すものとして加盟国は真摯に受け止めるべきものであるし，市民運動の大きな力となる。主な条約の委員会及び人権理事会から日本に出された勧告の最新のものは表4－4のとおりである。

메세지

　国際人権条約の委員会や国連の人権理事会が勧告を出してくれても，それでたちどころに人権侵害が解決するわけではありません。しかし，国際機関の意見は，私たちの主張を正当化し応援してくれる力をもっています。人権保障の実現を国家に求めていく主体は基本的にその国の人々ですが，役に立つ国際人権法やシステムはどんどん利用する価値があります。

SECOND STAGE

日本国憲法の人権

　1988年，2つのハンセン病療養所がある長島（岡山県瀬戸内市）と本土の間に「人間回復の橋・邑久長島大橋」が開通した。長年，らい予防法に基づく隔離政策により人間の尊厳を奪われ，差別と偏見に苦しめられてきた患者たち。司法手続でも枠外に置かれた患者たちは，1948年から1972年まで，裁判所ではなく療養所内などに置かれた「特別法廷」で審理された。最高裁がこの事実を認め，反省とおわびを表明したのは，ようやく2015年のことだった。

　人間として誇りをもって生きたい。誰しもがもつその願いを生かすために，人間の尊厳，個人の尊厳を基盤とするさまざまな人権が憲法で保障されている。SECOND STAGE では，日本国憲法が定める代表的な人権の内容を解説している。自分を護るため，大切な人を護るためにも，しっかり学んでいきたい。

第5講
近代人権思想の根本原理——個人の尊厳と平等

2020年の全米オープンテニス大会で，大坂なおみ選手は，人種差別に抗議するため，黒字に白色で黒人犠牲者の名前が書かれたマスクをつけて，センターコートに立った。マスクは初戦から決勝戦までで合計7枚，それぞれに異なる名前が書かれていた。最後の1枚は，2014年におもちゃの銃で遊んでいて警察官に射殺された当時12歳のタミル・ライスさんであった。優勝にいたるまでに7枚のマスクを着用した。マスクに書かれた名前は，一人ひとりが尊厳ある生をもっていた人であったことを私たちに訴えかけていた。

アメリカで，「公民権法」が成立し法的に黒人差別が廃止されたのは1964年である。しかし，差別は今も存在しており，2010年代に始まった「ブラック・ライブズ・マター（BLM）」運動は，この年にはアメリカのみならず全世界へと広がった。個人の尊厳と平等という人権の最も基本的な価値を，私たちはまだ満足に実現できていないことを思い知らされる。

1 人間の尊厳

| 人間の尊厳の普遍性 |

個人の尊厳と似て非なる概念に，人間の尊厳がある。まずは，この概念から確認しておこう。1人ひとりの人間がこの上なく尊い存在だというこの考え方は，「人権」という考え方の根底にあり，たとえば，1993年のウィーン人権宣言の前文は，「すべての人権は，人間に固有の尊厳と価値に由来する」と述べている。それどころか，世界中のあらゆる社会で認められている価値であって，たとえ「人権」概念に異論を唱える人たちの間であっても受け入れられているものだろう。国連憲章の前文にも，「基本的人権と人間の尊厳及び価値と男女及び大小各国の同権とに関する信念をあらためて確認し……」と，人権とならんで，世界中の人々が受け入れ

る基本的信念の1つとして宣言されている。

　世界人権宣言は前文でこの国連憲章前文のフレーズを繰り返しながら，1条で，「すべての人間は，生まれながらにして自由であり，かつ，尊厳と権利において平等である。……」と人間の尊厳，そしてその平等性を人権の出発点として位置づけている。憲法条文にこの概念を掲げている有名なものにドイツ連邦共和国基本法があるが，その1条は，「人間の尊厳は不可侵である。これを尊重し，及び保護することは，すべての国家権力の義務である」という規定であり，EU の基本権憲章の1条も「人間の尊厳」である。このように，人間の尊厳は，人権概念の前提であり出発点としてうたわれるのである。日本国憲法にはこの言葉は出てはこないが，当然の前提であると考えてよいだろう。

| 人間の尊厳の侵害 | 不可侵のはずのこの人間の尊厳が侵害される場面は，しばしば国家による残虐な刑罰や取扱いというかたちであ |

らわれるので，人権文書はそれらを明文で禁止している。たとえば，自由権規約は7条で，「何人も，拷問又は残虐な，非人道的な若しくは品位を傷つける取扱い若しくは刑罰を受けない。特に，何人も，その自由な同意なしに医学的また科学的実験を受けない」と規定する。自由権規約委員会は，1987年に出した一般的意見で，同条項は，公の緊急事態においてさえ効力停止されないものであり，その目的は，個人の身体の完全性と尊厳を保護することにあると説明をした。この規定は，世界人権宣言5条に由来し，ヨーロッパ人権条約の3条にも同様の規定がある。

　日本国憲法では，36条が，公務員による拷問及び残虐な刑罰を禁止しているが，刑事事件の捜査において自白を得るために行われる拷問は明治憲法の下で戦前に横行していただけでなく，戦後もそして現在もなくなっていない（⇒第10講）。自由権規約は，拷問，残虐な取扱い／刑罰，非人道的な取扱い／刑罰，品位を傷つける取扱い／刑罰，と7種類もの行為について言及している。日本国憲法が禁止しているのは拷問と残虐な刑罰だけであるが，日本は自由権規約の締約国なので，当然「残虐な取扱い／刑罰」や「非人道的な取扱い／刑罰」あるいは「品位を傷つける取扱い／刑罰」を行うことも許されない。判例においては，かつての外国人登録法上の指紋押捺制度が，定住外国人に対して

行われていたのは品位を傷つける取扱いであったであろうことを認めるものがある（大阪高裁判決1994.10.28）。

　これらの行為が行われやすいのは，世間から閉ざされた拘置所や刑務所などである。アメリカがイラクのアルグレイブ刑務所で，被収監者を裸にして屈辱的な写真を撮っていたことが報道されて大きな問題になったが，そのようなことをする背景には，相手に権力を見せつけたり相手を心理的に痛めつけたりして優位に立ち，被収監者を服従させることがねらいにある。日本の収監施設においても懲罰的に用いられる革手錠（両手が使えず食べ物を犬食いしなければならいし排泄後も処理できない）や拘置所入所時および刑務所入所時と繰り返される身体検査（毎日顔を合わせる刑務官に肛門の中まで開いて見せる）などは，非人道的，少なくとも品位を傷つける取扱いといえるであろう（⇒第10講）。

　また，極度の貧困なども，人間の尊厳を失わせる。日本国憲法では25条で生存権が保障されている（⇒第8講）が，同条がいう「健康で文化的な最低限度の生活」の保障は，まさに人間の尊厳のために重要な要素だ。

2　個人の尊厳

　　個人対国家の図式　　さて，次に，個人の尊厳である。日本国憲法では，個人の尊重（13条）と個人の尊厳（24条）が出てくるが，どちらも，「個人」という言葉に重要性がある。

　13条は，第3章のそれ以降の人権保障規定に先駆けて，「すべての国民は，個人として尊重される」と規定している。それは，「個人」という単位が近代憲法による人権保障の出発点だからである。近代以前は，人は封建的な身分制社会の中で何かの集団に属することがその存在基盤だった。集団を離れた個人はいなかったのである。その「身分制的な社会編成を解体して国家が権力を一手に集中し，諸個人対国家の二極構造をつくりあげ」，「身分制原理の拘束と保護の両方から解放された」個人があらわれたことで，権力が集中された主権国家による個人の人権の尊重という図式がはじめて成り立つわけである。その意味で，フランス人権宣言は結社の自由に言及しなかった。

＊1　樋口陽一『憲法入門〔改訂版〕』（勁草書房，1997年）55頁。

　しかし，国家と個人の間のあらゆる中間団体の存在がなくなったわけではないし，それらが個人の幸福のために重要な役割をもっていることも否定できない。話が少し飛ぶが，アフリカ諸国で構成されるアフリカ連合は，1986年に人及び人民の権利に関するアフリカ憲章（バンジュール憲章）を作成した。同憲章は，西洋的な個人中心の人権だけでなく，集団である人民の権利もアフリカ諸国で保障されるべきものとしている。そして，さまざまな人民の権利（自決権，平等，環境への権利，平和への権利など）を規定するとともに，「すべて個人は，その家族及び社会，国家及びその他の法的に認められた共同体並びに国際共同体に対する義務を負う」（27条）とも述べている。ここでは，個人の権利の保障と同時に，人民の権利や個人がその個人が属するさまざまな次元の集団に対して負う義務も規定することによって，個人対国家の枠組みの絶対性が薄れている。このように個人中心主義の修止が，非西洋のアフリカやアジアなどでは主張されており，たしかにそのような方法によっても人々の福祉が向上する面もあるだろう。しかし，「人権」という枠組みで語るときには，あくまでも「個人」が基礎になるという根本的な出発点を忘れてはならない。

| 婚 姻 と 家 族 | 日本で個人を否定してしまいがちな大きな問題として婚姻や家族があった。戦前は家制度があり，結婚は，家の

ためにするものだった。日本国憲法24条1項は，「婚姻は両性の合意のみに基づいて成立し，夫婦が同等の権利を有する」ことを明記して，戦前の家制度と決別を誓った。また，同条2項は，婚姻や家族に関する法律が「個人の尊厳と両性の本質的平等に立脚して，制定されなければならない」ことも明示している。親を敬うとか家族を大切にするということは一般的には否定できない美徳であるために，個人主義の行き過ぎはよくないということがしばしば主張される。それどころか，子どもたちが犯罪に走ったり社会で凶悪犯罪が起こったりするのも24条が元凶であるという言われ方まですることもあるし，憲法改正議論では同条項も焦点になっている。しかし，家族を大切に思う気持ちは個人の尊厳を否定しないと生まれないものではあるまい。

　以前，刑法には，尊属を殺害又は傷害致死に至らしめた場合に，そうではない殺人や傷害致死よりも重い刑罰を適用する条項が用意されていた（200条および205条2項。1995年に削除）。この尊属殺の重罰規定の合憲性を争った事件（最高裁判決1973.4.4）で，判決は，「夫婦，親子，兄弟等の関係を支配する道徳は，人倫の大本，古今東西を問わず承認されている人類普遍の道徳原理」と述べているが，たとえそうであるとしても，それを法的に一段と高い価値のあるものとして実定法に反映するべきだろうか。同事件で田中二郎裁判官は少数意見として，「尊属殺人に関する特別の規定を設けることは，一種の身分制道徳の見地に立つものというべきであり，……旧家族的倫理観に立脚するものであって，個人の尊厳と人格的平等を基本的な立脚点とする民主主義の理念と抵触するものとの疑いが極めて濃厚である」と述べているが，このように，むしろ，個人の尊厳を侵害するという負の効果の方が大きいのではないか。ともすると，一定の道徳や倫理という言葉によって，個人の尊厳は踏みにじられてしまいがちになるので，私たちは十分に用心すべきだ。

3　平等の概念

原則か権利か　身分制社会から解放された自由な個人という設定と同時に，その個人はすべて平等であるということも，人権の概念の基礎，民主主義国家の根本原則となるものである。しかしながら，聞きなれて当たり前のように感じるこの平等という概念は，なかなかややこしいものであるので，少しずつ解体して考えていこう。まず，平等は原則なのか権利なのか，という問題がある。1789年のフランス人権宣言は，平等原則を保障し，1793年の憲法では平等自体が権利として掲げられた。平等を原則としてとらえるということは，他に具体的な権利を想定して，それを国家が平等に保障しなければいけないということなので，権利の侵害を訴える側は，他の実体的権利を併せて主張する必要がある。それに対して，平等を権利としてとらえる場合は，差別されない権利そのものを主張することができることになる。日本国憲法14条には，原則と権利，両方の側面があると解してよいだろう。

| 機会の平等と
結果の平等 |

近代的な意味での平等の意味は，差別なく，すべての人は法的に平等に取り扱われるという意味である，機会の平等，形式的平等のことである。しかしながら，機会の平等のみが保障されていても実質的な平等はなかなか実現されない。そこで，機会の平等を実質的に保障するための，条件の平等や，さらに，結果の平等の保障の必要性が議論されてきた。しかし，自由をも基本的な理念として受け入れている日本国憲法では，14条で結果の平等までも保障しているとは考えにくく，そのような意味での平等は，社会権規定に基づいて福祉政策を行ったりすることで確保しようとしている，と考えられている。

| 積極的差別
是正措置 |

さらに，特定のグループの人たちに対して，機会の平等が保障されず制度的な差別が永続化してきた問題については，法律を改正して法の下の平等を確保してもそれまでの負の遺産や偏見によって，差別がなかなかなくならない。その場合には，平等が達成されるまで暫定的に積極的な差別是正措置（アメリカではアファーマティブ・アクション，ヨーロッパではポジティブ・アクションと呼ばれる）を行うことが有効である。人種差別や女性差別はその典型例で，人種差別撤廃条約には「締約国は，状況により正当とされる場合には，特定の人種の集団又はこれに属する個人に対し人権及び基本的自由の十分かつ平等な共有を保障するために，……当該人種の集団又は個人の適切な発展及び保護を確保するための特別かつ具体的な措置をとる。……」（2条2項），「……必要に応じてとられる特別措置は人種差別とみなさない」（1条4項）との規定が，女子差別撤廃条約には「締約国が男女の事実上の平等を促進することを目的とする暫定的な特別措置をとることは，この条約に定義する差別と解してはならない。……」（4条）との規定が設けられているのはこの例である。わざわざ差別とみなさないと述べているのは，このような措置が逆差別であるという主張がしばしば行われるからである。

　アメリカのいくつかの高等教育機関は，以前，入学定員の中の一定の割合をマイノリティに割り当てるというクオータ制をとっていた。というのも，これまで，差別されてきたマイノリティは市民権が白人と平等に与えられ法的には平等な立場になった後でもなかなか社会の中で実質的な平等待遇を受けるには

いたらなかった。その状況を変えうる1つの大きな要因は教育だ。これまで差別されていた人々は貧しく，子どもたちに高等教育を受けさせる機会に恵まれない。すると，その子どもたちも高い収入を得たり，高い地位に就いたりという可能性が多くは期待できなくなる。そこで，これまでの制度的な差別がつくってしまった悪循環から抜け出すには，機会の平等以上の待遇をマイノリティに与える，つまり，マイノリティ枠を設けて，白人とは違う基準で入学をさせるという措置が有効であろうと考えられ，実際にそのような特別入学プログラムを設けていた。しかしながら，この措置は，白人の側から，逆差別であるという訴訟を起こされ，連邦最高裁判所によっても全面的に人種だけに基づいたクオータ制度は違憲であるという判断も出されたのである（University of California Regents v. Bakke, 1978）。しかし，同判決は人種を考慮に入れるアファーマティブ・アクション自体は認めていたので，その後各高等教育機関は，人種も基準の1つとして，学生集団の多様性を確保する入学者選抜を行っていた。ところが，1996年には別の事件で連邦控訴裁判所が入学者選抜において人種を判断基準の1つの要素として扱ってはならないという見解を示し（Hopwood v. State, 1996），カリフォルニア州やテキサス州では，高等教育機関での人種を考慮したアファーマティブ・アクションを廃止するに至った。しかし，2003年には連邦最高裁判所が再び，高等教育機関における多様性の重要性を指摘して，アファーマティブ・アクションを認める見解を示し（Grutter v. Bollinger, 2003），この問題は論争の対象となってきた。[*2]

＊2　國枝マリ「21世紀のアファーマティブ・アクション──平等を求めるアメリカ高等教育」津田塾大学『国際関係学研究』（2012年）1〜8頁。

他の方法として，逆差別にはならない優先的処遇という措置がある。たとえば，女性の少ない職場で採用人事を行うとき，同じ能力をもつ候補者が男性・女性ともにいる場合は女性の方を採用するというやり方である。日本でも男女共同参画社会基本法に積極的差別是正措置の規定があり，政府の方針に従って一定の措置をとる企業や大学も増えている（⇒第11講）。また，日本の同和対策も，以前の制度的な差別を解消するための積極的差別是正措置である。

4　14条における差別

| 明治憲法から |
| 日本国憲法へ |

明治憲法には平等の一般的な規定はなく，ただ，19条で「均ク文武官二任セラレ及其ノ他ノ公務二就クコトヲ得」と，公務就任権に関する規定のみが設けられていた。それに対して，現憲法は，14条１項に一般的な規定をおいたうえに，２項で貴族制度の廃止，３項で栄典に伴う特権の禁止，15条３項で普通選挙，44条で議員及び選挙人の資格の平等，24条で夫婦の同権と両性の本質的平等，26条１項で教育の機会均等と，それぞれの分野でも特別の規定をおいて平等を徹底させている。以下，一般的な規定である14条１項について見ていこう。

| 差　別　事　由 |

日本国憲法の14条１項は，前段で「すべて国民は，法の下に平等で」あると述べながら，後段で「人種，信条，性別，社会的身分又は門地によって」差別されない，と具体的な差別事由をあげて重ねて差別を禁止している。わざわざこれらについて抜き出してあることをどうとらえるかは，後述するが，まずは後段に列挙された差別事由が意味するところを確認しておこう。

　まず人種である。正確に言えば，人種という概念自体は現在否定されているものである。すなわち，これは，生物学上の「人」には亜種として異なる人種が存在し，それらの間には優劣の差があるという考え方で，白色人種の有色人種への支配やユダヤ人差別を正当化する根拠となっていた。しかし1930年代から40年代にそのような考えに批判の声が出て，批判の対象が人種主義と呼ばれるようになり，戦後のユネスコなどの研究で，そのような意味での人種という区分はないということが明確にされた。また，1965年に採択された人種差別撤廃条約は，人種差別を「人種，皮膚の色，世系又は民族的若しくは種族的出身に基づくあらゆる区別，排除，制限又は優先であって，政治的，経済的，社会的，文化的その他のあらゆる公的生活の分野における平等の立場での人権及び基本的自由を認識し，享有し妨げ又は害する目的又は効果を有するものをいう」と規定することによって，人種差別の文言が広い意味で用いられている。

日本国憲法の下でも同様に解釈してよいだろう。

　次に信条であるが，これは広義に解釈する説と狭義に解釈する説がある。狭義なものは，宗教上の信仰や教義，「それに準ずる人生ないし政治に関する根本的な考えないし信念」に限定する説，広義なものは，単なる「政治的意見や政治的所属関係」，「社会的，政治的思想傾向」までも含むと解する説であるが，判例がどちらの立場にあるのか，必ずしもはっきりとはしていない。

＊3　芦部信喜『憲法学Ⅲ　人権各論（1）〔増補版〕』（有斐閣，2000年），35～39頁。

　性別による差別というのは，歴史的に女性差別を意味してきたし現在もほとんどがそうであろうが，男性への差別もありうる。例えば，業務上の災害によって火傷を負った男性が，その後遺障害（「外ぼうに著しい醜状を残すもの」）に対して労働者災害補償保険法が定める障害等級によって給付される支給額が同様の状況の女性に比べて非常に低いことを争った事件では，裁判所は憲法14条1項違反を認めた。すなわち，裁判所は，「外ぼうの醜状障害により受ける影響について男女間に事実的・実質的な差異があるといえなくはな」く，差別的取り扱いの「策定理由に根拠がないとはいえない」としながらも，女性ならば1年につき給付基礎日額の131日分の障害補償年金が支給されるのに男性では156日分の障害補償一時金しか支給されないという「大きな差」は，策定理由との関連で「著しく不合理なものである」と述べた（京都地裁判決2010. 5. 27）。さらに，介護休暇や育児休暇は男性にも認められているが，実際に男性が職場の理解を得てこれらをとることは女性以上に容易ではないのが現実であり，積極的差別是正措置があってもよい分野である。たとえば，ノルウェーには，1993年にパパクオータ制というものが導入されていて，親が育児休暇をとる場合，女性のみがとるという選択肢はなく，最低でも4週間父親がとらなければならないこととなった。これにより，父親の育児休暇の取得率は1996年で約70％になったということである。これは，男性に対する措置であると同時に，もちろん，家事育児という役割を女性だけに押しつけないための女性に対する措置でもある。また，男性差別，女性差別以外にも，性別違和者に対する差別や性的指向による差別の問題もあるが，これは性による差別あるいは次に

みる社会的身分による差別という見方もある（⇒第11講３）。

> ＊４　三井マリ子『ママは大臣　パパ育児——ヨーロッパをゆさぶる男女平等の政
> 治』（明石書店，1995年）参照。４週間の部分は徐々に延長され，2013年には14
> 週間にまでなったが，2014年には10週間に短縮された。

　社会的身分に関しても，狭義に考える説と広義に考える説，その中間の説がある。狭義の説は，「出生によって決定された社会的な地位または身分」のことで，自分の意思では変えることのできないものを意味すると考える。広義説は，「人が社会において一時的ではなしに，ある程度継続的に占めている地位または身分」と考える。中間説では，「人が社会において一時的ではなく占めている地位で，自分の力ではそれから脱却できず，それについて事実上ある種の社会的評価が伴っているもの」と解する。判例は広義説であるが，それは，判例が後述するような14条１項後段の列挙に特別の意味を与えない立場をとっているということと関係している[5]。いずれにせよ，部落差別や非嫡出子差別の問題は社会的身分による差別であると考えられる（⇒第15講１）。

> ＊５　芦部・前掲書，47〜52頁。

　門地とは華族など，家柄をさすものである。
　これらの例示された事由以外でも重要な差別が起こりうる。国会議員の選挙において，選挙区によって投票の際の一票の重みが異なるとことは長年問題になっている。選挙権と同様に投票価値の平等は民主主義の観点からも重要な権利である。しかし，少しでも格差が生じたらただちに違憲となるわけではない。選挙区割と議員定数の配分の具体的決定には，投票価値の平等という要請以外にも種々の政策的及び技術的考慮要素があるので，その決定が，国会がもつ裁量権の合理的行使の範囲を超えた場合にのみ憲法違反の問題が生じるというのがその理由であるが，その範囲の線引きは明確ではない（最大格差が５倍であった2010年の参議院選挙については，同じ東京高裁で同日に合憲，違憲両方の判決が出た〔東京高裁判決2010.11.17〕）。最高裁はかつては，衆議院では最大格差が３倍（最高裁判決1993.1.20，3.18倍），参議院では５倍（最高裁判決2012.10.17，5.00

図5－1　参議院「1票の格差」と最高裁判決

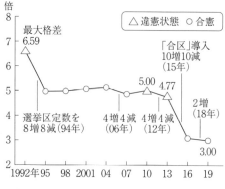

出典：日本経済新聞2020年11月18日

倍）を超えると「違憲状態」ととらえていたようである。

しかし，近年は，衆議院の小選挙区では2倍以上の格差が違憲ととらえられている。例えば，2015年の最高裁判決では，2014年12月の衆議院（小選挙区）選挙に関して選挙区間の最大格差が2.129倍であったことをもって，格差が著しい不平等状態にあったため「違憲状態」と判断された。「違憲」とは判断されなかったのは，国会が前回格差是正のための法改正を行ってから選挙まで約1年5カ月しか経過していないことから，格差是正のための合理的な期間がまだ経過していないという理由であった（最高裁判決2015. 11. 25）。対して，参議院については，2010年と2013年の選挙に対して連続して最高裁から違憲状態という判断が出されたことにより，「合区」を導入する選挙制度改革が行われ，最大格差が3.00倍であった2019年の選挙が合憲と判断されている（最高裁判決2020.11.18）。確かに，国民の意思を公正かつ効果的に代表するためには立法府の裁量も必要であるが，定数是正の改革を重ねても不平等が存続する現状を安易に容認することは問題であるし，また問題の性質からも司法の積極的な役割が求められる分野でもある。

| 合理的差別－
違憲審査基準 | 憲法14条は，いかなる差別をも禁止しているわけではな |

く，異なるものを異なるように扱うこと，すなわち，合理的な差別を認めている。何でも一律に扱う絶対的な平等ではなく，年齢，性別，財産などの違いを加味した相対的な平等を要求しているということである。たとえば，まだ十分な知識や判断力がない子どもにも選挙権を保障しなければならない，というわけではない。しかし，そのように平等な取扱いをしないでよい理由が誰の目にもはっきりとしている場合はともかく，どのような場

合に合理的な差別といえるのかの判断基準を考えることは難しい問題だ。

　まず，立法目的とそれを達成するための手段の2つの側面から考えて，ともに合理的でなければならない。たとえば，前述の尊属殺重罰規定の合憲性についての最高裁判決（最判1973.4.4）は，「尊属に対する尊重報恩は，社会生活上の基本的道義というべく，このような自然的情愛ないし普遍的倫理の維持は，刑法上保護に値するものであるから，被害者が尊属であることを類型化し，法律上刑の加重要件とする規定を設けても本条に違反しない」と，立法目的は合理的であることをまず認めた。しかし，「刑法200条は，尊属殺の法定刑を死刑又は無期懲役に限っている点において，その立法目的達成のための必要な限度をはるかに超え」と述べ，手段は合理的ではなかったと判断した。この事件の場合，目的が合理的であるといえるのかについても異論が多いが，ともかく，目的と手段の両方ともが合理的であるとは判断されなかったので，合理的な差別とは言えず刑法200条は憲法違反となったのである。

　しかし，目的と手段の両側面で合理性が求められるといっても，どのくらいの合理性が必要なのかがはっきりしない。そこで，代表的な学説では，アメリカの違憲審査基準を参考にして，目的と手段の関係について，3段階の審査基準を次のように整理している。①立法目的がやむにやまれぬ公共的利益の追求である場合，手段はその目的達成のために是非とも必要であることが求められる（厳格審査テスト）。公権力はこの必要性を論証するきわめて重い責任を負う。②立法目的が正当なものである場合，手段はその目的の達成のために合理的に関連していることが求められる（合理的関連性テスト）。原則，合理性を争う側が合理的でないことを証明しなければならない。③立法目的は重要なものである場合で，手段はその目的と事実上の実質関連性があることが求められる（中間審査の基準，厳格な合理性の基準）。公権力の側が実質的な関連性を論証しなければならない。このように3つの基準をうちたてたうえで，人種や門地に関する差別は①，税金の平等性などの社会政策に関するものは②，性差別などは③の基準を適用して審査するという区分をしている。[*6]日本の判例は必ずしもそのようなきちんとした区別をして基準を分けているというわけではない。

＊6　芦部・前掲書，24〜32頁。

**14条1項前段と
後段の関係**　最後に，14条1項の前段と後段の関係について考えておこう。後段は上述したように差別禁止事由を列挙しているが，前段の一般的な平等原則との関係でどのような意味をもつかということについては，見解の相違がある。例示説と特別意味説といわれるもので，前者は，これらはさまざまな差別事由の中の単なる例示であり，これらの事由による差別もそれ以外の事由による差別も法的には同じで，特別な意味はないと考えるものであり，判例やかつての通説がとる立場である。

　それに対して，特別な意味があるという説（近年の有力説）は，これらの事由による差別からは特別な保障がされるという考えである。特別な保障の与え方には細かく言えば2つの考え方があり，1つは，これらの事由での差別は原則として不合理な差別であると考えてしまうということ。もう1つは，これらの事由での差別が行われた場合は，差別が合理的であるということを差別する側が立証しなければならない（立証責任の転換が行われる）ものであると位置づけることである。たとえば，女性に差別的な社会保障制度があったとする。その社会保障制度が設けている差別は原則合理的ではない差別と考えられるが，国の側がそれは合理的な差別であるということを立証できれば，合憲的な制度となる。他方で，公立高校の入学の拒否を学力によって振り分けることには，合理的な差別であるという推定が働き，それが合理的ではないから違憲であると主張したいのなら，そう主張する方がその非合理性を立証しなければならない，ということである。

対大家的鼓励

　やれやれ，なかなかややこしい話でしたね。でも，私たちが人権侵害を感じるのは人との比較においてであることが多いので，平等は最も身近な問題だし，どんな問題においても関係してきます。個人の尊厳と平等という人権と民主主義の根本原理をどうやったら適切に確保できるのか？　先人たちが悩み考えて積み重ねてきた思考を理解し用いながら，よりよい方法を考えてみたらどうでしょうか？

第 **6** 講

ドラえもんのポケット？──幸福追求権

> 熊さん：おい，八つぁん，おおごとじゃ。憲法いうのは，もちいとちゃんとしたもんじゃと思うとったんじゃが，ありゃあ欠陥品じゃのう。
>
> 八つぁん：そがあなこたあないじゃろう。日本の憲法は，「質量ともに豊富な人権カタログ」を備えたええ憲法じゃいうて，本に書いてあったでえ。
>
> 熊さん：それがのう，こないだ警察の人間がわしの前科について隣の人にしゃべった言うけえ，抗議しょう思うて，憲法を調べてみたんじゃ。
>
> 八つぁん：えっ，熊さん，あんたあ前科があるんね!? 何やったんねえ？
>
> 熊さん：まあ，そりゃええが……。それよりのう，ナント憲法にゃあ「プライバシーの権利」が載っとらんのんでえ！ ほかにも，ようニュースでも言よる「自己決定権」もないんでえ。知っとったか？
>
> 八つぁん：そりゃ，おおごとじゃのう。じゃあなんで「プライバシーの権利を侵害した」とかテレビで言うんかのう。
>
> 熊さん：ほんまよのう。そう言やあ，「賭博の自由」とか「麻薬を吸う自由」とか裁判で主張しとるもんがおるらしいでえ。言うたもん勝ちなんかのう。
>
> 八つぁん：そがあなもんが人権じゃったら，人権の価値が下がるような気がするのお。

1 「新しい人権」──背景と法的根拠

プライバシーの権利がない⁈ 「人権侵害と聞いて思い浮かぶものは？」と尋ねると，必ず上位にくるのがプライバシー侵害だ[*1]。ところが，熊さんが驚いているように，憲法のどこを探してもこの言葉はない。では，憲法はプライバシーの権利を保障していないのかといえば，そんなことはない。

＊1 内閣府が実施した「人権擁護に関する世論調査」（2017年10月実施）による

と,「自分の人権が侵害されたと思ったことはあるか」との質問への回答は,「ある」15.9%,「ない」84.1%。「ある」と答えた人に具体的な人権侵害の中身を複数回答で聞いたところ,「あらぬ噂, 他人からの悪口, かげ口」51.6%,「職場での嫌がらせ」26.2%,「学校でのいじめ」21.1%などに続いて,「プライバシーの侵害」19.4%だった（内閣府 HP で全文が読める）。

　憲法に掲げられた人権カタログは, 歴史的に侵害されることが多かった権利を列挙したもので, 文字通りすべての権利を含むわけではない。近代立憲主義に立脚する憲法が, 人権を保障することによって人々の幸福追求を支えるものであるなら, 時代・社会の違いによって幸福追求を妨げる要因は異なるから, 憲法の人権規定は, その変化に応じた権利主張に開かれていることが望ましい。しかし, 憲法はいったん制定されれば, 相当長い間存在し続けるものだから, 時代の進展とともに, いつしか憲法に明記された権利規定だけでは, 現実の問題に対応できなくなることがある。プライバシーの問題や尊厳死など死の自己決定に関する問題はその代表例だ。

「新しい人権」の背景

日本国憲法の人権規定は, 自由権のみならず社会権を含む豊富なカタログを備えている（⇒第2講3）。ところが, 1960年代以降, 日本社会の急激な変動は, それまで経験したことのないような問題を発生させ, 内容豊富な人権規定をもってしても対応しきれない状況となった。

　法的な対応が迫られている問題には次のようなものがある。①マスコミの発達, コンピュータなど情報技術の進歩がもたらした私生活への侵入, ②経済成長や科学技術の発達に伴う自然環境の破壊, ③医療技術の発展による人間の生死の人工的操作, といった現代テクノロジーの進歩に伴う問題のほかに, ④管理社会（その表れとしてたとえば校則）に対する個人の異議申立てのように, 状況自体は以前から存在していたものの, 国民の人権意識の高まりによって問題として意識されるにいたったものも見られる。これらの問題状況に対応して, プライバシーの権利, 環境権, 自己決定権などの「新しい人権」が主張されるようになったのである。

| 「新しい人権」
の 法 的 根 拠 |

新たな権利主張を取り込む方法としては，①憲法改正（憲法96条）という真正面からのやり方もあることはあるが，解釈によってそれを行う場合，②個別の人権規定の拡張によるか（憲法21条から「知る権利」を引き出すのはその一例），それが不可能な場合，③憲法13条の「生命，自由及び幸福追求に対する国民の権利」（幸福追求権）という規定に根拠を求めることが考えられる。

*2　この規定は，「生命に対する権利」「自由に対する権利」「幸福追求に対する権利」と3つの権利を保障したと見ることもできるが，一般には，「幸福追求権」という1つの権利として把握されている。

幸福追求権は，個別的な人権を支えこれらを産み出す母体であるという意味で，「包括的人権」と呼ばれることがある（⇒第2講3）。憲法に明文規定をもたない「新しい人権」は，幸福追求権の1つの内容とされることによって，憲法上の人権として晴れて認められるのである。

2　幸福追求権の内容

| ドラえもんの
ポ ケ ッ ト ？ |

これまで幸福追求権に含まれると裁判で主張された権利は，①生命権（死刑に服さない権利など），②身体の自由（予防接種を強制されない権利，おとり捜査を受けない権利，教員の体罰を受けない権利，精神障害者・感染症患者の入院を強制されない権利など），③プライバシーの権利（うそ発見器による調査を強制されない権利，指紋押捺を強制されない権利，地下鉄内で商業放送を聞かない自由など），④名誉権，⑤環境権，⑥自己決定権（髪型・服装の自由，どぶろくを造る自由，賭博の自由，麻薬・覚醒剤所持の自由，わいせつ物輸入の自由，高校生のバイクに乗る自由など），⑦手続的権利（不利益処分のさい告知・聴聞を受ける権利など），と多岐にわたる。

これらの中には，ほかに根拠条文がないからとりあえず憲法13条を持ち出したというものも見られ，玉石混交の感は免れない。幸福追求権は，そこからいかなる権利でも引き出すことのできる「ドラえもんのポケット」のようだ。し

かし，あくまでも「基本的」人権として保護を求める以上，人間の生活にとって基本的な必要性を満たす利益であることが必要ではないか，という声が出ても不思議ではない。最高裁判所はこれまで，13条に基づいて主張されたいくつかの権利（肖像権，プライバシーの権利，名誉権）を承認しているかのように見えるが，どのような利益であれば「基本的」といえるかについて，まだ明確な基準を打ち出していない。

一般的自由説

この点について，憲法学者の見解は大きく2つに分かれる。第1に，幸福追求権の内容はあらゆる生活領域に関する一般的な行動の自由を意味するという考えがある（一般的自由説）。これによれば，服装の自由，趣味の自由，昼寝の自由なども幸福追求権の内容に含まれる。この説の眼目は，人間の行為一般がともかく憲法上保護されると解することが人権保障の趣旨に合致するという点にある。

　一般的自由説に対しては，「基本的」という限定を付していないため，人権の範囲が著しく拡大することにより，人権保障全体の価値を弱める，との批判がある。「人権のインフレ化」を恐れるものだ。

人格的利益説

これに対して，より多くの憲法学者は，幸福追求権の内容を限定して，《個人の人格的生存にとって重要な利益を内容とする権利の総体》と位置づけている（人格的利益説）。憲法が各種権利・自由を例示していることの意味を考えれば，幸福追求権は憲法上列挙された個別的人権と同等の重みをもたなければいけないのではないか，というのがこの説の眼目だ。この立場では，昼寝の自由などは人権に含まれないから，「人権のインフレ化」を避ける効果は確かにある。「基本的」人権というイメージに沿う見解である。

　しかし，この説に対しても，そもそも人間を「人格的存在」と考えることが正しいのかという疑問，あるいは，「人格的生存にとって重要」といった抽象的な要件にあてはまるかどうかを誰がどのように判断するのかといった疑問が提起されている。

憲法上の権利の条件

幸福追求権の範囲については，このような見解の対立がある。いずれにしても，自分にとって不利益なことであ

れば何でも人権侵害として訴え，裁判所がそれを認めるということにはならず，一定の歯止めが必要だ。

　憲法上の権利としての幸福追求権を語る場面では，憲法上の人権として構成すべき理由，権利の及ぶ範囲，他の個別的人権によって保障されないのかなどを明らかにする必要がある。そのうえ，裁判上の救済が認められる具体的な権利として構成するためには，より高いハードルをクリアしなければならないだろう。

　以下においては，幸福追求権の代表選手といってもよい2つの権利について考えてみよう。

3　プライバシーの権利

| プライバシーの
権利とは？ |

特定秘密保護法の制定（2014年施行）やマイナンバー制度の導入（2016年利用開始），新型コロナの感染者情報の公開をめぐって，プライバシーの権利との関係が大きな議論となった。

　プライバシー（privacy）という言葉が法の世界にはじめて登場したのは，19世紀の終わりのアメリカだった。大衆新聞によるゴシップ記事の氾濫に対して，私生活を守るために，「ひとりで放っておいてもらう権利（right to be let alone）」として成立したのが「プライバシーの権利」だ。この権利は，日本でも，ある政治家をモデルとする三島由紀夫の小説『宴のあと』が問題となった事件で，「私生活をみだりに公開されない法的保障ないし権利」と定義されて，はじめて裁判上認められた（東京地裁判決1964. 9. 28）。そこでは，プライバシー侵害の要件として，公開された内容が，①私生活上の事実にかかわり，②当人が公開を欲しない，③いまだ知られていない事柄，の3点があげられ，このような公開によって本人が実際に不快，不安の念を覚えたことが必要とされる。この小説によってプライバシーが侵害されたとして，損害賠償が命じられた。

　当初は私法上の権利であったプライバシー権は，政府機関による私生活への侵入に対しても同様に保護する必要性に気づかれ，最高裁が，警察官によるデ

モ行進の写真撮影が問題となった事件で，憲法13条は「国民の私生活上の自由が，警察官等の国家権力の行使に対しても保障されるべきことを規定している」と述べて，憲法上の権利として承認するようになった（京都府学連事件・最高裁判決1969. 12. 24）。

| 自　己　情　報 |
| コントロール権 |

プライバシーの権利は，当初「私生活上の事柄を無断で公開されない権利」，つまり私生活という自分の領域に他者が侵入することを防ぐ，自由権的なものと考えられていた。しかし，コンピュータ・ネットワークを通して膨大な情報を瞬時にやり取りできるようになった現在，この権利の性格は変わらざるをえない。情報化社会の真の恐怖は，自分の知らないところで政府機関等によって自分の情報が収集・保有・利用されることにある。そこで，プライバシーの権利は，より広く「自己の情報をコントロールする権利」ととらえられるようになった。この考えによれば，①問題になるのは公開のみではなく，収集・保有・利用・提供等のあらゆる段階で統制されなければならず，②その前提として，政府機関がもつ自己情報の開示・訂正・抹消請求権が保障されなければならない。

　本来，プライバシーの権利が保護するのは，思想・宗教・前科・病歴など，他人に知られたくないと思うのに理由のある情報に限られていた。だが，通信技術の急激なる発展によって，氏名・住所・生年月日といった情報であっても，学歴・趣味・家族構成その他の情報と結合することで，他人に知られたくない事柄を推測できる可能性がある。現代においてプライバシーの権利を守るためには，自分の情報の管理に敏感になる必要があるのだ。

| プライバシーの |
| 権 利 の 内 容 |

（1）個人情報の収集　　個人情報の収集は，原則として本人の同意に基づいて行われなければならない。最高裁も，警察官によるデモ行進参加者の写真撮影（前述・京都府学連事件判決），速度違反自動取締装置による運転者の写真撮影（最高裁判決1986. 2. 14），外国人に対する指紋押捺の強制（最高裁判決1995. 12. 15）について，本人の同意のない個人情報の収集は原則として許されないと述べている。しかし，結論としては，これらの制約にはいずれも合理的な理由があるとして，合憲の判断を下している。ここで問題となっている容貌や指紋が保護の必要性の程度の高い情報では

ないとされているのであろうか。

　近年，体感治安の悪化により，防犯カメラの売上高が急増し，政府も補助金を出して普及を後押ししている。しかし，いくら安全のためだといっても，プライバシー侵害を無条件で認めるわけにはいかない。プライバシーを守る法整備を急ぐ必要がある。

　(2)個人情報の保有・利用　　政府機関は，個人情報を収集目的の範囲内でのみ保有・利用することができる。したがって，目的外の利用は許されない。住民基本台帳ネットワークやマイナンバー制度をめぐってこの点が争われており，最高裁は住基ネットを合憲とした（最高裁判決2008. 3. 6）。

　(3)個人情報の提供・開示　　政府機関が，本人の同意なく個人情報を第三者に提供・開示することは許されない。最高裁は，弁護士会からの前科照会に区役所が応じたことを違法と判断している（最高裁判決1981. 4. 14）。

　(4)個人情報の開示・訂正・抹消請求権　　自己情報をコントロールするためには，収集されない，公開されないというばかりでなく，いかなる自己情報が保有されているか確認するために開示を請求する権利，保有情報が誤っている場合に訂正を求める権利，そして保有の目的が達成された場合に抹消を求める権利が認めなければならない。

　地方自治体の個人情報保護条例の多くはこれを認めているが，ほぼ例外なく「医療情報」や「教育評価情報」（内申書等）を開示等の対象からはずしている。これについて最高裁は後者について，担任が記載する「所見」等主観的要素がはいる部分は不開示，各教科の「評定」等主観的要素の余地の少ない部分は開示としている（最高裁判決2003. 11. 11）。

| プライバシーの |
| 権利と表現の自由 |

プライバシーの権利も絶対ではない。他者の人権，特に表現の自由（憲法21条）との関係で，ある程度の制約を受けることがある。この2つの人権の調整は至難の技だが，だいたい次のような枠組みで処理されている。

　(a)公務員や公人の場合には，保護されるプライバシーの範囲が純然たる私人の場合よりも狭く，表現の自由が優先される。

　(b)私人の場合には，公共の利益にかかわる事柄かどうかが問われる。

　たとえば，政治家の人格に関する報道の場合には，表現の自由に重きをおいて判断する。一方，私人であっても，犯罪の重大性によってはその報道が優先されることもあるということになる（プライバシーの権利と表現の自由の関係について，詳しくは（⇒第7講4））。

個人情報保護法　プライバシーの権利を守る目的で，個人情報保護法が制定され，2005年から完全施行されている。ただ，この法律は，「プライバシーにかかわる情報」ではなく，「個人情報」（氏名・住所など特定個人を識別できる情報）を広く保護している。「プライバシー情報」が何かを画定することは，犯罪歴などがそれに当たることには広い合意があるものの，実は難しい。そこで，個人情報という明確な概念を用いることで，権利を実質的に保障しようとしたものであるが，問題もある。個人情報の中には流通してもよいもの・流通したほうがよいものも含まれている（たとえば，災害時の被災者に関する情報）。本人の同意による情報収集・利用・開示という原則を堅持しつつも，例外的に本人同意なしの利用などが認められる場合を想定することが必要である。

　このような声に応えて，同法は2015年に改正された。本人に対する不当な差別又は偏見が生じないように，人種・信条・病歴等が含まれる個人情報（要配慮個人情報）については本人の同意を得て取得することを原則義務化する一方，特定の個人を識別することができないように個人情報を加工したもの（匿名加工情報）については適切な規律の下で活用することができるようにした。

「忘れられる
権　利　？」　現在，脚光を浴びつつある権利がある。「忘れられる権利」（インターネット上にある逮捕歴等の個人情報を検索結果から削除されるように検索事業者に求める権利）だ。インターネットの掲示板やSNSなどにおけるプライバシー侵害や名誉毀損に苦しむ人が後を絶たず，「過去を消したい」という思いに応えるものだ。しかし，検索事業者の側に立ってみれば，検索結果の修正は「検閲」に当たるのではないかという言い分もある。ヨーロッパでは，この権利を認める立法の試みや判決があり，注目を集めている。

　日本でも最近，いくつかの訴訟でこの問題が争点となり，「忘れられる権利」

を明示した判断により検索結果の削除を認める決定を出す裁判所も現れた（さいたま地裁決定2015. 12. 22）。だが，この事件で高裁は削除の決定を取り消し（東京高裁決定2016. 7. 12），最高裁も，個人のプライバシー保護が明らかに優越する場合は削除が認められるとしたものの，この事件の逮捕歴は今も公共の利害に関するとして削除を認めなかった（最高裁決定2017. 1. 31）。

4　自己決定権

自己決定権とは何か？　他人と無関係の事柄については，どんな決定をしても他者に害を与えることはないから，自由に決定できるはずだ。ところが，実際にはさまざまな点で規制がなされている。日本ではむしろ，「あなたの利益を保護するために，私が代わって決めてあげる」というパターナリズムに基づく自由の制限が歓迎されていたともいえる。

　ところが，近年，管理社会化の進行と国民の権利意識の高まりという事態を受けて，幸福追求権の内容として，「自己決定権」（一定の個人的な事柄について，政府の干渉を受けることなく自ら決定する権利）が語られるようになった。これまで自己決定権として論議されてきたものには，①自己の生命・身体の処分にかかわる事柄（治療拒否・尊厳死・臓器移植など），②生む・生まない自由（避妊・堕胎・人工生殖など），③家族の形成・維持にかかわる事柄（結婚・離婚など），④ライフスタイルにかかわる事柄（服装・髪型・喫煙・飲酒・登山・性的自由など），がある。

　パターナリズム過剰ぎみの日本では，自己決定権を強調することは大きな意味をもっている。しかし，問題がないわけではない。プライバシーの権利とは異なり，最高裁はいまだ自己決定権を人権と認めていない。いかなる自由が自己決定権として保護されるのかという点についてすら定説がない，というのがその理由の１つであろう。

　たとえば，校則で制約される髪型の自由やバイクに乗る自由が自己決定権に含まれるかどうかについて，判例や学説にも賛否両論がある。髪型の自由は人格価値と直結するが，運転免許取得の自由はそうではないとして，前者のみ憲

法13条により保障されると説く判例（東京地裁判決1991. 6. 21）があるかと思え
ば，免許取得の自由も「憲法13条が保障する国民の私生活における自由の１
つ」として保障されるとする判例（高松高裁判決1990. 2. 19）もある。

　いずれにしても，自己決定権として保護される事柄を明確にすることが，こ
の権利の将来を決定づけることだろう。

　では，自己決定権を行使しても他者に危害を与えることがないから，制限す
ることはまったく許されないのだろうか。制限できるとすれば，次の３つの理
由が考えられる。①本人を保護するため，というパターナリズムに基づく制
約。これに対しては，私たちの判断能力よりも国の判断の方が信頼できるの
か，簡単にパターナリズムに頼るのは自由を国家に譲り渡すことにならない
か，との批判がある。②「自己決定」だけで決めることができない事項もある
のではないか。これが問われるのが，生死をめぐる自己決定だろう（後述）。
③判断能力が不十分な人の自己決定は制約されうる。子どもの自己決定をめぐ
る問題がその典型例だ（⇒第12講）。

生死をめぐる　医学の進歩は大いなる福音をもたらしたが，一方で，
自己決定権　「スパゲティ症候群」という言葉に象徴される新たな悩
みを人類に与えている。人工呼吸器，人工栄養装置などの生命維持装置から出
る無数のチューブにつながれて生存を維持している状態を眼前にすると，「生
命の尊重」が必ずしも「個人の尊厳」を意味しないことを実感せざるをえな
い。このような事情を背景に，自らの尊厳を守るための究極の自己決定とし
て，安楽死や尊厳死が主張される。

　広義の安楽死には次のような類型があるといわれる。(a)苦痛緩和の措置の副
作用として生命が短縮される「間接的安楽死」，(b)死苦の緩和のため治療を行
わないことによって生命を短縮させる「消極的安楽死」（尊厳死，自然死，治療
行為の中止），(c)激痛に苦しむ患者を安楽にするために積極的に生命を短縮させ
る「積極的安楽死」，さらには，(d)医師から交付された致死量の薬物を自ら摂
取して生命を断つ「自殺介助型安楽死」。このような安楽死や尊厳死は自己決
定権の行使といえるだろうか。これを認めないのは権利侵害になるのだろう
か。

　積極的安楽死は生命を意図的に短縮させるものだから，殺人罪（刑法199条）や同意殺人罪（同202条）が成立する可能性があることは否定できない。世界的に見ても，積極的安楽死を法律で容認する国はほとんどない。これに対して，尊厳死（消極的安楽死）の場合，過剰な延命による死期の引き延ばしを拒否するもので，生命を短縮させるものではないから，より認められやすいといえよう。実際，尊厳死に関する立法は世界的にたくさんある。

　日本の法律は，安楽死も尊厳死も認めていない。しかし，裁判所は，大学病院の医師が末期患者の家族の懇願にこたえて致死量の薬物を注射して死亡させた事件において，患者の自己決定権を根拠に，一定の条件をクリアした場合には無罪になるという判断基準を示している（東海大学安楽死事件・横浜地裁判決1995. 3. 28）。まず，尊厳死の場合，①死が回避不可能で，死期が切迫していること，②患者の意思表示があること（リビング・ウイルなどの事前の意思表示や家族の意思表示から患者の意思を推定することも許される），という2要件，間接的安楽死の場合，①耐え難い肉体的苦痛があること，②死が回避不可能で，死期が切迫していること，③患者の意思表示があること（推定的意思で足りる），の3要件があげられている。積極的安楽死については最も条件が厳しく，①耐え難い肉体的苦痛があること，②死が回避不可能で，死期が切迫していること，③苦痛の除去・緩和に他の手段がないこと，④患者の明示の意思表示があること（推定的意思では足りない），が必要とされている。

　最高裁判所は，これらの類型と憲法上の自己決定権の関係についてまだ明確に回答していない。ただ，エホバの証人輸血拒否事件判決（最高裁判決2000. 2. 29）が，「患者の自己決定権の範囲は，自己の生命の喪失の結果となる選択にまで及ぶものではない」という病院側代理人の上告理由に対して，「患者が，輸血を受けることは自己の宗教上の信念に反するとして，輸血を伴う医療行為を拒否するとの明確な意思を有している場合，このような意思決定をする権利は，人格権の一内容として尊重されなければならない」と判示しているのは，注目される。「自己決定権」ではなく「人格権」に基づくとはいえ，死につながる輸血拒否の決定権を認めたのである。「宗教上の信念」がかかわる特殊な事例であるという評価もできるから，判決の射程範囲を過剰に拡大することに

は慎重でなければならないけれども，尊厳死，さらには積極的安楽死の承認に
もつながりうる論理を備えていると見ることができる。

| 自殺の権利？ |

　死の自己決定を認めることは，しかし，「自殺の権利」を認めることにならないだろうか。自殺を処罰することはもはやなくなったけれども，自殺の手助けを犯罪とする国は多く（日本の刑法202条「自殺関与罪」），人類はいまだ，自殺に対しては厳しい態度をとっている。したがって，安楽死・尊厳死を正当化する側は，「これは自殺とはちがう」と強調する。たとえば，東海大学安楽死事件判決は，尊厳死（治療行為の中止）に関して，「その権利は，死そのものを選ぶ権利，死ぬ権利を認めたものではなく，死の迎え方ないし死に至る過程についての選択権を認めたにすぎない」と述べている。また，安楽死の要件に「耐え難い肉体的苦痛」をあげ，主観的な訴えに頼らざるをえない精神的苦痛を除いたのは，それを加えることが，「自殺の容認へとつながり，生命軽視の危険な坂道へと発展しかねない」からだと明言している。

　しかし，肉体的苦痛と精神的苦痛を区別することで安楽死を限定しようとする試みは，自己決定権が重視されるにつれ，困難になってきた。実際，積極的安楽死や医師による自殺介助を正面から認めたオランダのいわゆる安楽死法（要請に基づいた生命終結と自殺援助に関する審査法）は，「患者の絶望的かつ耐え難い苦しみの存在」と規定しているが，これには精神的苦痛も含まれると解釈されている。法案審議の過程で，保健大臣は，初期アルツハイマーと診断された患者が不可逆的な症状の進行を予知して，生命終結を要請した場合，それが「絶望的かつ耐え難い苦しみ」にあたると答弁した。このようなとらえ方は，自殺一般の容認に相当程度接近しているといえよう。

　このように，死の自己決定は今危うい地点に到達しているといえるかもしれない。この先に何が待ち構えているのか，誰にもわからない。ただ，これだけはいえるだろう。自殺を容認する社会は，病気や障害を死ぬ理由と考えない人にも心理的な負担を負わせかねない。自殺を選択した人の苦衷に思いを致しつつも，社会は原則として「共に生きる」ことを求め続けるべきではないだろうか。

پیغــام

　幸福追求権の内容として，時代の変化に即応して主張される「新しい人権」には大きな意味があります。しかし，それらの権利には「影」の面もあることも忘れることはできません。「プライバシーって誰が考えたんですかね」と，ある自治会役員は嘆いています。高齢化が進む地域で，孤独死を防ぐために住民のつながりを強めようとする努力の前に立ちふさがるのが「プライバシーの壁」。この権利の重要性は理解しつつも，人のつながりを断ち切る呪文になっているのかもしれません。自己決定権についても，実は，私たちは暗闇の中で自らの行く末を決断しているのかもしれず，自己決定権一本やりですべての問題が解決できるわけではありません。

　このような限界を意識しながらも，私たちはそれでも，現代がもたらした問題に，新しい人権を掲げて正面から取り組んでいきたいと思います。

第7講

心の自由は渡さない!!!——精神的自由権

娘：倒産，じゃなかった父さん，聞いてよ。今日ね，学校で嫌なことがあったんだ。

父：いつもは何を聞いても「それは個人情報です」って黙ってるのに，珍しいね。なに？

娘：私らは生徒手作りの卒業式や入学式にしたいと思って準備してたのに，今度の校長先生が「日の丸を掲げ，君が代を歌う厳粛な式典でないとだめだ」と言ってきかないんよ。どうして生徒が自分で考えた行事がだめなわけ？　学校は生徒中心じゃないの？

父：生徒会は，日の丸・君が代に反対してるの？

娘：そういうわけじゃないよ。だって，賛成の人も反対の人もどっちでもいい人もいるのは当たり前じゃん。民主主義だから生徒会の多数決で決めてもいいことはあるけど，心の問題は多数決で決めたらいけないよね。少数意見の人が孤立しないようにしないとね。だから，生徒会は，「強制に反対する」としか言ってないよ。

父：そうだね。1999年に成立した国旗国歌法の審議の時，政府は「国民に強制しない」とはっきり答弁してたね。

娘：でも，毎年春になると，卒業式・入学式の日の丸・君が代問題で大騒ぎして，先生が処分されたりしてたよね。今はそうでもないけど。

父：それはね，1989年に学習指導要領に卒業式や入学式で日の丸を掲げ，君が代を斉唱することが明記されてから，それに基づく職務命令に違反したという理由で教育委員会が処分してるんだ。これが，憲法に保障された思想・良心の自由を侵害するかどうかについて，裁判所の判断は分かれているけど。

娘：私らも，そこはちょっと気になるんだよね。今回も，新入生への働きかけはしないことに決めたんよ。先生が処分されるのはイヤだからね。学校によっては，先生や生徒が国歌斉唱の時に起立してきちんと歌ってるか，監視に来る地方議会の議員さんがいるらしいよ。そんなにヒマなのかな。それでも「強制」じゃないのかな？

父：父さんは日の丸大好きだよ。だけど，強制するのはなんだかイヤだなあ。

娘：高校生になってはじめて意見が一致したね。心の自由だけは渡したくないよね。

1　心の自由がなかったとき

　人が個人として尊重されるためには，自由が保障されていなければならない。自由を求めて死をも恐れなかった人は歴史上たくさんいたし，今でも世界の至るところで自由のために命をかけている人たちがいる。ところが，日本では自由は空気やテレビのようにあって当然のものになっているために，ありがたみが実感としてつかみにくくなっているようだ。でも，自由を失ってはじめてそのありがたみを知るのでは遅すぎる。人間の偉大なところは，自分が直接経験していなくても想像できることだ。心の自由を奪われてきた人類の経験を振り返ってみよう。

| 踏　　絵 |

　国家権力が特定の宗教を狙い打ちにして過酷な弾圧を行った例は枚挙にいとまがない。江戸時代の踏絵はその代表例であろう。1620年代から1871（明治4）年まで250年にわたって行われてきた踏絵は，ただ絵を踏むというだけではない。「司祭は足をあげた。足に鈍い重い痛みを感じた。それは形だけのことではなかった。自分は今，自分の生涯の中で最も美しいと思ってきたもの，最も聖らかと信じたもの，最も人間の理想と夢にみたされたものを踏む。この足の痛み[*1]」。踏絵は，「良心は，その信ずる神への忠実さを要求するのに，政治の圧力が，それを拒否させようとする。死か，転び（信仰否定）か，むごいほどの二者択一[*2]」をせまったもので，世界史上でも特異な宗教弾圧である。信仰ゆえに処刑することによって殉教者を生み出すよりも，拷問の威嚇のもとで踏絵をさせることで背教者とする，というこの方法は，まさに精神の虐殺をねらったものだったのである。

*1　遠藤周作『沈黙』（新潮社，1966年）より。踏絵をした司祭を主人公にしたこの小説は，キリスト教界内外に大きな議論を巻き起こした。
*2　片岡弥吉『踏絵──禁教の歴史』（NHKブックス，1969年）「はじめに」より。

| 検　　閲 |

　心の自由を踏みにじる国家権力の試みは，明治憲法制定後も続けられた。明治憲法の下で，精神的自由は文字通

り窒息させられた（⇒第2講1）。もっとも象徴的なのは，検閲だ。戦前，新聞や出版物は発表前に政府の検閲を受けなければならなかった。検閲の結果削除の指示を受けた出版物は，『日本資本主義発達史講座』などのマルクス主義文献から，芥川龍之介の『河童』，谷崎潤一郎の『赤い屋根』などの文学作品まで，多岐にわたる。なぜ削除の対象になったのか，まったく理由が推測できないものも多い。検閲が恣意的に行われたことをはっきり示している。

　以上のような経験を経て，日本国憲法では，思想・良心の自由（19条），信教の自由（20条），表現の自由（21条），学問の自由（23条）が保障されたのである。

2　思想・良心の自由

過去の苦い経験　諸外国の憲法でも明治憲法でも特別の規定のなかった思想・良心の自由が日本国憲法に規定されたのは，内心の思想そのものを統制しようとした過去の苦い経験をふまえてのことだ。治安維持法（⇒第2講1）の下では，交友関係，読書内容または密告によって，思想信条を推測し，特定の思想信条に対して「国体に反する」とか，「神宮もしくは皇室の尊厳を傷つける」とか，「私有財産制を否認する」という理由によって弾圧を加え，内心の自由そのものを侵害する事例が頻繁に行われた。憲法19条は，「侵してはならない」と強い調子でこれらの侵害を禁止している。

内心の自由の絶対性　思想・良心の自由は何よりも，内心の自由が絶対的に保障されることを求める。思想・良心がいかに問題のあるものであったとしても，それが内心にとどまる限り他の利益と抵触することはないからだ。

　内心の自由の絶対性のバリエーションとして，国が特定の思想の禁止ないし促進を行ってはならない，そして，特定の思想を理由として不利益な取扱いをしてはならない，という原則が生じる。したがって，政府が国民に元号や日の丸の使用を義務付け，君が代を歌うことを強制したり，その違反に対して不利益を課すことがあれば，明らかに19条に違反する。だからこそ政府は，国旗国

歌法案の審議の際に，国民に強制するものではないと再三強調したのだ。儀式において教員に起立・斉唱を命ずる校長の職務命令の合憲性が争われた訴訟で，最高裁は，起立斉唱行為は「慣例上の儀礼的な所作」であって，職務命令が教員の思想・良心の自由を直接に制約するものではないが，間接的な制約にはなるとしつつ，必要性・合理性があるので違憲ではないとした（最高裁判決2011. 5. 30，2011. 6. 6，2011. 6. 14等[*3]）。

＊3　これらの判決には興味深い反対意見・補足意見があるので，最高裁 HP でぜひ読んでほしい。

3　信教の自由

人権のなかの人権　信教の自由の保障のあり方は，精神的自由の保障のあり方を示すバロメーターの意義をもつ。第 1 に，歴史上国家は宗教のもつ力を恐れ，それを権力で押さえつけてきた。政府に敵対しうる宗教をどう扱うかは，その国の自由度を示す指標となる。第 2 に，信仰はそれをもたない人間にとっては不可解な側面を有するものだから，特に少数派の宗教は孤立しがちとなり，権力の弾圧に対してもろい。少数派の自由を守ることは，自由の試金石となる。

明治憲法下の
信教の自由　明治憲法28条も信教の自由を認めていたが，「安寧秩序ヲ妨ケス及臣民タルノ義務ニ背カサル限ニ於テ」という条件つきだった（⇒第 2 講 1）。これによって，「国家が多年の歴史的伝統に基づいて或る宗教に対して特別の関係をもって居るとしても，それは敢て本条の規定に抵触するものではない」（美濃部達吉），つまり「国教」が容認されることとなった。

　実際，戦前の日本では，事実上の国教制度（国家神道）が行われていた。「神社神道は宗教ではない」とされ，神社神道と皇室祭祀は国家の管理の下におかれた。神社は宗教団体法の「宗教団体」には含まれず，他の「宗教団体」は文部省の管轄下で宗教行政の対象とされたのに，神社のみは内務省の管轄下にお

かれた。そして，神社を公の施設として国費で維持し，神官・神職を公務員と
した。昭和期に入ってからは，国教化がさらに進み，公務員に神社神道式儀式
への参拝が義務付けられた。神社の信仰は「臣民タルノ義務」であるから，神
社信仰と抵触する宗教はその義務に背くもので許されないとか，安寧秩序を妨
げるとかいう解釈が支配的になったのである。その結果，キリスト教，大本
教，ひとのみち教団（現 PL 教団），創価教育学会（現創価学会）などの教団が厳
しく弾圧された。

憲法20条の構造　このような歴史のうえに規定された日本国憲法20条に
は，2つのねらいがある。①個々人の信教の自由を保障
する（1項前段と2項），②国が特定の宗教と結びついてはならないという客観
的原則（政教分離の原則）を定める（1項後段と3項）。②の原則は，①の信教の
自由の保障を側面から補充するものであるととらえられている。

　一般に，欧米における国家と宗教との関係には3つの類型があるといわれ
る。第1は，イギリス型（国教承認型）だ。国教制（国王を首長とするイギリス国
教会）をとるが，他の宗教に対しても寛容をもって臨み信教の自由を保障す
る。第2に，ドイツ型（政教同格型）がある。国教は認めないが，ローマ・カ
トリック教会と福音主義教会（国民の90％以上が所属）に公法人の地位を与え，
徴税権など一定の特権を付与し，固有の事項においては国から独立した共同体
として認める。第3はアメリカ型（厳格分離型）で，国家と宗教ないし教会を
厳格に分離し，相互の干渉および協働を禁止するものだ。日本国憲法は明らか
にアメリカ型に属する。

信教の自由の内容　信教の自由は以下の内容を含む。①内心の信仰の自由，
②宗教的行為（儀式・礼拝・行事など）の自由，③布教の
自由，④宗教的集会・結社の自由。①は，19条と同様，絶対的に保障されなけ
ればならないが，②〜④は，他者との関係が生ずるために，場合によっては制
限されることになる。

　精神障害のある少女の平癒のための加持祈祷を家族から依頼された祈祷師
が，「線香護摩」によって少女を死に致したとして傷害致死罪に問われたのは
宗教的行為の自由を侵害すると主張したのに対し，最高裁は，たとえ宗教的行

為であったとしても，違法な有形力の行使であり，反社会的なものであるから，信教の自由の保障の限界を逸脱したと指摘して，処罰を合憲とした（加持祈祷事件・最高裁判決1963.5.15）。

オウム真理教解散命令事件では，上記の②と④が問題となった。最高裁は，同教団の違法行為をやめさせるには解散命令が必要かつ適切であること，宗教法人が解散しても法人格をもたない宗教団体を存続させうるし，団体や信者の宗教的行為に対する支障は解散命令に伴う間接的で事実上のものにとどまることを理由に，解散命令を合憲とした（最高裁判決1996.1.30）。

信仰上の理由で剣道の授業を拒否した公立学校の生徒が原級留置（留年）・退学という不利益処分を受けたのは，信教の自由の侵害だとの訴えに対して，最高裁は，学校の処分が生徒の信教の自由を直接的に制約したわけではないが，剣道拒否は「信仰の核心部分と密接に関係する真しなもの」であり，この拒否を理由とする不利益は留年・退学という「著しい」ものであるから，学校側は他の生徒と不公平にならないように代替措置を講ずることができたのにそれをしなかった違法があったとして，留年・退学処分の取消しを命じた（剣道拒否訴訟・最高裁判決1996.3.8）。

政教分離原則のねらいとその内容　政教分離とは，《政治と宗教の分離》ではなく，《国家と特定の宗教団体との分離》，言い換えれば，国家の宗教的中立性を意味する。日本では，戦前に猛威をふるった国家神道の反省のうえにたって分離原則が採用された歴史的事実が重視されなければならない。

政教分離原則は，①「特権」付与の禁止（20条1項後段），②宗教団体の「政治上の権力」行使の禁止（20条1項後段），③国の「宗教的活動」禁止（20条3項），④宗教団体への公金の支出禁止（89条），という内容をもつ。

①について問題になったのが，靖国神社国営化法案（1972年）だ。靖国神社を非宗教化して，国営化しようとしたものであるが，これを宗教でないと強弁するのは不可能であり，廃案となったのは当然である。

また，宗教法人に対する税制上の優遇措置が「特権」にあたらないか問題にされることがあるが，公益法人などに対する免税措置の一環だから違憲ではないとされている。文化財保護法による補助金支出についても，文化財の保護と

いう一般的な目的によるものである限り「特権」付与ではないとされている。

②の「政治上の権力」とは，一般に，国が独占すべき統治的権力（立法権，課税権，裁判権，公務員任免権等）をさすと解されている。ドイツの教会は徴税権をもつが，日本国憲法の下ではこれは許されない。なお，「政治上の権力」を強い政治的影響力と解する見解もあるが，「影響力」は明確を欠くし，信仰者の政治活動の自由（21条）や信条の平等（14条）に反するおそれがあり，支持する声は少ない。

③国の「宗教的活動」の禁止については，閣僚の靖国神社参拝をめぐって熱い議論が交わされている。④公金の支出禁止は，政教分離を財政面から裏づけようとするものだ。

| 目的・効果基準 |

③の「宗教的活動」禁止の判断方法として最高裁が採用しているのが，「目的・効果基準」だ。実は，この基準の元祖は，アメリカの連邦最高裁判所のレモン判決（1971年）で用いられたもので，国家行為が，(1)世俗的目的をもつものか，(2)その主要な効果が，宗教を促進したり抑圧したりしないか，(3)宗教との過度のかかわり合いをもたらさないか，という3つの要件をすべて満たさない限り，政教分離違反とされる，かなり厳格な基準である。ところが，日本の最高裁は，この基準を，国家が宗教とある程度かかわり合いをもたざるをえないことを前提として，その行為の目的と効果にかんがみ，そのかかわり合いが相当の限度を超える場合にのみ違憲とされるものとした。つまり，宗教とのかかわり合いが独立の要件とされていないために，緩やかな分離を正当化しうる基準となったのである。

この基準を打ち出した津地鎮祭事件判決では，市の体育館の起工式を神道の儀式に則って挙行したことが世俗的な目的であり，一般人の宗教的関心を特に高めるものではないとして，「宗教的活動」にはあたらないと結論した（最高裁判決1977. 7. 13）。

ところが，同じ目的・効果基準を用いながら，愛媛玉串料訴訟判決では，県が靖国神社に対して公費から玉串料等を支出した行為を政教分離原則違反とした。玉串料の奉納は，特定の宗教団体の重要な宗教上の祭祀にかかわり合いをもつことであって，とうてい社会的儀礼とはいえないこと，愛媛県が靖国神社

を特別に支援し，特別のものであるとの印象を与えることを指摘して，県の行為は「宗教的活動」にあたると結論づけたのである（最高裁判決1997.4.2）。

　最高裁は2010年，市の敷地を神社に無償で提供していることが特定の宗教に特別の便宜を供与するものであり，政教分離原則に違反して違憲であるとした（最高裁判決2010.1.20）。一方で，神社の撤去を命ずると氏子の信教の自由に不利益を与えると指摘し，違憲状態を解消できる他の手段の有無を検討するために高裁に差し戻した（同年12月，市が有償貸与を提案し，札幌高裁が神社撤去の請求を棄却した）。

閣僚の靖国神社公式参拝　政府は，内閣総理大臣ほかの閣僚が閣僚としての資格で靖国神社に参拝することに違憲の疑いがあることを長年認めていたが（1980年11月17日付政府見解など），1985年に政府見解を変更し，参拝の方式によれば公式参拝であっても「宗教的活動」に該当しない場合があるとした。これを受けて，中曽根総理大臣（1985年），小泉総理大臣（2001～2006年），安倍総理大臣（2013年）が在任中参拝を行った。これについて，下級裁判所の判断はさまざまであるが，学説は一般に，「内閣総理大臣が国民を代表する形で公式参拝を行うことは，目的は世俗的であっても，その効果において国家と宗教との深いかかわり合いをもたらす象徴的な意味をもち，政教分離原則の根幹をゆるがすことになるので，『効果』ないし『過度のかかわり合い』の要件に照らし，違憲である」と見ている。[4]

＊4　芦部信喜『憲法学Ⅲ　人権各論(1)〔増補版〕』（有斐閣，2000年）199頁。

4　表現の自由

表現の自由の価値　《言いたいことを言わせろ》という表現の自由は，人権のなかでも優越的地位にあるといわれる。それはなぜだろうか。①個人が表現活動を通じて自己の能力を発展させるという個人的価値（自己実現の価値），②表現活動により国民が意思決定に関与して民主制を豊かにする社会的価値（自己統治の価値），③自由な表現とその交流によって，知

識・情報の総量が増加し，討議の質と量が増すという個人的・社会的価値（知識追求の価値）。おそらく，これらすべてが相まって，表現の自由は，自由の体系を維持する最も基本的な条件とみなされている。だからこそ，表現の自由の規制立法は，経済的自由のそれと比べて，裁判所によってより厳格に審査されるという「二重の基準」の原理が生まれたのだ（⇒第3講2）。

　表現の自由の「優越的地位」論の発展に大きな影響を与えた理論がある。「思想の自由市場」論だ。「真理の最良の判定基準は，市場における競争のなかで，自らを容認させる力をもっているかどうかである」（アメリカ最高裁のホームズ裁判官）。ここから，知識の追求や議論のためには情報の自由な流通が不可欠である，ある情報が真理か虚偽かは市場の競争（個人の判断）に委ねるべきである，そして，公権力がある情報を虚偽として禁止することは自由市場を歪める，という命題が導き出される。

| 表現の自由の内容 |

憲法21条は，「集会，結社及び言論，出版その他一切の表現の自由」を保障している。広い意味の表現の自由は，言論・出版の自由（狭義の表現の自由）と，多数人の行動という要素をもつ集会・結社の自由に分けることができる。

　表現の自由は，①情報を伝達する自由（言いたいことを言い，言いたくないことを言わない自由），②情報を受け取る自由（知る自由），③情報を収集する自由（取材の自由，知る権利）に分けられる。①は誰もが有するが，特に報道の自由は，重要な役割を果たす。最高裁判所も，「報道機関の報道は，民主主義社会において，国民が国政に関与するにつき，重要な判断の資料を提供し，国民の『知る権利』に奉仕する」と，自己統治の価値の観点から報道の自由の重要性を認めている（博多駅事件・最高裁決定1969. 11. 26）。情報の伝達は情報の受け手を前提とするものだから，②の自由は当然である。

　自発的な情報伝達者の存在を前提とする②と異なって，③はより積極的に，情報を獲得しようとするものだ。博多駅事件の最高裁決定は，「報道のための取材の自由も，憲法21条の精神に照らし，十分尊重に値する」と述べてはいるものの，それが憲法上の自由かどうか明確ではない。取材の自由に関連して，取材源の秘匿の自由が主張されることがある。最高裁は，刑事事件で取材源に

関する新聞記者の証言拒絶権を否定したが（石井記者事件・最高裁判決1952. 8. 6），民事事件では，一定の場合に取材源に関する証言拒否が認められることがあると判示した（最高裁決定2006. 10. 3）。

公権力に対して情報の開示を請求する「知る権利」を憲法上の権利として承認するかどうかについては，賛否両論があるものの，情報公開法や各地方公共団体の情報公開条例によって，広く認められるようになっている。

政府が表現を規制しようとするとき，最も効果的なのは，表現が自由市場に出る前に禁止する「事前規制」だ。もうひとつの方法は，自由市場にいったん出された表現を処罰するなどの方法で規制する「事後規制」だ。「事前」か「事後」かによって，表現の自由の規制の合憲性の判断方法と基準は異なる。以下，それぞれについて見ていこう。

| 事前規制の限界 | 表現の自由の事前規制は，特に厳しく審査される。なぜ

なら，①表現が市場に出る前に公権力がそれを規制する点で，「思想の自由市場」の考え方に真っ向から反する。②すべての表現がまず公権力の判断を受けることになるから，訴追を受けた特定の表現についてのみ判断がなされる事後規制に比べて公権力による規制の範囲が一般的で広範である。③一般に事前規制は，行政の広範な裁量権の下に簡易な手続によって行われ，手続上の保障や実際の抑止的効果の点で，事後規制の場合に比べて問題が多い。

事前規制の中でも，「検閲」であれば絶対的に禁止される（憲法21条2項）。問題は，検閲が何を意味しているかである。最高裁によれば，検閲とは，「行政権が主体となって，思想内容等の表現物を対象とし，その全部又は一部の発表の禁止を目的とし，対象とされる一定の表現物につき網羅的一般的に，発表前にその内容を審査した上，不適当と認めるものの発表を禁止すること」（税関検査事件・最高裁判決1984. 12. 12）である（狭義説）。この著しく狭い検閲概念に，「公安又は風俗を害すべき書籍」の輸入を禁止する税関検査も，教科書検定（最高裁判決1993. 3. 16）も，青少年保護育成条例による有害図書の指定（最高裁判決1989. 9. 19）も該当しないから，合憲だとしたのである。

これに対して，憲法学者の多くは，検閲をより広く解する。検閲の主体を行

政権に限る必要はなく公権力と考えるべきであり，また，表現物の発表後の規制（たとえば税関検査）でもそれを受け取ることについて規制が行われる場合は検閲ととらえるべきであるとする（広義説）。

　ただ，最高裁も，この狭い検閲にあたらなければいかなる事前規制をしてもよいといっているわけではない。21条2項が絶対的に禁止する検閲とは別に，21条1項を根拠に「事前抑制の原則的禁止」が要求されるとしているのだ。このように，検閲と区別される事前抑制の概念を認める場合，その定義は，表現行為がなされるに先立ち，公権力が，何らかの方法でこれを抑制することとされる。裁判所による名誉毀損表現の事前差止めが検閲または事前抑制にあたるかが争われた北方ジャーナル事件で，最高裁は，仮処分による事前差止めは「検閲」には該当しないものの，「事前抑制」そのものであるから，厳格な要件の下で，例外的な場合にのみ認められるとした（最高裁判決1986.6.11）。

　　| わいせつ表現 |
　　| の　規　制 |

事後規制は，表現内容に基づく規制と内容に中立的な規制に分けられ，前者は後者に比べて厳密に審査されなければならない。これを分ける意味は，表現内容を公権力が選別することは，思想の自由市場の正常な作動を歪める，という点にある。表現内容規制の中でも，わいせつ表現，名誉・プライバシー侵害表現については，それぞれ特有の法理が成立している。

　まず，わいせつ表現の規制（刑法175条）については，極めて大ざっぱな理屈で正当化されてきた。チャタレー事件で，最高裁は，わいせつ3要件（性欲の興奮・刺激を来すこと，通常人の性的羞恥心を害すること，善良な性的道義観念に反すること）を示し，これに該当する出版物を処罰することは公共の福祉を守るために当然だとした（最高裁判決1957.3.13）。その後，わいせつ性を文書全体との関連で判断することを明示したり（悪徳の栄え事件・最高裁判決1969.10.15），性描写の程度・手法，芸術性・思想性による性的刺激の緩和などを総合的に評価することでわいせつ判断を精緻化したり（四畳半襖の下張事件・最高裁判決1980.11.28）という改善はあったものの，なぜわいせつ表現が規制されなければならないのか，という緻密な分析は行われていない。

　そもそも刑法175条は，何のためにわいせつ表現を処罰しているのだろう

か。まず，①性犯罪の原因となるという根拠があげられるが，これは実証的に
裏づけられていない。次に，②性行為非公然性の原則を中核とする善良な性道
徳の維持が理由とされるが，個人の性的態度から独立して存在する社会の性道
徳を保護することは，自由を制約する正当な理由ではない，と批判される。
「性的に清くあれ」と国家が求めるにしても，それは道徳的な説得にとどめる
べきだというのである。③個人の性的刺激にさらされない自由（見たくない人
の自由）に対する侵害防止という理由は，回避する余地のない状況下にあると
いう条件では，憲法上正当化されるかもしれない。最後に，④未成年者の保護
という理由は一理あるが，だからといって，成人を含む一律禁止の理由とはな
らない。

　このように，わいせつ規制の根拠は，一見するほど説得力があるわけではな
い。本質にさかのぼった議論が必要であろう。ただ，子どもを被写体とする子
どもポルノの規制は，表現の自由の問題ではなく子どもの権利の問題として，
厳正に対処すべきであろう（⇒第12講5）。

名誉・プライバシーを侵害する表現の規制　名誉・プライバシーを侵害する表現の規制については，前述のように（⇒第6講3），①公表の相手方が公務員や著名人（公人）の場合には，表現の自由にシフトする判断をし，そうでない場合には，名誉・プライバシーの権利を重視する[5]。また，②私人の場合には，公表の話題が公共の利益（たとえば，文学的・芸術的価値，政治的価値，ニュース価値）にかかわる事柄である場合には，表現の自由を重視する，という判断方法がとられている。

　＊5　モデル小説『石に泳ぐ魚』によって，公人でない者が名誉とプライバシーを侵
　　　害されたとして，最高裁は出版差止めと損害賠償を認めた（最高裁判決2002.9.
　　　24）。

　名誉を侵害する表現は，刑事処罰の対象となっている（刑法230条）。名誉毀
損とは社会的評価の低下を意味し，その内容が真実であっても成立する。ただ
し，その表現が「公共の利害」にかかわり，もっぱら「公益」をはかる目的で
ある場合には，「真実」の証明がなされれば処罰されない（同230条の2第1

項)。起訴前の犯罪行為は公共の利害に関する事実であり (同2項), 公務員または公選の候補者の場合は真実性の証明のみで不処罰とされる (同3項)。

　これらの規定は表現の自由を尊重する趣旨で日本国憲法制定後に付け加えられたものであるが, 最高裁は, 表現の自由確保の観点からさらに処罰権を限定し,「真実であることの証明がない場合でも, 行為者が真実であると誤信し, それが確実な資料, 根拠に照らして相当の理由があるとき」は, 処罰されないとしている (夕刊和歌山時事事件・最高裁判決1969. 6. 25)。アメリカでは, 表現の内容が虚偽であることを表現者が知っていたか, または虚偽であるかどうかを気にもかけずになされたことを, 公務員または公人が立証しない限り, 違法とはされないという, さらに表現の自由に傾斜した理論 (「現実の悪意」の理論) が確立しており, これを日本にも導入すべきだとする意見もあるが, 判例はまだ認めていない。なお, 刑事事件ではなく民事事件 (不法行為による損害賠償請求) でも, 同様な判断方法がとられている。

　名誉とは異なり, プライバシーを侵害する表現を処罰する規定はない。これに対しては, 不法行為を理由とする損害賠償で対抗するほかない。ここでも, 名誉侵害表現の場合とほぼ同様な判断がなされている。ノンフィクション作品の中で過去の犯罪歴を実名で公表されたことをプライバシー侵害で訴えた「逆転」事件で, 最高裁は, 実名で過去の犯罪事件を公表できる場合として, (a)事件それ自体の歴史的・社会的意義, (b)その者の社会的活動の性質およびその影響力, (c)社会一般の正当な関心の対象となる公職にある者の活動をあげ, 本件では, 実名公表の必要はなかったと判示した (最高裁判決1994. 2. 8)。

　犯罪の報道は一般に公共の利害にかかわると考えられているから, 名誉毀損・プライバシー侵害との関係でも, 表現の自由にシフトして判断されている。ところが, 少年犯罪については, 少年法により「氏名, 年齢, 職業, 住居, 容ぼう等によりその者が当該事件の本人であることを推知することができる」情報を出版物に掲載することが禁止されている (61条。罰則はない)。ただ, このような記事掲載が不法行為にあたるかどうかについて, 最高裁は,「その事実を公表されない法的利益とこれを公表する理由に関する諸事情を個別具体的に審理し, これらを比較衡量して判断することが必要である」として

いる（最高裁判決2003.3.14）。少年法61条に反する記事掲載であっても，損害賠償が否定されるケースがありうるとしたもので，注目に値する。

| インターネット 表現の規制 |

インターネットは，普通の人でもマスメディアと対抗しうる情報伝達を可能にする重要なツールだ。しかし，インターネットの世界には，名誉毀損・プライバシー侵害・わいせつ・子どもポルノ・いじめ・差別的表現など明らかに有害な表現も無数に存在する。放置することができない状況だが，発信者の特定が難しいことや，有害情報の3割近くが海外のサーバーを介していることなど，事後的に規制することが非常に困難だという特性がある。

インターネット上の表現に対しては，現在，ポルノ映像提供やポルノビデオの通信販売などの「無店舗型」性風俗産業に公安委員会への届け出を義務付け，プロバイダ（接続業者）にも，わいせつ映像を放置しないよう努力義務を課した改正風俗営業適正化法（1999年施行），人権侵害にあたる情報の削除や発信者情報の開示を，被害者や法務当局が掲示板運営者に要請できるプロバイダー責任制限法（2002年施行），売買春を目的に出会い系サイトに書き込むことを処罰する出会い系サイト規制法（2003年施行），子どもが有害サイトに接続できなくするサービス提供を携帯電話会社やパソコンメーカーに義務付ける有害サイト規制法（2008年制定）がある。

インターネット上の匿名の誹謗中傷によって傷つき，死を選ぶ有名人の事例が後を絶たない。現状では中傷される側の権利侵害が放置されているとの声が高まり，匿名の誹謗中傷の投稿者を特定しやすくすべきではないか，あるいは投稿を実名制とすべきとの意見もある。これに対しては，表現の自由を脅かすとの指摘もあり，慎重な議論が求められる。

| ヘイトスピーチの 規制？ |

表現の自由をめぐる現在最もホットなテーマは，特定の民族や人種などを標的にして差別をあおる「ヘイトスピーチ」の規制の是非だ。ヨーロッパ諸国は法規制を認めるが，憲法で言論の自由を制限する法律を禁じているアメリカでは，ヘイトスピーチを禁止する法律は認められていない。特定の人物を標的にするわけではないが，対象の集団に属する人々を傷つけるヘイトスピーチの法規制を求める声は強いが，表現の

自由の重要性を思えば，それがスピーチ（表現）にとどまり，しかも表現内容に基づく規制であるだけに，相当強力な必要性がない限り，簡単に規制を認めることはできない。

　2016年，禁止規定や罰則は設けず，国に対し相談体制の整備や教育，啓発活動の充実に取り組むことを責務と定め，自治体には同様の対策に努めるよう求めるヘイトスピーチ対策法が制定された。その後，ヘイトスピーチのデモに刑事罰を科す条例が制定されている（川崎市，2020年）。表現の自由との関係でこれが妥当か，法規制以外の方法でヘイトスピーチに対抗できないか，検証していかなければならない（ヘイトスピーチについて，詳しくは⇒第15講6「共生社会のために」）。

| 集 会 の 自 由 |

憲法21条は，集会を表現の自由のひとつの形態として保障している。最高裁も，「集会は，国民が様々な意見や情報等に接することにより自己の思想や人格を形成，発展させ，また，相互に意見や情報等を伝達，交流する場として必要であり，さらに，対外的に意見を表明するための有効な手段であるから，憲法21条1項の保障する集会の自由は，民主主義社会における重要な基本的人権の1つとして特に尊重されなければならない」（成田新法事件・最高裁判決1992.7.1）と，集会の自由の重要性を謳っている。選挙の投票以外の政治参加が低調な日本で，原子力発電や安全保障関連法，政権の不祥事をめぐって「街頭の民主主義」が活発化している近年，集会の自由の意義は高まっている。「公の施設」の利用については，「正当な理由がない限り」拒否してはならず，「不当な差別的取扱いをしてはならない」（地方自治法244条2項・3項）というのは，集会の自由の重要性を思えば当然であろう。

　しかし，集会は公共施設・公園・道路など多数の人が集う場所における表現活動であるから，他者の権利・利益と衝突する可能性があり，一定の規制はやむをえない面がある。まず，公園・広場・道路等の管理・運営権をもつ国または地方公共団体は，この権限に基づき，利用申請が競合していないか，施設の設置目的に適合するか否かを判断することができる。しかし，規制は，明確な基準のもとに必要最小限度のものにとどまらなければならない。最高裁は，市

民会館の使用許可申請を不許可にした処分の違憲性が争われた事件で，不許可
にできるのは，「本件会館における集会の自由を保障することの重要性より
も，本件会館で集会が開かれることによって，人の生命，身体又は財産が侵害
され，公共の安全が損なわれる危険を回避し，防止することの必要性が優越す
る場合」に限られ，その危険性は，「明らかに差し迫った危険の発生が具体的
に予見されることが必要」だと，集会の自由を重視する判断を示した（泉佐野
市民会館事件・最高裁判決1995. 3. 7）。

　道路交通法は，道路交通の安全確保の観点から，デモ行進をする際に所轄警
察署長の許可を受けることを要求している（同77条 1 項）。最高裁は，この許可
制は「表現の自由に対する公共の福祉による必要かつ合理的な制限として憲法
上是認される」（最高裁判決1982. 11. 16）としている。

　地方公共団体の条例で，デモ行進などが一般的に規制される場合がある。た
とえば，広島県の「集団示威運動，集団行進及び集会に関する条例」は，「道
路，公園，広場その他屋外の公共の場所において集団示威運動，集団行進又は
集会……を行なおうとするときは，その主催者……は，あらかじめ，公安委員
会の許可を受けなければならない」（4 条）と定めている。これは，他者に対
する危害発生の危険という理由ではなく，一般的に集会・集団行動を規制しよ
うとするものであるから，違憲の疑いが濃いといわざるをえない。しかし，最
高裁は，集団行動が「時に昂奮，激昂の渦中に巻きこまれ，甚だしい場合には
一瞬にして暴徒と化し，勢いの赴くところ実力によって法と秩序を蹂躙し，集
団行動の指揮者はもちろん警察力を以てしても如何ともし得ないような事態に
発展する危険が存在する」という，「集団行動＝暴徒」論に基づき，許可の基
準が不明確で問題の多い東京都公安条例を合憲とした（最高裁判決1960. 7. 20）。

| 結 社 の 自 由 |

アメリカは建国時から結社の自由を重視してきた。しか
し，身分制秩序からの「個人」の解放を重視するフラン
スでは，長らく結社の自由は否定されていた。1810年の刑法は政府の許可なし
に20人以上の結社をつくることを禁止したほどだ。結社の自由が認められたの
は，ようやく19世紀後半のことだった。20世紀になると，各国とも，個人が自
由に結合する結社こそが多元的な価値観に基づく自由な国家の形成につながる

として，結社の自由の重要性を強調するようになったのである。

　憲法21条が保障する結社の自由は，団体の結成・加入・活動・団体内部の運営などについて公権力から強制を受けないことを意味している。なお，弁護士会・司法書士会・公認会計士協会は法律によって設立・加入が強制されているが，職業の高度の専門性・公共性，その技術的水準の維持確保の必要性を理由に，強制設立制・強制加入制をとることも許されている。

　集会の自由と同じく，結社の自由も制限されることがありうる。憲法は，結社の目的について限定していないが，犯罪を目的とする結社が許されないのは当然のことだ。現行法上，最も問題なのは，「継続又は反覆して将来さらに団体の活動として暴力主義的破壊活動を行う明らかなおそれがあると認めるに足りる十分な理由」がある団体に対して，公安審査委員会が解散の指定を行うことができる，と定める破壊活動防止法だろう。行政処分によって結社の存在そのものを否定するこの法律の規定は違憲であるとの声が強い。オウム真理教に対して，公安調査庁は前述の宗教法人の解散請求に続いて，破壊活動防止法に基づく解散請求をしたが，1997年1月，公安審査委員会は，提出された資料では，「明らかなおそれがある」とは認められないとして，請求を棄却した。

messaggio

　2010年のノーベル平和賞を受賞しながら授賞式への出席を中国政府に拒まれた劉暁波氏がこう述べています。「表現の自由は人権の基であり，人間らしさの基であり，真理の母である。言論の自由を封殺することは人権を踏みにじることであり，人間らしさを窒息させることであり，真理を抑圧することである」（朝日新聞2010年12月11日）。日本では表現の自由が露骨に制限されることはなく，独裁国家から亡命してきた人たちはうらやましがっています。でも，社会の主流とは異なる考えをもっている人には，息苦しさがあるようです。「私はあなたの意見には反対だ。だが，あなたがそれを主張する権利は命をかけて守る」（フランスの啓蒙思想家ヴォルテールの言葉とされる）という社会をめざしたいと私は思いますが，皆さんはどうでしょうか。

第8講

人間らしく生きたい──生存権

　その時，法廷中が涙にくれた。冒頭陳述で検察官が読み上げる，これ以上ない悲しく美しい親子の会話──。2006年4月，京都地裁の被告人席には，認知症の母を1人で介護した末に心中を図って承諾殺人罪に問われた54歳の男性がいた。

　仲のよい親子の姿を多くの人が見ていた。昼夜の別なく介護が必要となり，とうとう外で働けなくなった。雇用保険の失業給付を受給するが3カ月のみだ。区役所を3度訪ねて生活保護を申請したが，断られた。失業給付がある，働ける，という理由だった。介護の合間をぬって働きたいのに働き場所がない，という訴えは聞き入れられなかった。2005年12月，失業給付がストップ。デイケアの費用やアパート代が払えなくなった。「人に迷惑かけたらあかん」「返せるあてのない金を借りたらあかん」という父の教えをかたくなに守って生きてきた男性にとって，もう手立てはなかった。2006年1月末に心中を決意した。

　車椅子の母を連れて京都市内をまわった。最後の親孝行だった。2月1日早朝，河川敷の遊歩道で息子は言った。「もう生きられへん。ここで終わりやで」。「そうか，あかんか」。子の名を呼んで母は答える。「一緒やで。おまえと一緒やで」。息子が「すまんな。すまんな」と謝ると，母は「こっち来い」と呼び，息子が額を母の額にくっつけると，母が「わしの子や。わしがやったる」と答えた。この言葉を聞いて，息子は，いや自分がやらなければと気持ちを固める。車椅子の後ろにまわって，母親の首を絞めた。息子はそれから自分の首，腕，胸を包丁で斬りつけるが，死ねない。楠の枝にかけたロープで首を吊るが，それもうまくいかない。精魂尽き果ててへたり込んだ。夜が明けて2時間もたってから，通行人に発見された。

　最終意見陳述で，「私の手は母をあやめるための手であったのか。みじめで悲しすぎる。じっと我が両手を見る。何のための手であるのかと」と，涙を流した。

　2006年7月，裁判官は，「結果は重大だが，行政からの援助を受けられず，愛する母をあやめた被告人の苦しみや絶望感は言葉で言い尽くせない」と述べて，懲役2年6カ月執行猶予3年の判決を言い渡した。裁判官は判決言い渡し後の説諭で，「日本の生活保護行政のあり方が問われているといっても過言ではなく，この事件を通じて何らかの変化があるかと思う」と述べた。

（毎日新聞2006年4月16日，朝日新聞2006年7月21日夕刊，週刊ポスト2006年9月8日号より）

1　社会保障のいま

水 際 作 戦

「おにぎり食べたい」——52歳の男性が日記にこう書き残して餓死した。何十年前の話ではない。2007年6月のことだ。この人は約半年前から生活保護を受けていたが，4月に受給廃止となった。市によると，福祉事務所の勧めで「働きます」と受給辞退届を出したという。だが，福祉事務所は就労を確認したわけではなく，保護を打ち切った結果の餓死であった。冒頭の京都の事件といい，北九州のこの事件といい，現代日本で起こったことだとは信じられないが，これが現実である。「健康で文化的な最低限度の生活」（憲法25条）を保障する生活保護制度は機能していないのだろうか。

＊1　朝日新聞2007年7月11日夕刊。

　生活保護の受給者数・受給世帯数が高止まりの状況だ（図8−1）。驚くべき数字だが，先進国の中では低い水準で，受給者の割合自体は決して高くない。日本では人口の1.7％しか生活保護を利用しておらず（独・英は9％余り），しかも，生活保護を利用する資格のある人のうち現に利用している人の割合（捕捉率）は2割程度とされる（欧州諸国は5〜9割）。残りの8割，数百万人もの人が生活保護から漏れている。「餓死」「孤立死」事件発生の背景に，この利用率・捕捉率の低さが影響しているのではないか。

　生活保護を受けるには，実は高い関門がある。生活保護法7条は，保護申請権を認めているのだが（申請保護の原則），福祉事務所の窓口に保護申請に行っても，「65歳までは仕事を見つけなさい」「子どもから援助をしてもらいなさい」などと言われて申請させない門前払いの実態を示している。このような取扱いを「水際作戦」という。最後のセーフティ・ネットである生活保護のあり方が問われている。横行する水際作戦，そして保護辞退の強要。戦後75年が過ぎても，生活保護の受給が権利であると，本音のところでは認められていないのではないか。

図8-1　生活保護受給者数の推移

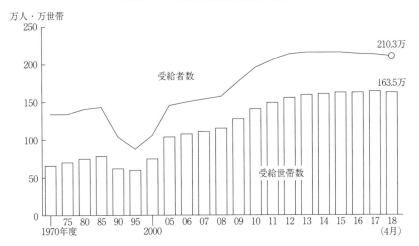

出典：時事ドットコム（https://www.jiji.com/jc/graphics?p=ve_soc_general-seikatsuhogo）。
注：月半均値。2016年度までは確定値，17年度と18年4月分は概数。

* 2　さすがに厚生労働省も，2007年3月，都道府県や政令市などの担当者に対し，
　　　福祉事務所での窓口対応で，法律上認められた保護申請の権利を侵さないように
　　　求めた（毎日新聞2007年3月6日）。

　その背景に，われわれが貧困の実態を知らないという事実があるのかもしれ
ない[*3]。戦後すぐの生活保護は働いても生計が立たない人の生活保障だったが，
高度経済成長期に稼ぎが最低生活費を超えるようになり，働ける人が受けるも
んじゃないというイメージになった。非正規労働が多数に上る現在では働いて
も働いても収入が限られるのに，生活保護バッシングの背景にあるのは「働け
ば食える」という高度成長期のイメージだ。今の現実は違うのに，イメージは
簡単には変わらない。

* 3　「受給者の顔，見えるように　湯浅誠さん」朝日新聞2013年6月27日付。

子ども・女性・
高齢者の貧困　　誤った貧困イメージの陰で苦しんでいるのが，子ども，
　　　　　　　　女性，高齢者だ[*4]。最も深刻なのは「子どもの貧困」では

ないだろうか。日本の子ども貧困率は先進国でもかなり高く，2019年の調べでは13.5％と実に7人に1人の子どもが貧困状態にあり，特に一人親世帯の貧困率は48.1％を占めている。病気になっても病院に行けない中学生，給食のない夏休み後に痩せて登校する小学生がいるといった現実を知ると，このような子ども時代を経て大人になり生活に困窮している人を，「自己責任」の一言で断罪することができるだろうか。

＊4　朝日新聞取材班『子どもと貧困』（朝日文庫，2018年），中村淳彦『証言 貧困女子』（宝島社，2020年），藤田孝典『下流老人──一億総老後崩壊の衝撃』（朝日新書，2015年），藤田孝典『貧困クライシス』（毎日新聞出版，2017年）等を読んで，実態を知ってほしい。

国民皆保険・皆年金の崩壊？

経済大国・日本で進行する格差拡大は，生活保護だけに見られるわけではない。日本が世界に誇る「国民皆保険・国民皆年金[5]」の足元がいま揺らいでいる。特に，国民皆保険の基幹である国民健康保険（民間被用者・公務員・教職員とその家族以外の人が加入）が危機に瀕している。高騰する保険料の滞納が長期になると，保険証の返還を求められ，病院に行く機会を事実上奪われる人が少なくないのだ。

また，年金だけでは生活できない貧しい高齢者が増えている。国民年金の保険料を40年間納付しても毎月の支給額は約6万5千円で，家賃を払えばお金はほとんど残らない。会社勤務により厚生年金に加入していても，ギリギリの生活を強いられている人が少なくないのだ。

＊5　すべての国民が何らかの公的医療保険に加入して安価で医療を受けられること（国民皆保険），20歳以上のすべての国民が公的年金保険に加入して，障害や老齢といった所得の喪失・減少の事態に備えること（国民皆年金）で，1961年に実現した。

社会保障制度の体系

このように大きな問題を抱える社会保障ではあるが，日本では，生まれる前から死ぬまで，各種の生活保障制度が整えられている（図8-2参照）。①医療保障（医療保険・母子保健など），②介

図8-2 ライフサイクルと社会保障制度

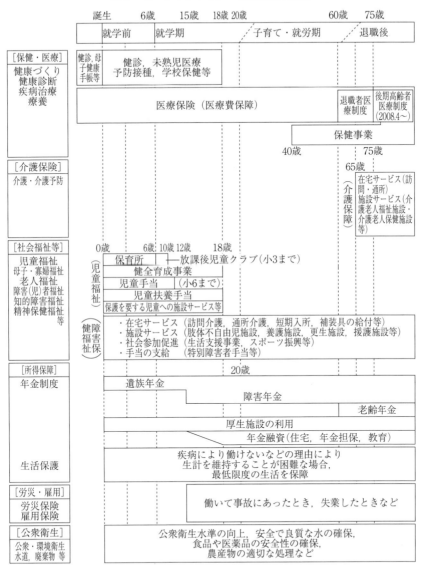

出典:『厚生白書平成11年版』図2-1-1「国民の生活を支える社会保障制度」(www.1-bm.
mhlw.go.jp/wp/wp 99_4/zub.html)を筆者が修正。

護保障（介護保険），③社会福祉（児童・障害者福祉など），④所得保障（年金保険・生活保護など），⑤労災・雇用保険。このような包括的な社会保障制度をもつ国は，実は世界のなかでは少数派だ。多くの発展途上国では，公務員など一部の国民のみをカバーする限定的な社会保険制度がかろうじて見られるにすぎない。

　現在，大きな課題に直面しているとはいえ，日本の社会保障制度発展の推進力となったのが，憲法25条が保障する「健康で文化的な最低限度の生活を営む権利」（生存権）だ。

2　生存権思想と国家の役割

| 哲学的生存権 |　国民の生活を国家が保障するのは，いまでは当然のことのように思われるけれども，これを権利としてとらえるようになったのは，それほど古い時代のことではない。[6]

　＊6　西原道雄編『社会保障法〔第5版〕』（有斐閣，2002年）79頁以下。

　生存または生活のための条件の確保を要求する権利としての生存権は，もともと人間の生存本能に基づくものだから，人間社会である限り，何らかの形で問題とされてきた。しかし，国家に対する国民の権利として把握されるためには，近代国家の成立が必要であり，それ以前には，人間にとって根源的なものとして哲学的な観点から主張されていた。たとえば，13世紀の神学者トマス・アクィナスは，神学的な世界観を前提に，「困窮に際しては万物は共有である」と，緊急的救助権を認めていた。

| 近代初期の生存権思想 |　近代になると，生存権の思想が人権宣言に登場する。1793年フランス憲法の権利宣言21条は，「公の救済は神聖な債務である。社会は，あるいは労働を与えることにより，あるいは労働できない状態にある人達に生存の手段を確保することにより，不幸な市民を生活させる義務を負う」と規定していた。

　この時代の最重要の人権であった経済的自由権の不可侵を補充するものとし

て規定されたものと思われるが，経済的自由権を制限してでも生活を保障する国家の法的義務とまで，明確に位置づけられていたわけではない。

現代的生存権　世界ではじめて生存権を規定したワイマール憲法（1919年）は，「経済生活の秩序は，すべての者に人間に値する生存を保障する目的をもつ正義の原則に適合しなければならない。各人の経済的自由は，この限界内において確保されるものとする」と定める（151条1項）。これは明らかに，経済的自由権の制限を前提としている。現代的生存権の登場である。

　ただ，この規定は，「第5章　経済生活」の総則の位置を占め，生存権というひとつの権利とするような体裁をなしてはいなかった。実際，当時の代表的憲法学者アンシュッツは，これは個々の国民の請求権を保障した規定ではなく，「正義の原則」を実現させるべく国が政策的目標を設定し，それを実現させるべく努力する義務を定めたものにすぎない，と解釈した（プログラム規定説）。この解釈が，日本国憲法25条解釈にも大きな影響を与えることになる。

　第二次世界大戦後，各国の憲法は，生存権をはじめ各種社会権を規定するようになる。日本国憲法にもその波動が及んだのである。

日本国憲法制憲議会での「生存権」　日本国憲法が連合国軍総司令部（GHQ）に押しつけられたものかどうか議論があるが（⇒第2講2），憲法25条の生存権規定は，明らかに日本人がつくったものだ。当初のGHQ案にはこの種の規定はまったくなく，衆議院の審議において森戸辰男衆議院議員（後の広島大学長）の主張によって加えられたものである。

　森戸は，「森戸事件」（⇒第2講1）で東大を追われた後，第一次世界大戦後のドイツに渡り，敗戦国の困窮を直接見聞した。そこで，ワイマール憲法の生存権規定に触れ，現代国家における同権利の重要性を深く心に留めたのである。憲法研究会のメンバーであった森戸辰男は，研究会案に生存権規定を入れたが，GHQ案にはそれが含まれていなかったので，議会で熱心にその意義を説き，ついに憲法25条の誕生に至ったのである。[7]

　＊7　ETV特集「焼け跡から生まれた憲法草案」（NHK教育テレビ，2007年2月10

口放送），塩田純『日本国憲法誕生』（NHK 出版，2008年）204～211頁。

3　生存権は「権利」？

プログラム規定説　日本国憲法制定後しばらくは，生存権は「プログラム規定」ととらえられていた。焼け跡から出発した戦後日本にとって，「健康で文化的な最低限度の生活を営む権利」を国が保障するなどということは，《絵に描いたモチ》と感じられたのも無理はない。

　最高裁判所も，基本的にはこの考え方を採用した。朝日訴訟判決（最高裁判決1967. 5. 24）はこういう。「憲法25条1項は，……すべての国民が健康で文化的な最低限度の生活を営み得るように国政を運営すべきことを国の責務として宣言したにとどまり，直接個々の国民に対して具体的権利を賦与したものではない」。

　プログラム規定説は，ワイマール憲法時代の学説が生み出した理論だ。日本国憲法の生存権規定がワイマール憲法の系譜につながることは事実であるが，ワイマール憲法とは異なり，日本国憲法25条は，明確に「権利」の文字を用いている。であるならば，その権利性を否定することはできないのではないか。

抽象的権利説　生存権はプログラム規定ではなく法的権利である，というとらえ方を大きく推し進めるきっかけとなったのが，朝日訴訟第1審判決（東京地裁判決1960. 10. 19）だ。東京地裁はこう言う。「健康で文化的な生活水準」（生活保護法3条）は「理論的には特定の国における特定の時点においては一応客観的に決定」できる。また，「最低限度の水準は決して予算の有無によって決定されるものではなく，むしろこれを指導支配すべきもの」である。厚生大臣が設定した保護基準がこの水準に達しないものであれば，生活保護法「の規定に違反しひいて憲法第25条の理念をみたさないものであって無効」である，と。

　この判決は，生活保護法と憲法25条を一体的に把握し，25条が裁判規範となりうることを認めている。25条がプログラム規定ではなく，法的権利であると

した点が学説から高く評価され，これ以降「法的権利説」が学界の通説となる。ただ，法的権利とはいっても，25条の規定を根拠に直接一定の生活水準を国家に請求できるというわけではない。《統治者よ，手をかせ》と求める社会権は，《統治者よ，手を出すな》と要求する自由権とは，権利の構造が異なる（⇒第1講4）。どのくらい手をかしたら権利が保障されたことになるのか，裁判所は難しい判断を迫られる。したがって，憲法のレベルでは，この権利はまだ抽象的に保障されているだけで，直接裁判所に訴訟を提起して最低限度の生活保障を求めることはできない（抽象的権利説）。しかし，生存権を具体化する法律が存在する場合には，憲法25条を根拠にしてこの法律の合憲性を争うことができるというのである。

具体的権利説　　生存権を具体化する立法が何もないときにはこれを裁判で争うことがまったくできないという抽象的権利説を批判して，このような場合には立法不作為（立法しないこと）が違憲であることの確認を裁判所に求めることができるという説（具体的権利説）が登場した。ただ，この見解はそれほど「具体的」な請求権を国民に認めるわけではなく，直接裁判所に最低生活保障を求めることはできないとする。

最高裁の立法裁量論　　最高裁判所は現在，プログラム規定説は採っていない。それでは，学説と同様に，生存権の権利性を追求しようとしているかといえばそうではない。1982年の堀木訴訟判決（最高裁判決1982. 7. 7）は，次のように述べて，非常に広範な立法裁量論の立場を打ち出した。「憲法第25条の規定は，国権の作用に対し，一定の目的を設定しその実現のための積極的な発動を期待するという性質のものである。しかも，右規定にいう『健康で文化的な最低限度の生活』なるものは，きわめて抽象的な概念であって，その具体的内容は，その時々における文化の発達の程度，経済的・社会的条件，一般的な国民生活の状況等との相関関係において判断決定されるべきものであるとともに，右規定を現実の立法として具体化するに当たっては，国の財政事情を無視することができず，また，多方面に渡る複雑多様な，しかも高度の専門技術的な考察とそれに基づいた政策判断を必要とするものである。したがって，憲法25条の規定の趣旨にこたえて具体的にどのような立法措置を講

ずるかの選択決定は，立法府の広い裁量にゆだねられており，それが著しく合理性を欠き明らかに裁量の逸脱・濫用と見ざるをえないような場合を除き，裁判所が審査判断するのに適しない事柄であるといわなりればならない」。

　この判決は，一定の場合には裁判所が立法の合憲性を審査できるとしているから，純粋なプログラム規定説ではない。しかし，「著しく合理性を欠き明らかに裁量の逸脱・濫用と見ざるをえないような」立法を想定することが難しいことを思えば，事実上社会保障制度が憲法違反とされることはなくなったといっても言い過ぎではないだろう。現に，これ以降現在に至るまで，社会保障に関する多くの制度の違憲の訴えが裁判所に持ち込まれてきたが，最高裁は一貫して立法裁量論によってことごとく合憲としている。

新具体的権利説　このような状況を打開するため，一定の場合には憲法を根拠に裁判所に給付を請求できるとする見解も現れている。[*8]それによれば，「健康で文化的な最低限度の生活」が正確にどの水準かは不確定であるとしても，時代や社会通念からごく大まかなラインを引くことは不可能ではない。たとえば，ホームレスの生活や電気も水道もない生活はそれ以下であろう。そのようなケースで，原告が「最低限度の生活」以下であることが明らかな範囲内の給付に限定して請求してきた場合には，裁判所はそれに応じなければならない，というのである。

　＊8　棟居快行「生存権の具体的権利性」長谷部恭男編『リーディングズ現代の憲法』（日本評論社，1995年）155頁以下。

立法裁量論の克服　生存権は，権利の構造からして，自由権に比べて実現がより難しい。最高裁がいうように，「健康で文化的な最低限度の生活」という文言は抽象的であり，時・場所を超えた定義はないだろう。昔は自家用車をもつのはぜいたくだっただろうが，現在の過疎地域では生活必需品といってもいいかもしれない。したがって，国会や行政機関にある程度の「裁量」（自由な判断の幅）は認めざるをえない。国民の代表である国会が制定した具体的な社会保障制度を憲法違反だと断ずることに，裁判所が慎重なのももっともなことだ。最高裁の立法裁量論にも一理あることを認めなければ

ならない。

　しかし，どのような制度であってもほとんど違憲とはならない現在の「広範
な立法裁量論」は問題だ。そもそも裁量は万能ではないはずだ。学説では，次
のような試みが提言されている。

　◎「最低生活保障」と「（それを超える）快適生活保障」に分けて合憲性審査
基準を区別する。前者は厳しく審査される。

　◎国が生存権の実現に障害となるような行為（「健康で文化的な最低限度の生
活」を下回らせる課税や社会保険料の徴収等）をなせば，25条を根拠として国家の
「侵害」排除を裁判所に請求できる（生存権の自由権的側面に着目）。

　◎憲法25条2項「向上及び増進に努める」から，制度後退禁止原則（憲法の
趣旨・精神を具体化するために，国が法律で制度を創設した場合，当該制度を廃止し，
または内容を縮減・後退させる措置を行うことは原則として違憲とみる）を引き出す。

　◎生存権は権利であり，福祉受給と引き換えに市民としての地位を切り下げ
られてはならない（社会保障制度とその運用上，プライバシー権，自己決定権，人身
の自由などの不当な侵害にわたらないよう慎重な配慮が要求される）。

　憲法に権利として規定されている以上，「いざとなれば裁判所に訴えれば救
済を受けられる」という国民の期待にある程度こたえられる法理論でなければ
ならない。

　ただ，憲法が保障する権利が活躍する場は裁判所だけではない。「国の最高
法規」（憲法98条）である憲法は，法律や行政を指導する原理でなければならな
い。生存権の保障を土台に，労働や社会保障の法体系・施策を作り上げていか
なければならない。

4　高齢社会の生存権

急速な人口
の高齢化
　日本の高齢化率（総人口に占める65歳以上の人の割合）は
28.4％（2019年），2005年以降世界のトップを走ってい
る。[*9] しかも，高齢化率が7％を超え14％に達するまでフランスが126年かかっ
ているのに対し，日本は24年と，世界に類のない速度で高齢化が進行してい

る。今後も上昇を続け，2036年に33.3％，2065年には38.4％（2.6人に1人）になると推計されている。高齢者1人に対しそれを支える現役世代（65歳以上の人口に対する15〜64歳の人口の割合）は，1950年には12.1人だったが，2015年には2.3人，2065年にはなんと1.3人になるという。

＊9　『令和2年度版高齢社会白書』（内閣府HP）。

今後の生存権　福祉に反対する政党はない。しかし，社会保障制度を運用するにはどこかから財源をもってこなければならない。現在の高齢者の社会保障を支えているのは，高齢者自身の自己負担もあるが，主にいま働いている世代だ。したがって，高齢化率が高くなればなるほど，負担（税金や保険料など）と受益（年金や医療・福祉サービスなど）のアンバランスが生じる。図8−3は，世代別の厚生年金の給付額と，それが保険料の何倍かを示すものだ。

生存権はこれからますます重要性が増す権利だ。だが，この権利は放っておけば守られるものではない。どのような負担のあり方であれば，世代間の不公

図8−3　厚生年金の世代別給付額

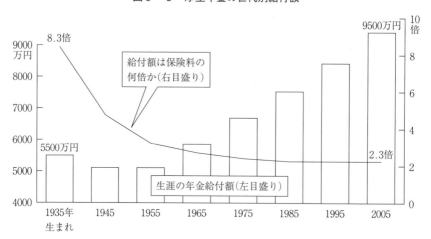

出典：読売新聞2007年10月6日（http://www.yomiuri.co.jp/iryou/kyousei/security/20071009-OYT8T00201.htm?from=goo）。

平感を少なくできるか，《高福祉→高負担→大きな政府》の道を選ぶか，それとも《低福祉→低負担→小さな政府》の道か，あるいはその中間か，私たち自身が，新聞などの報道を参考にして，将来の社会保障制度のあり方を選択しなければならない。

message

　　貧富の差が少ないから社会が安定しているといわれてきた日本が，様変わりしています。所得格差を測る代表的な指標である「ジニ係数」は高くなり，平均所得の半分以下しか稼いでいない人の割合を示す「貧困率」も上昇気味で，15.7％（2017年）とOECD（経済協力開発機構）加盟国で 7 番目の高さです。これらの指標をどう読み解くか議論がありますが，日本の所得再分配政策の効率が悪く，2000年代以降，全体として貧困化が進行し，高齢者と若年層の所得格差が拡大しているのは間違いないようです。少し前の新聞紙上やニュース画面には，「ネットカフェ難民」「若年ホームレス」「ワーキングプア」という見出しがあふれていました。

　　若者たちのデモでは，「生きさせろ」「搾取をやめろ」といった19世紀を思わせるスローガンが並んでいました。20世紀的人権としての生存権は役割を果たしているのでしょうか。作家の雨宮処凛さんの言葉に耳を傾けてみましょう。「闘いのテーマは，ただたんに『生存』である。生きさせろ，ということである。生きていけるだけの金をよこせ。メシを食わせろ。人を馬鹿にした働かせ方をするな。俺は人間だ。スローガンはたったこれだけだ。生存権を21世紀になってから求めなくてはいけないなんてあまりにも絶望的だが，だからこそ，この闘いは可能性に満ちている。『生きさせろ！』という言葉ほどに強い言葉を，私はほかに知らないからだ」（『生きさせろ！』〔ちくま文庫，2010年〕，「はじめに」より）。

第9講

知らないでいると損をする！——労働者の権利

> 基美：あぁ～ダメだ。ヤマがはずれた。一生懸命勉強したところがほとんどでてなかった。今期あの授業落とすといろいろとやばいんだよなぁ。
> 暢子：私はヤマはあたっていたけど，勉強不足で書けなかった。
> 基美：試験前に勉強不足って，しっかりもののあなたにしては意外よね。
> 暢子：短期留学のために少しお金を稼ごうとと思って，バイトを入れていたんだ。
> 基美：私もバイトはやっているけど，試験期間は外してもらっているよ。
> 暢子：私も店長にそうお願いしたんだけど，代わりの人がいないから休まれたら困るって，いわれて。
> 基美：それ，ブラックバイトってやつじゃない？　大丈夫？
> 暢子：う～ん。バイト代はきちんと出ているけどね，仕事の責任が何だか大きすぎる気がするの。
> 基美：そういうのも問題の1つらしいよ。私の友達が学生労組の活動をしているから，紹介してあげる。一度相談してみたら？
> 暢子：労働組合かぁ。なんか大げさな気もするけど。
> 基美：そんなことないよ。1人では立場が弱いんだから，組合に頼るのは当然よ。

1　労働法の意義と歴史

　「労働法」というのは，以下の2で見るような労働に関する法の集成であるが，なぜ，この分野で特殊な法体系が発達したのだろうか。それは，一般の市民法では，私的所有権の保障，契約の自由および過失責任主義が基本原則とされていて，その原則どおりでは，労働者が使用者に対し労働力を提供して賃金を得る関係，すなわち，労働関係においては多くの問題が生じたからである。[*1]

　＊1　以下，菅野和夫『労働法』（弘文堂，2005年）1～3頁参照。

　第1に，労働者と使用者は交渉力が対等ではない。労働者は生きていくために
は働かないという選択はないので，納得のいかない賃金や労働条件でも契約
をせざるをえない。それが，自由な意思に基づく約束の結果として法的に是認
されると，低賃金・長時間労働などの劣悪な労働条件が契約自由の名のもとに
放置されてしまう。特に女性や子どもといった弱者の健康が破壊されていっ
た。第2に，労働者が劣悪な作業環境や長時間労働による疲労の結果労働災害
にみまわれても，過失責任主義が適用されるとその補償を受けることが困難で
ある。第3に，契約締結の自由や解約の自由は，使用者のための採用の自由及
び雇用の自由として働いた。労働者は使用者によって恣意的に失業させられ，
営利職業紹介業などによってこのような弱い立場にある労働者の求職や就職に
対する中間搾取なども行われた。最後に，1人では立場の弱い労働者が団結し
て労働条件を交渉する活動は，使用者および個々の労働者の労働力に関する取
引の自由を制限する違法な行為として禁圧されたし，団結の主要な武器として
のストライキは，雇用契約上の労働義務違反や集団的な業務阻害行為として違
法とされたのである。

　この結果として，産業革命後19世紀前半くらいまでの労働者は，1日10何時
間も悪条件の中で働かされ，特に弱い子どもが死んでいくことも多く，フラン
スでは，1806年のナポレオン戦争時に28歳であった平均寿命が，1840年の産業
革命時には20歳まで下がったといわれている。このように，労働力が失われて
いくことは国家にとっては望ましいことではない。そこで，労働者の保護を目
的につくられた一連の法が労働法である。イギリスで工場法ができたのが1833
年で，工場での劣悪な労働条件に対処するために，同法によって労働条件の最
低基準と監督が定められ，これが後に，一般的な労働基準立法となっていく。
労働災害の問題に関しては，業務上の災害については過失の立証を必要としな
い労災補償制度ができ，失業と就職の問題に関しては，使用者の採用の自由は
保持しつつも，国による就職活動の援助や失業保険などが整えられ，また，営
利職業紹介業などの弊害をなくすため，労働者の求職・就職に関与する事業を
規制する立法ができ，使用者の解雇権も規制されるようになった。さらに，労
働者の団結活動の禁止は撤廃され，ストライキなどの争議行為が生み出す市民

法上の責任を免責する立法が制定されることになった。今日労働者に保障される諸権利は，世界中の労働者の命と運動と引き換えに私たちが手にしているのだから，その重みをしっかり認識して，以下主な点を学んでいこう。

2　労働者の権利

憲法の規定

憲法の中で労働権は，27条及び28条に規定されている。27条1項は，国民の勤労の権利と義務を，2項は労働条件の法定を，3項は児童の酷使の禁止を定めている。このうち，勤労の権利の保障というのはどういうことだろうか。これは，通常，私たち国民に，国家に対して労働の機会を要求するための抽象的な権利が保障されていることを意味すると考えられている。逆に，国家は国民に対して政治的義務があると理解されるので，国家はそのための施策を行うことが必要となる。現在，若者や中高齢の失業者などが就労の機会をなかなか得られない場合があるが，そのような人たちに機会を与えるような適切な政策が求められる。また，国民の勤労の義務というのは，労働が可能なのに生活費を国家に依存することを認めないという点で，意味をもっている。労働条件に関しては，次に見るように，労働基準法等が詳細に定め，また，28条が述べる団結権，団体交渉権，及び団体行動権の保障のためには，労働組合法が制定されている。

労働条件

使用者がどのような条件で労働者を雇うのか，あるいは，労働者がどのような条件で雇われるのか，という点は，労働契約で約束されるが，労働基準法は，労働契約締結のときに労働条件を明らかにすることを使用者に義務付けている。労基法の原則では，労働条件は，「労働者が人たるに値する生活を営むための必要を充たすべきものでなければなら」ず（同法1条1項），「労働者と使用者が，対等の立場において決定すべきものである」（2条）。また，10人以上の労働者を雇用している使用者は，就業規則を作成することが義務付けられていて，そこには，始業及び終業の時刻，休息時間，休日，休暇，交代勤務をさせる場合の就業時間に関する事項，賃金及び退職に関する事項についての記載を必ずしなければならない。就

業規則を作成又は変更するときには，使用者は，労働者側の意見を聞かなければならず，作成した就業規則を労働基準監督署長に届ける際に労働者側の意見書を添付する。さらに，就業規則は，労働者に周知する義務がある。使用者は，労働者側の意見さえ聞けば就業規則をどのようにでも変更できるわけではなく，労働条件の引き下げ（不利益変更）は，合理的な理由があるときのみ認められる。すなわち，労働契約法は，就業規則の変更により労働契約の内容である労働条件の不利益変更をしてはならないとの原則（9条），変更後の就業規則を労働者に周知させる義務，かつ，例外的な扱いとしての就業規則の変更（労働者の受ける不利益の程度，労働条件の変更の必要性，変更後の就業規則の内容の相当性，労働組合等との交渉の状況その他の就業規則の変更に係る事情に照らして合理的なものであるとき）（10条），について述べている。

| 労　働　時　間 |

労働条件の中でも特に問題が多い労働時間について見ておこう。労基法が定めている法定労働時間は，特例措置対象事業場を除いて，1週40時間，1日8時間で，これを超えて労働者を働かせるためには，使用者は労働者と「時間外・休日労働に関する協定（三六協定・さぶろく協定）」を締結しなければならない。また，労働時間が6時間を超える場合には少なくとも45分，8時間を超える場合には，少なくとも1時間の休息を労働時間の途中で与えなくてはならず，さらに，毎週少なくとも1日，あるいは4週間を通じて4日以上の休日を与えなければならない。

　三六協定を締結しただけでは個々の労働者に残業や休日労働（法定休日の労働）を義務付けることはできず，就業規則や労働組合と締結する労働協約，あるいは個別の労働契約等で，業務上必要のあるときに三六協定の範囲内で時間外労働や休日労働を命令できることを明らかにしておく必要がある。さらに，時間外労働と深夜労働（午後10時から午前5時までの間の労働）の場合は2割5分以上，休日労働の場合は3割5分以上の割り増し賃金を支払わなければならず，1カ月60時間を超える時間外労働については割増賃金率は5割以上に引き上げられる。2018年の「働き方改革関連法」の改正・成立により，時間外労働の上限は月45時間，年360時間が原則となったが，臨時的な例外は認められている。年次有給休暇は，労働者が理由を問わずにとることのできる休暇であ

る。6カ月間継続勤務して全労働日の8割以上出勤した労働者には少なくとも10日間の年次有給休暇を与えなくてはならず，うち5日間は労働者に取得させる義務がある。休暇は労働者が請求する時季に与えるのが原則であるが，事業の正常な運営を妨げる場合は，使用者は，時季変更権をもつ。年次有給休暇の日数は，最高20日間になるまで，勤務年数に応じて加算されるが，付与日から2年で時効にかかる。1週40時間，1日8時間が労働時間の原則だが，業務が集中する時期がある仕事のために，1カ月単位や1年単位の「変形労働時間制」，1週間単位の「非定型的変形労働時間制」，また，1カ月以内の一定期間の総労働時間の範囲内で，各日の始業及び就業の時刻を自由に決められる「フレックスタイム制」もあるが，いずれも，就業規則や労使協定による定めが必要となる。

　以上とは異なり，使用者の具体的な指揮権が及ばず，労働時間の正確な算定が難しいために，実際の労働時間を問わずある一定時間だけ働いたこととみなす，「みなし時間労働制」が，営業などの事業場外の労働や「裁量労働制」の場合に適用されうる。裁量労働制は，専門業務型裁量労働制と企画業務型裁量労働制の2つのタイプがあるが，最初は，1987年に前者のものとして，研究開発技術者，情報処理技術者，プロデューサー，ディレクター，デザイナーの5業種から始まって，現在は20職種にまで広がってきている。他方の企画業務型裁量労働制は，事業の運営に関する事項についての企画・立案・調査・分析を，自らの裁量で行う労働者に対して適用できるものである。同制度が2000年にはじめて導入されたときには，適用対象は「事業運営上の重要な決定が行われる事業場」という制限があったので，本社勤務の従業員などに限られていた。しかし，04年の労基法の改正で，適用対象が「対象業務が行われる事業所」と変更されたことから，現在対象者がぐんと拡大されるようになっている。改正以降，裁量労働制を導入する企業は徐々に増えてきた。さらに，2016年の改正では，「企業に立法・調査・分析を活用して裁量的にPDCAをまわす業務」と「課題解決型提案営業」が対象業務として追加された。裁量労働制はどれだけ働いても，一定時間の労働と「みなす」ので，実際には法定労働時間よりも多く働いても割り増し賃金が出ないということになりやすく，みだりに

導入することには慎重でなければならない。専門業務型には労使協定，企画業務型には労使委員会の設置と決議が，導入の手続として必要とされる。

　2018年の法改正で「高度プロフェッショナル制度」が創設された。この制度が適用される労働者には，労働基準法が定める労働時間，休憩，休日及び深夜の割増賃金に関する規定は適用されない。使用者との間の合意に基づき職務が明確に定められており（①業務の内容，②責任の程度，③求められる成果），使用者から支払われると見込まれる賃金額が基準年間平均給与額の3倍の額を相当程度上回る水準として厚生労働省令で定める額（1,075万円）以上である労働者が適用の対象となりうるもので，資産運用会社におけるファンドマネージャーやコンサルティング会社において行う顧客の海外事業展開に関する戦略企画の考案の業務などが想定されている。裁量労働制の拡大からのこの動きは，上述した労働法の意義と必要性を徐々に切り崩していっており，十分な注意が必要である。

労 働 基 本 権

先に見た労働3権を保障するために制定されているのが労働組合法だ。団結権は，労働組合を結成する権利で，労働組合に入ることを採用条件としたり，組合員であることを理由に不当な扱いをしたりすることは，不当労働行為となり禁止される。団体交渉権により労働組合は団体交渉をすることが保障されているが，理由なく団体交渉を拒否することも，労働組合の活動に介入したり経費援助をしたりすることも不当労働行為となる。交渉が上手くいかないときには，団体行動権で保障されているストライキなどを行うことができる。これは憲法で保障された権利なので，ストライキが正当なものである限り，業務がとまり使用者に損害が生じても，組合や組合員は損害賠償責任を負わず，刑事責任も科されない。

公 務 員 の 労 働 基 本 権

日本でしばしば問題になってきたのは，公務員の労働基本権の制限である。現行法制の下では，警察職員，消防職員，海上保安庁又は刑事施設において勤務する職員，自衛隊員は，団結権，団体交渉権，団体行動権のすべてが認められず，非現業の国家公務員および地方公務員は，団結権が認められ，団体交渉権は制限，団体行動権は否認されている。特定独立法人等，地方公営企業の地方公務員は，団結権および団体交渉

111

権が認められており，団体行動権が否認されている。

　司法の場では，1966年の全逓東京中郵事件判決（最高裁判決1966. 10. 26），1969年の都教組事件判決（最高裁判決1969. 4. 2）で労働基本権の制限を職務の性質が公共性の強いものについて，必要最小限度のものにとどめなくてはならないという労働権よりの見解が出されたが，1973年の全農林警職法事件判決（最高裁判決1973. 4. 25）では一転して，「公共の福祉」による制限で争議行動を一律禁止することに対して，合憲の判断が下された。この判決に対しては，学説からは個々の公務員の職務上の地位や職務の内容にそくした必要最小限度の制限にとどめるべきだと批判がされ，また，社会権規約委員会からも，2001年の日本政府報告書の審査の際に，「全ての公務員について，教師を含め，不可欠な政府の業務に従事していない公務員についてまで，ストライキを全面的に禁止していることについて懸念を有する」という意見を出された。07年になり，政府もようやく，公務員の労働基本権の問題を見直す動きを始めた。行政改革推進本部専門調査会が10月に出した報告書では，「国家公務員制度改革基本法」で一般職員へ協約締結権を付与する方針を打ち出したが，08年に成立した同法は，国家公務員の労働基本権のあり方を国民の理解を得て進めていくべき今後の課題として検討することが示されるにとどまった。

　冒頭で述べたように労働者と使用者の力の差は大きく，労働者が対等に交渉に臨むのを可能とするには，団結によって交渉力を高めるしかない。しかし，労働組合の組織率は1949年に55.8％を記録して以降年々減少し2019年には16.7％[*2]まで落ちてきている。職場において以下に見るような不安定雇用などの問題が少なくない現在，憲法で保障された労働基本権を活かしてゆく努力が，わたしたちにとっても重要であろう。

　＊2　厚生労働省「令和元年（2019年）労働組合基礎調査の概況」（2019年）3頁。

3　職場における人権保障

非正規雇用の増加　フルタイムで働く正社員以外の働き方は，パートタイム
労働や派遣労働，請負などがある。現状では，これらの
人々には，しばしば，当然保障されるべき権利が保障されていない。まず，
パート労働者であるが，正社員と同じ仕事をしていても極端に賃金が少ないこ
とがある。労働基準法の「同一価値労働同一賃金」は，同法4条が規定するよ
うに労働者一般ではなく男女間の問題に関するものである（長野地裁上田支部判
決1996. 3. 15）。1993年の「パートタイム労働法」の制定と2015年の同法の改
正，2015年の「同一労働同一賃金推進法」によるパートタイム労働者，契約社
員，派遣労働者に対する不合理な賃金格差の是正を経て，2018年の「働き方改
革」により2020年からは「パートタイム・有期雇用労働法」で，同一企業内で
の正社員と非正規労働者との間で，基本給や賞与などあらゆる待遇での不合理
な待遇差が禁止されることとなった。同法の第8条は，①業務内容・責任，②
職務内容・配置の変更の範囲，③その他の事情を考慮して不合理な待遇差を禁
止する「均衡待遇」，第9条は①②が同一である場合に差別的取扱いを禁止す
る「均等待遇」を定めている。2020年10月に，正社員と非正規労働者との間の
格差に関して，同法ができてから初の最高裁判決が出され注目された。ごく簡
単に述べると，判決は，年末年始勤務手当，扶養手当，夏期・冬期休暇手当，
有給病気休暇，祝日手当の5つの手当てについては不合理な格差を認め（最高
裁判決2020. 10. 15），退職金や賞与に関しては認めなかった（最高裁判決2020. 10.
13）。いずれもそれぞれの原告の事例に対する個別の判断であり，一般的な判
断ではない。

　派遣労働事業は，労働者の労働力に対する中間搾取となるので，以前は職業
安定法で禁止されていた。しかし，87年にソフトウェア開発，秘書などの13業
務を対象として派遣事業を認める労働者派遣法が制定され，その後，96年には
26業務に拡大され，99年には港湾運送・建築・警備・医療及び製造業を除いて
原則自由となり，さらに03年には製造業で解禁，また医療においても原則解禁

された。派遣期間も初めは9カ月から始まり，2016年現在では無制限の派遣も認められるようになり，この20年間で，禁止されてきたことが自由化されてしまったといってよい。この状況を改善すべく，2016年の法改正では，同一の派遣労働者を派遣先の事務所における同一の組織単位（課など）に対し派遣できるのは原則3年までとし，派遣元は，派遣労働者のキャリアアップのための措置を実施する義務や，1年以上同一の組織単位に派遣される見込みがある場合等には一定の雇用安定措置を講じる義務を負うことが定められた。ただし，派遣先は，3年経った時点で他の派遣労働者を受け入れることは認められているので，直接雇用への切り替えという雇用安定措置はなかなか実施されないのではないかとの懸念がある。

　　ハラスメント　　セクシャル・ハラスメントとは，性的な言動による嫌がらせのことであるが，それによって就業環境が害されたり（ヌードポスターを貼るなど），その言動に対しての反応が労働条件の悪化を伴ったりする（胸を触られたのでやめてほしいと言ったところ，希望に沿わない配置換えをされた，など）ものをいう。セクハラは男女雇用機会均等法において事業主に予防措置が義務付けられているが，07年の改正で，女性だけでなく，男性に対するものも対象となり，「セクハラ指針」の改正により2014年からは同性に対する言動が，2017年からは性的少数者に対する差別的言動が，ハラスメントに含まれることが明示された。さらに，2020年の指針改正では，取引先等の他の事業主又はその雇用する労働者，顧客，患者又はその家族，学校における生徒も「性的な言動」を行う者になり得るとされた。

　「妊娠，出産，育児休業等に関するハラスメント」は，2016年の改正で均等法に明示された。パワハラ対策は2019年改正の「労働施策総合推進法」（2020年6月施行，改正により「パワハラ防止法」という呼称が一般的になっている）に盛り込まれ，同法30条の2は，職場におけるパワハラの3要素として，職場において行われる，①優越的な関係を背景とした言動，②業務上必要かつ相当な範囲を超えた言動，③労働者の就業環境が害されることをあげ，2020年の「パワハラ指針」は，パワハラの行為として，身体的な攻撃，精神的な攻撃，人間関係からの切り離し，過大な要求，過小な要求，個の侵害の6つの類型を示してい

る。

　2019年には，国際労働機関（ILO）が，「暴力及びハラスメント条約」（第190号）を採択した。こちらは，「暴力及びハラスメント」を，ジェンダーに基づくものを含み，「一回限りのものであるか反復するものであるかを問わず，身体的，心理的，性的又は経済的損害を目的とし，又はこれらの損害をもたらし，若しくはもたらすおそれのある」一定の容認することができない行動及び慣行またはこれらの脅威と定義し，加盟国にはその存在を「一切許容しない一般の環境の醸成」を促進する責任があると述べている。保護される対象者は，インターンや修習生を含む訓練中の人，雇用が終了した労働者，ボランティア，求職者，就職志望者なども含み，発生場所も様々なケースを想定している包括的なものである。

> **過労死・過労自殺**

　　　　　　　　　先に見たように，労働時間は法律による制限がある。労働安全衛生法も長時間労働を行った労働者に対しては，面接等の措置を行うことを使用者に義務付けているが，長時間労働の増加はとまらず，過労死，過労自殺が引き起こされている。１カ月で100時間，２〜６カ月で80時間の残業は「過労死ライン」といわれる。

　過労死は，長時間労働等による慢性的な疲労，ストレスによって生じる心筋梗塞や脳出血等による死亡のことをさす。しかし，体質や基礎疾患など，労働者の私的な要因も起因に寄与していることが多く，認定が困難であるといわれる。最高裁判決では，業務に関する異常な出来事に遭遇したこと，または，日常業務に比較して特に過重な業務に就労したことにより，業務に関連する明らかな過重負荷を発症前に受けたこと，および，過重負担を受けてから病状の出現までの時間的経過が医学上妥当なものであること，が業務起因性の認定要件として示されている（最高裁判決2000. 7. 17）。

　過労自殺は，過重な業務のために精神を害して，うつ病に陥り自殺にいたるというものであり，電通事件（最高裁判決2000. 3. 24）で，使用者が，業務の遂行に伴う疲労や心理的負担等が過度に蓄積して労働者の心身の健康を損なうことがないよう注意する義務を負うことが認められた。同判決では，過重労働と自殺との因果関係に関しては，過重労働が労働者に精神的疾患を来たしその疾

患の症状による自殺であるととらえ，自殺が労災保険の給付制限事由となっていることを乗り越える論理を導いた。電通事件は差し戻し後和解が成立したが，支払い額は1億6,800万円である。命はお金では償えないが，この額は，労働者の労働安全衛生管理について企業に課されている責任の重さのほどを示している。雇用の非正規化によって数多く生み出される最低生活費以下での生活を余儀なくされている労働者と，正社員による過度なまでの長時間労働。労働者の権利の保障がないがしろにされて，国家全体として豊かに発展していけるわけではないことは明らかであろう。

message

　経済的不況の時には，残業代をきちんと支払ってほしいとか有給休暇をとりたいとか主張するのは気が引けると感じることもあるかもしれません。あるいは，どうせ言っても無駄だから口に出さないとか。でも黙っていたらそういう要求が伝わらないどころか，今よりさらに悪い状況になってしまうこともあります。労働者である私たちが保障されているはずの権利を主張することは，今の自分の正当な要求を認めてもらうためだけでなく，皆でこれからの社会のあり方を考えるためにも必要です。諦めないで声をあげましょう！

第10講

誤って逮捕されて有罪になったら
たまらない——刑事手続における人権

蓮：おはようさん。2人ともロースクールに合格したんやて？　ほんま，おめでとうさん！

凛・陽翔：ありがとう。

蓮：ほんで，3年したら，なんになんねんな？

凛：私は検事かなあ。ヒーローの公平みたいな，やね。どんな事件でもほんまのことを追い求めて，悪い事は許さへん。

陽翔：オレ，裁判官やってから，弁護士ってゆうのが，ええな。荒川正義みたいなもんや。国家権力から，人々を守るっちゅうのが，正義の味方なんやで。

凛：なにやそれ。ひょっとして，警察官や検察官を悪の権化みたいに考えてへん？　そらあ，違法な逮捕や取調べなんかが問題になったんは知ってるけど，そんなん，ごく一部なんちゃうの？

陽翔：一部やったら，ええっちゅうもんとちゃうやろ？　10人の犯罪者を逃がしてしもうても，1人の無辜を罰することなかれ，ってゆうやんけ。

凛：そんなん，裁判官の問題でもあるわよ。日本の刑事裁判の有罪率が99％以上やってゆう数字に，裁判官も寄与してるんとちゃうの？　まあ，どっちにしても，これまでいろいろあったんやと思うけど，2001年にやね，『司法制度改革審議会意見書』が，出されてからはやね，「刑事裁判の充実・迅速化」「被疑者・被告人の公的弁護制度の整備」「公訴提起のあり方」「新たな時代における捜査・公判手続のあり方」「犯罪者の改善更生，被害者等の保護」っちゅう，5つの柱で，ぎょうさん改善されてきてるやんか。

陽翔：「裁判員制度」の創設もやて。せやけど，まだまだやで。問題多いし，信用できへんで。

凛：まったく，凝り固まってんね，あんたも。とにかく，いつか法廷で対決するん楽しみにしてるわ。

蓮：まあまあ，とりあえずは2人とも猛勉強してやな，司法試験に受からんとあかんで。

1　刑法は何のためにあるのか

| 人権侵害の |
| 起こりやすさ |

憲法，民法，刑法……みなさんにもわりとお馴染みの日本の法である。この中の憲法が何のためにあるのかわからないという人はもう一度第1講をじっくり読むことから始めてもらうとして，民法と刑法の間には，その役割において大きな違いがあることを知っているだろうか？　どちらかは，憲法と同じ性格をもつものである，というヒントを出せばピンとくるだろうか？

　民法は契約，不法行為，親族，相続など，私たちの生活の中で必要なきまりを提供してくれる。権利・義務の関係も出てくるので，そういう意味では人権を保障している憲法に似ているところもある。それに対して刑法は罪と罰のカタログである。199条では，「人を殺した者は，死刑又は無期若しくは5年以上の懲役に処する」とか，235条には「他人の財物を窃取した者は，窃盗の罪とし，10年以下の懲役又は50万円以下の罰金に処する」とか規定されていて，それはいかにも私たちを罰するための法律のようである。なるべくお世話になりたくはない，ありがたくない法律のように思える。

　しかし，その考え方は正しくはない。盗みを働いたとして，先の235条によれば長くて10年の懲役刑を受けることがありうるが，少なくとも，それより長く牢屋に入れられ続けることはないし，ましてや死刑になることもない。その基準が定められておらず，その時々の検察官の自由な考えで求刑されて，同じく裁判官に自由に判決を下されたら，私たちは犯した罪に不釣合いな重い刑罰を受けることもありうる。つまり，刑法は，人々に対して国家権力を行使できる範囲を制限しているという役割，憲法と同じ役割をもっているのである。刑事訴訟法もしかりである。捜査，逮捕，拘禁といった人々の身体的な自由を奪う行為はどのような条件の下で行われうるのかを明確に定めて，恣意的な自由の剝奪を防ぐための手続法である。私たちを護ってくれる重要な法律だと思った方がいい。それに対して，民法は，公権力が関係しないところで，私人同士の関係におけるルールを明確化するための役割をもつものである。

| 法 の 適 正 手 続 | また，一連の刑事手続というのは，強制的な身体の拘束を伴うものであり，自由の剥奪の程度が極めて高いこと |

から，その分十分慎重な人権保障が必要となる。日本国憲法の第3章の31カ条の中で，実に11カ条が刑事手続に関連する権利であるが，これは，戦前，恣意的な逮捕や拷問が横行していたという経験もその一因である。

　それらのはじめに出てくるのが，31条の「何人も，法律の定める手続によらなければ，その生命若しくは自由を奪われ，又はその他の刑罰を科せられない」という規定である。これは，手続が法定されていればよい，というだけでなく，その手続が適正なものでなくてはならないという意味も含んでいると解される（最高裁判決1962.11.28）。手続が適正であるためには，法律の内容が明確でなければならないし，不利益処分に先立って告知がなされ聴聞が行われる機会が与えられることが必要である。

　ところで，無実の罪で疑われたり罰せられたりすることを冤罪という。日本国憲法は刑事手続における権利を詳細に定めているし，法の適正手続の保障も求めているはずなのに，冤罪はなぜ起こるのであろうか？　答えは，憲法が規定する権利が実際には保障されていないことが多いことにある。以下，場面を区切って見ていこう。

2　逮捕と被疑者・被告人の権利

| 逮　　　捕 | 憲法33条は，逮捕の要件として，「何人も現行犯として逮捕される場合を除いては，権限を有する司法官憲が発 |

し，かつ理由となっている犯罪を明示する令状によらなければ，逮捕されない」，と述べている。通常の逮捕は，検察官，検察事務官又は司法警察職員という捜査機関の職員によって行われるが（刑事訴訟法199条），現行犯逮捕は一般の人でもできる（刑訴法213条[*1]）。令状主義は，「被疑者が罪を犯したことを疑うに足りる相当な理由がある」ことを裁判官に確認させることにより捜査機関の恣意的な逮捕を防ぐ趣旨であり，国家権力による誤った捜査を防ぐための第1の砦である。しかしながら，この第一歩から憲法と刑訴法の規定が守られない

119

ことがある。いわゆる別件逮捕といわれるものだ。憲法33条の趣旨から考えれ
ば，逮捕状に記載されている「罪名」や「被疑事実の要旨」のために取調べを
行うべきである。しかし，実際は，それ以外の事件に関することも（を）取り
調べることがあり，そもそも証拠がなく疑うべき「相当な理由」が見つからな
い冤罪事件の場合，多くがこの別件逮捕から始まっている。

> ＊1　逮捕の種類にはもう１つ，「死刑又は無期若しくは長期３年以上の懲役若しく
> は禁錮にあたる罪を犯したことを疑うに足りる充分な理由がある場合で，急速を
> 要し，裁判官の逮捕状を求めることができないとき」の緊急逮捕（刑訴法210条）
> もある。

　こうしたときに，たいていの人はどうしたらよいのかわからずに，あわてて
しまうだろう。拷問をうけて，やってもいないことをやったと認めてしまい，
証拠の捏造に手を貸してしまうこともありうる。明治憲法の時代とは異なり，
現憲法の下では拷問は36条で明確に禁止されているが，それでも後を絶たな
い。そのようなときに，頼りになるのが弁護人であるが，残念ながら憲法は
「被告人」の立場にならないと国選弁護人の保障はしてくれていない（37条3
項）。取り調べ段階での弁護人の存在の重要性を鑑み，日弁連は独自に当番弁
護士制度を設けて初回のみ無料での接見を行っていたが，2004年と2016年の2
度の刑訴法の改正を経て，すべての事件を対象とする被疑者国選弁護人制度が
できた（2018年6月までに施行）。しかし，次で説明する勾留状が出されている
ことが条件となっているので，逮捕直後からそれまでの最大72時間はやはり，
国選弁護人の保障はないままである。
　また，近年，違法な取調べを防ぐための「取調べの可視化」のプロセスが進
み，05年の刑事訴訟規則では，検察官の取調べ状況を記録した書面やその他の
資料で立証する努力義務が設けられた（198条4）。これを受けてビデオ録画・
録音も始まっているが，警察官による取調べ段階はこれも対象となっていな
い。2016年の刑訴法の改正では，裁判員裁判対象事件（殺人罪，強盗致死傷罪な
ど一定の重大な犯罪）及び検察官独自捜査事件（政治家等による汚職事件，法律や経
済についての高度な知識を必要とする企業犯罪等）について，逮捕・勾留されてい

る被疑者の取調べでは，全過程の録音・録画が義務付けられることとなった（2019年6月から施行）。ただし，起訴事件数の98％は裁判員裁判の対象外であり，検察官独自捜査事件は起訴事件数の0.1％しかない。

| 勾　留 |

逮捕の次の段階として，司法警察員は，「……被疑者が身体を拘束された時から48時間以内に書類及び証拠物とともにこれを検察官に送致する手続をしなければならない」（刑訴法203条）ことになっている。また，司法警察員を介さず検察官が逮捕したり，逮捕された者を受け取ったりした場合は，検察官は「被疑者が身体を拘束された時から48時間以内に裁判官に被疑者の勾留を請求しなければならない」（同法204条）し，司法警察員から送致された場合は，「24時間以内に裁判官に被疑者の勾留を請求しなければならない」（同法205条）ことになっている。請求を受けた裁判官は，「速やかに勾留状を発しなければなら」ず（同法207条4項），検察官は，「勾留の請求をした日から10日以内に公訴を提起しないときは，……直ちに被疑者を釈放しなければならない」が，裁判官は，「やむを得ない事由があると認めるときは，検察官の請求により」10日間までの勾留期限の延長をすることができる（同法208条）。

　このように，逮捕をしてから公訴までの期間は最大23日間とされ，公訴をするだけの十分な証拠もないのに勾留を続けさせない仕組みになっている。さらに，その勾留は，留置施設（警察の留置場）ではなく，法務大臣の監督下にある刑事施設（拘置所）で行われる（下記，刑事被収容者処遇法3条）ことは，恣意的な取調べを行わせないためにも重要であるが，警察の留置所にそのまま拘留し続けておくことも認められている（同法15条）。いわゆる「代用監獄」である。これは，1908年につくられた監獄法が認めていた例外的措置であったのでそう呼ばれるのだが，拘置所の数が足りないなどの理由で，公訴前の代用監獄の利用は恒常的な状態となってしまった。日弁連はじめ自由権規約委員会やアムネスティ・インターナショナルのようなNGOなど国内外からの多くの批判や改善の要求にもかかわらず，監獄法が「刑事収容施設及び被収容者等の処遇に関する法律」（刑事被収容者処遇法）となった現在も，そのまま認められることになったのである。警察は，1990年以降，代用監獄における捜査担当者と留

置所の管理担当者を別の者にしたことにより，恣意的な捜査に対する対策を講じているという。しかし，その後も違法捜査は後を絶たず，最近も，鹿児島選挙違反事件（志布志事件・鹿児島地裁判決2007. 2. 23，事件の取調べは2003年），富山連続婦女暴行事件（富山地裁高岡支部判決2007. 10. 10，事件の取調べは2002年），東住吉事件（大阪地裁判決2016. 8. 10，事件の取調べは1995年，2006年に最高裁で無期懲役刑確定後，2015年に再審が決定）など世間の耳目を集めた冤罪事件で捜査機関による違法捜査が明らかになっている。先に述べたように，「取調べの可視化」のプロセスも始まっているが，さらに進めていく必要がある。

＊2　第1段階として2005年に受刑者に関する事項だけ改正された「刑事施設及び受刑者の処遇等に関する法律」（受刑者処遇法）が2006年に施行し，2007年に全体の改正となった。

可視化を進めるとともに，やはり代用監獄制度そのものを廃止するべきである。自由権規約の9条も「刑事上の罪に問われて逮捕され又は勾留されたものは，裁判官又は司法権を行使することが法律によって認められている他の官憲の面前に速やかに連れて行かれるもの」と規定しているが，1982年の一般的意見で，自由権規約委員会は「速やかに」とは2，3日以上遅れてはならないことであると述べている。同委員会はこれまでの日本政府報告書に対する総括所見において繰り返し代用監獄の廃止を求めており，substitute prison system（Daiyo Kangoku）は日本の大きな人権問題の1つと認識されている。

＊3　一般的意見8「人の自由と安全の権利（9条）」1982. 6. 30。

接見交通権　憲法34条が保障する弁護人依頼権を保障するために，刑訴法39条1項は，「身体の拘束を受けている被告人又は被疑者は，弁護人又は弁護人を選任することができる者の依頼により弁護人となろうとする者……と立会人なくして接見し，又は書類若しくは物の授受をすることができる」と定めている。しかし，同条3項が，「検察官，検察事務官又は司法警察職員……は，捜査のため必要があるときは，公訴の提起前に限り，第1項の接見又は授受に関し，その日時，場所及び時間を指定することが

できる。但し，その指定は，被疑者が防禦の準備をする権利を不当に制限するようなものであつてはならない」という例外規定があり，この規定がしばしば用いられることによって，弁護人依頼権が侵害されている。いったん接見禁止命令が出てしまうと，原則と例外が入れ替わって，捜査機関の許可が出たときしか接見ができなくなっているのである。これまで各地で接見交通権侵害の訴訟が数多く行われてきたが，その多くが，原告が勝訴し，違法な接見であったことが示されている（日弁連によれば，2000年～2017年の間の確定勝訴事件は30件。日弁連『弁護士白書』2019年版，105-107頁参照）。

| 公平で迅速な裁判 | 憲法37条1項に規定されている「公平な裁判所の迅速な公開裁判を受ける権利」は，きちんと保障されているだ |

ろうか？

　まず，全体の割合から見ればわずかであるが，裁判の長期化の問題がある。[*4]裁判例では，15年の中断があって1審が検察官立証段階から再開された裁判が，迅速な裁判を受ける権利を侵害しているとして免訴の言い渡しをしたものがある（最高裁判決1972.12.20）が，総じてこの問題には積極的な姿勢を示していない。1審2審で25年間かかった裁判を，迅速な裁判の保障に反していないとする判断も出ている（最高裁判決1973.7.20）。

　2003年に「裁判の迅速化に関する法律」が制定され，同法に基づき最高裁は2005年から2年ごとに「裁判の迅速化に係る検証に関する報告書」を出している。2009年の第3回報告書は裁判の長期化要因を分析したものだが，それによれば，民事訴訟の場合，争点整理の長期化（多数の争点や当事者の場合，先端的で複雑困難な問題の場合など），証拠の不足・不存在や証拠収集の困難性，専門的知見の不足や鑑定の困難性，裁判所や弁護士の執務態勢（裁判官やサポート態勢の不足，法廷の不足，弁護士へのアクセスの遅れや弁護士の過重負担）などの問題があるという。

　刑事事件では，否認事件の場合の審理期間が自白事件よりも平均で3倍以上長くなっている。裁判員裁判の導入に伴い審理期間の短縮を図るために2004年の刑訴法改正で導入された公判前整理手続は，開示が相当な場合には検察官手持ち証拠の開示を義務付けるものであるが，その手続に付された事件の方がそ

うでない事件よりも審理期間等が短いという傾向は確定的とはいい難いということである。[*5]

* 4　後述の「裁判の迅速化に係る検証に関する報告書」の第8回（2019年）では，2018年現在，地方裁判所における民事第一審訴訟（過払金以外）の平均審理期間は9.1カ月で，2年を超えているものは全体の6.8%，刑事第一審訴訟事件では平均が3.3カ月で2年を超えるものは0.26%である。
* 5　証拠開示に関しては，2016年の刑訴法の改正では，証拠の一覧表交付の制度の創設，検察官，被告人又は弁護人への公判前整理手続等の請求権の賦与，類型証拠開示の対象拡大がされた。

　次に，「公平な」裁判とは何か？　多くの場合は，裁判官は，76条3項に規定されているように，「その良心に従ひ独立してその職権を行」い，「憲法及び法律のみに拘束され」ていると思うが，なぜ，冤罪判決を出してしまうのであろうか？　冤罪事件を振り返ってみると，検察側が主張した証拠や事実にはよく考えると矛盾があることが多い。検察側の主張を鵜呑みにしてしまいもう一度検証しないような態度では，冤罪を防ぐことはできない。証拠に基づかない裁判官の想像だけで有罪を認定したり，被告に有利な反証をほとんど検討しなかったりという，「疑わしきは被告の利益に」という刑事裁判の鉄則を忘れないことが，基本的なことであり，最も重要なことでもある。[*6]

* 6　秋山賢三『裁判官はなぜ誤るのか』（岩波新書，2002年）参照。

3　受刑者の人権

刑務所における問題　刑務所において非人道的な取扱いが行われることがあったことは以前から指摘されていたが，この問題に人々の関心を集め，国へ真剣な対応をせまったのが，2002年に名古屋刑務所で起きた2件の死亡事件である。1件は，革手錠の使用による腹部の強度の圧迫，もう1件は肛門へ放水を受けての直腸破裂による細菌性ショックが原因である。革手錠は，在監者が逃亡，暴行，自殺などのおそれがあるとき，そして，保護房

に収容するだけではそれが阻止できない場合に例外的に使用が認められていたものである。保護房は自傷を避けるために作られた，窓もなく防音がされた外部との接触がまったく遮断された単独房である。その本来の目的とは異なり，刑務官の指示に従わなかったとか，弁護士会に人権救済申立てを行ったことに対する嫌がらせとして，これらの使用が行われていたことが多く報告されている。事件のあった年の1月から9月までに名古屋刑務所で保護房収容件数は199件，革手錠使用件数は158件，保護房収容時の革手錠併用件数は148件であった。これらの残虐で非人道的な取扱いが違法であることは無論であるが，刑務所の中でも必要もないのに非人道的あるいは品位を傷つける取扱いを行うことは許されない。たとえば，拘置所収容時に一度行った肛門まで開いて見せる身体検査を，その後刑務所に入る時にもう一度行う必要があるといえるだろうか？（⇒第5講）

　刑務所という閉じた空間で，刑務官と受刑者という圧倒的な力と立場の違いを前提とした関係で，人権侵害が生じやすいという現象は万国共通であり，日本だけの問題ではない。国際法でも自由権規約7条や10条，拷問等禁止条約，国連諸決議等がこの問題を扱っている。

　2006年の改正法では，ようやく刑務所における取扱いの問題が取り組まれることになり，刑事施設視察委員会が設けられ，刑務所内の状況に対して外部の目が入ることになった。また，受刑者が刑務官から受けた処遇を訴えるための，不服申立て制度も保障されることになった。刑事施設視察委員会から出される意見には拘束力がないなど，まだ改善すべき点はあるだろうが，まったくの密室状態の扉を1つあけたことは大きな第一歩である。受刑者は，自由の剥奪という罰を受けているのであるから，それ以上の懲罰的な扱いをする必要もないし，その刑罰に不可欠に伴うもの以外の人権は保障されなければならない。

社 会 復 帰 支 援　犯罪白書（法務省『令和元年版　犯罪白書——平成の刑事政策』）によると，2018年には交通事故を除く一般刑法犯のうちの48.8％が再犯者であり，過去最高になった。特に，仕事や親族がない場合，刑務所を出てからの社会復帰は簡単ではない。それらの人は原則1年ま

125

で国が民間に運営を委託する更生保護施設に入ることができるが，実際は平均2カ月半で退所している（朝日新聞 2016. 9. 5）。犯罪の防止という意味でも，職業訓練や生活相談という支援をさらに充実させていく必要があるだろう。また，刑法犯検挙人員の高齢者率は2016年以降20％を超えている。1人暮らしであることも多いこの年齢層の人々への支援も重要である。

| 死刑という刑 |

憲法には，死刑を禁止する規定もないが，死刑を存置するという規定もない。36条が残虐な刑罰を禁止しているので，死刑が36条違反になるかという議論の余地はある。

アムネスティ・インターナショナルの2020年の報告では，2019年には142カ国が法律上又は事実上死刑を廃止しており，同年死刑執行した国は20カ国であった。死刑の方法は，斬首（サウジアラビア），絞首（バングラデシュ，ボツワナ，エジプト，インド，イラン，イラク，日本，パキスタン，シンガポール，南スーダン，スーダン，シリア），致死薬物注射（中国，米国，ベトナム），射殺（バーレーン，ベラルーシ，中国，北朝鮮，ソマリア，イエメン）である。[*7]

　＊7　アムネスティ・インターナショナル報告書「2019 年の死刑判決と死刑執行」
　　　（抄訳）（https://www.amnesty.or.jp/library/report/pdf/statistics_DP_20190421.pdf）。

このように各国の態度がわかれている中で，死刑自体が残虐な刑罰であるとはいえないという考え方と，人の生命を奪う死刑は究極的に残虐な刑罰であるという考え方の両方がある。日本の判例では，死刑そのものは残虐な刑罰に該当しないといっている。死刑はその威嚇力によって一般的予防をなし，死刑の執行によって特殊な社会悪の根源を断ち，そうすることによって社会を防衛するために憲法が存続を是認しているという。ただし，将来，もし，火あぶり，はりつけ，さらし首，釜ゆでの刑のような残虐な執行方法を定める法律が制定されたとするならば，36条違反となる，ということだ（最高裁判決1963. 3. 12）。

1973年以降，アメリカで死刑判決を受けた後に無罪の証拠が出てきて釈放された人は100人以上いる。日本でも，戦後，死刑判決が一度出て最高裁からの差し戻しや再審を経て，無罪が証明された事件が10件以上ある。冤罪はどのようなものであれ，国家補償によってもその人の人生を取り戻すことはできない

重大な人権侵害であるが，万が一にも死刑執行してしまえば，それは取り返しがつかない。即座の執行には過ちを正す機会も与えられない。このように考えると，死刑制度は人権の観点からは解決できない矛盾をはらんではいないだろうか。2007年以降，国連総会は死刑存置国に死刑執行の停止を求める決議をたびたび採択してきた。8回目になる2020年は，韓国がはじめて賛成にまわった。

मेसेज

　2007年，「それでもボクはやっていない」を公開した周防正行監督は，あるテレビ番組で映画の宣伝をしているときに次のようなコメントをしていました。それは，——犯罪者をきちんと処罰する社会を保つためには何万分の1の確率で冤罪が生じるのは仕方がないことだ，という人，その何万分の1が「あなた」であってもいいのですね？——細かい言い回しは正確ではないかも知れないので，ごめんなさい。でも，さすが，表現を仕事とする映画監督，わかりやすく1人ひとりに訴える言葉です。ここでもこの言葉を借りてみなさんへのメッセージにさせていただきます。

THIRD STAGE

マイノリティの人権

コロナ災害を乗り越える「12.19なんでも相談会」（2020年12月19日）
（提供　毎日新聞社）

　2020年，コロナ禍による経済的困窮で野宿したりネットカフェで暮らしたりする人たちが増えた。12月19日に東京・日比谷公園で開かれた相談会には52人が訪れている。50代以上の男性が多いが，中には若い人もいた。女性も11人いた。飲食店のアルバイトを4月に解雇され，今は生活保護を受けている35歳の男性は，「自分は税金で生きる価値がないのではないかと思い，消えてしまいたいと思うことがあります」と語る。

　THIRD STAGE では，不利な立場に置かれている人たちの抱える問題を知り，それに対する社会の取り組みを人権の視点から解剖する。ここには明確な答えはないけれども，すべての人が人間らしく生きるためにどうすればよいか，私たちの社会の試行錯誤の跡が見えるはずだ。バトンは次の世代に委ねられる。

第11講

女と男——セックスとジェンダーをめぐる人権

　2019年に「靴」と「苦痛」の語呂合わせからなる＃KuTooのツイートをきっかけとして，雇用主が女性にハイヒール靴着用を強制することを禁止する法律の制定を求める署名運動を生み出した石川優実さんは，当時のことを次のように振り返る。

　「かつてアルバイトをしていた葬儀場で，ハイヒールをはかされて足を痛め，『なんで足怪我しながら仕事しなきゃいけないんだろう，男の人はぺたんこぐつなのに』とツイートしたのが，＃KuTooを始めたきっかけです。職場では男女平等なのに，女性と男性で義務づけられる服装が違うのはおかしい。それが素朴な疑問でした。だから，女性が好んでハイヒールを履くのは否定しません。同じような問題意識を持つ女性が多かったようで，19年1月にツイートしたら大きな反響がありました。半年で1万8000以上の署名が集まり，ジェンダーハラスメントなので法律や規制で対応してほしいという要望書とともに厚生労働省に提出……私が怒りを込めて声を上げたことに『怒ってもいいんだと気づいた。ありがとうございます』という女性からの反応もありました。……職場では謎のビジネスマナーがたくさんあります。男性がネクタイや革靴を強制されている場合があるなら，変わっていくといい。男性も困っているなら声を上げてほしい。「こうしなければ」ではなく「こうしたいからこうする」が当たり前の世の中にしていきたい，そう考えています。」
(The Asahi Shinbun Globe＋　2020. 03. 08)

　男性はこうあるべき，女性はこうあるべき，という思い込みや刷り込みによって不自由を感じている人が多くいるだろう。職場でのハイヒールや革靴が必ずしも必要ではないことがようやく認識されてきた。まだ多くの人が気が付いていない思い込みがたくさんあるだろう。おかしいと気づいた人がツイートで発信できるのは現代社会のよい側面である。

1　両性の平等

| 法律的平等から 実質的平等の 確　保　へ |

日本で，そもそも平等の一般的規定をもたない明治憲法の下では，特に妻という立場になった女性は，民法上も刑法上も男性と同じような1人の人としては扱われていなかった。すなわち，現民法が施行されたのは1898年だが，1947年までは家制度を規定しており，801条において「夫ハ妻ノ財産ヲ管理ス」と，妻の行為能力は否定されていたのである。また，1907年に現刑法が制定されたときには，1880年制定の旧刑法が規定していた姦通罪が受け継がれ，183条に「有夫ノ婦姦通シタルトキハ二年以下ノ懲役ニ處ス其相姦シタル者亦同シ　前項ノ罪ハ本夫ノ告訴ヲ待テ之ヲ論ス但本夫姦通ヲ縱容シタルトキハ告訴ノ効ナシ」という規定がおかれた。このように，夫婦間においては，妻は夫の所有物のような扱いがされていたが，どちらも戦後の憲法の下で条文は削除された。公的な領域に関しては，男性に対する普通選挙権が確立したのは1925年であるが，女性にも認められたのは，女性参政権運動が盛んに行われていたのにもかかわらず，やはり戦後の45年のことであった。47年に制定された労働基準法には，4条に，男女同一価値労働同一賃金の原則が盛り込まれている。

　現憲法で両性の平等を規定する条文は，14条と24条であるが，24条は，占領下の日本で，GHQの民生局による憲法起草の過程で，当時まだ20代であったベアテ・シロタ・ゴードン氏が，各国の憲法を調査して下地をつくったものだ。彼女は，幼いときに両親と暮らした日本で実体験として見ていた日本の女性の地位の低さを改善しようとした。婚姻は両性の合意のみに基づいて成立し，夫婦が同等の権利を有すると規定し，個人の尊厳と両性の本質的平等に基づいて家族に関する事項が制定されなければならないと述べている同条項は，戦前の家制度を真っ向から否定する役割をもって誕生した。

　女性差別はあらゆる国における問題であり，国際社会では，国連は1975年を国際婦人年とし第1回の世界女性会議を開催した。翌年から10年間が国際婦人の10年とされたが，その途中の1979年に女子差別撤廃条約が採択され，翌80年

のコペンハーゲンにおける第2回世界女性会議の場で同条約の署名式が行われた。日本もその場で同条約に署名したが，民法や刑法，選挙権だけでなく，あらゆる形態の差別を撤廃することを締約国に義務付ける同条約を批准するために，国内制度をさらに整える必要性に迫られた。日本政府は，国籍法の改正による両性血統主義への変更，学習指導要領の改正による男女の履修基準の同一化，職場における男女平等を進めるための「雇用の分野における男女の均等な機会及び待遇の確保等に関する法律」（男女雇用機会均等法）の制定を行った後の1985年に，無事，同条約に加盟した。その後，世界女性会議は，第3回が1985年にナイロビで，第4回が1995年に北京で，国連特別総会としての女性2000年会議がニューヨークで行われている。

　日本において法律上の差別[*1]はかなりの部分なくなってきたが，実社会における女性の地位を見ると，いまだに平等が達成されているとはいいがたい。それを是正していくのは，1つには裁判を通じて，法律で保障されている平等を実社会で現実に確保することである。男性と同じように，生きるために働き賃金を得たいと考える女性にとって，最も大きな壁が，女性には補助的な仕事を担当させ結婚したら退職させるというような，働き続けることに関しての障害である。このような企業側の措置に対して，1960年代の後半から相次いで法廷闘争が行われ，判決はいずれも原告側の勝利となった[*2]。その後も，賃金や昇格などの面でも裁判で勝利を勝ち取った例は多くあげられる。2005年に住友金属工業に対して，男女間の昇進・賃金の差は本社採用／事業所採用という採用区分によるものであるという企業側の主張を認めず，男女差別があったとして，4人の女性に対して合計7,600万円の解決金の支払いをもって和解が決定した例もある（大阪地裁判決2005. 3. 28，大阪高裁2006. 4. 25和解成立）。

　＊1　現在残っている法律上の差別として，民法規定が論争となっている。733条の
　　　　再婚禁止期間（最高裁判決2015. 12. 16に従い，2016年の民法改正で女性の再婚禁
　　　　止期間が6カ月から100日に短縮）や，774条の嫡出否認（最高裁2020. 2. 5は合理
　　　　的な理由があるとして上告棄却）である。750条の夫婦同姓も実際上は女性に負
　　　　担が生じることが多いが，性を変えた男性からの訴訟もある。
　＊2　住友セメント事件（東京地裁判決1966. 12. 20）は結婚退職制を憲法13条・14

条・25条・27条の趣旨から合理的な理由なく結婚の自由を制限するものとし，民法90条違反で無効と判断。三井造船事件判決（大阪地裁判決1971. 12. 10）等も同趣旨。日産自動車事件最高裁判決（最高裁判決1981. 3. 24）は，女性の若年定年制を，合理的な理由がない労働条件の差別は公序に反し民法90条違反で無効と判断した。

世界と日本の ポジティブ・ アクション

そして，もう１つは，実質的な平等を確保するための特別措置を行うことが考えられる。女子差別撤廃条約は実質的な平等を確保するための暫定的な措置をとることを締約国に求めている。女子差別撤廃委員会は，国家報告書の審査の際に各締約国に積極的にこの措置をとることを勧告しており，また，1988年に出した一般的意見５でも，事実上の男女平等を促進させるために，締約国に，ポジティブ・アクション（以下，PA），優先的処遇，クオータ制などの暫定的な特別措置のいっそうの利用を呼びかけている。優先的処遇とは，一般に，採用や昇進などの際に同じ能力をもつ男女がいたとしたら，その人が配属されるはずの部署において現在少ないほうの性を採用するという方法である。そのような処遇をわざわざしなければ従来の慣行から男性が採用されることが多くなるのを防いで，女性に対して機会を増やす意味をもつ。それに対して，クオータ制は一方の性の割合が一定より低くならないようにする方法で，しばしば逆差別を生むとして批判の対象ともなってもきた（⇒第５講３）。

たしかに，女性の社会参画が進んでいるところは，PA を導入しているところが多い。2019年の世界経済フォーラムの「ジェンダー・ギャップ指数2020」で同指数（経済，教育，政治，保健の４つの分野のデータから作成される男女格差を測る指数）で第２位であるノルウェーは，早くから PA をとっていた。1978年に制定された男女平等法は，88年の改正で，４人以上からなる公的な理事会，審議会，委員会のメンバーに40％のクオータ制を導入し，主要政党も比例名簿に男女を交互に半々にのせるという政策をとった。[*3] 2004年には，民間上場企業の取締役会における女性比率を40％以上にするというクオータ制も導入した。北欧諸国にはこのような PA をとっているところが多いが，アジアの隣国，韓国も法律で比例代表候補者名簿にクオータ制を義務付けた（2000年改正で30％，

2004年改正で50％）。男女によって区別を設けることが憲法違反であるとの司法
判断が下ったフランスは，1999年に憲法を改正して，2000年に，違反した場合
には政党・政治団体への公的助成金の減額措置を伴ったパリテ法，すなわち，
議員における男女同数法を導入した。このように，政策決定の場における女性
を増加させることにより，国のあらゆる施策にジェンダーの視点を反映させる
効果を生むことが期待されている。

　＊3　国会（下院）における女性議員の割合が多い国は，ルワンダ（61.3％），キュー
　　　バ（53.2％），ボリヴィア（53.1％），アラブ首長国連邦（50.0％），メキシコ
　　　（48.2％），ニカラグア（47.3％），スウェーデン（47.0％），グレノダ（46.7％），
　　　アンドラ（46.4％），南アフリカ（46.3％），フィンランド（46.0％）……日本は
　　　9.9％で165位である（2020年1月1日現在。列国議会同盟のサイト参照。http://
　　　www.ipu.org/file/8996/download）。

　日本は99年に，男女共同参画社会基本法を制定し，その8条で，国が，「男
女共同参画社会の形成の促進に関する施策（積極的改善措置を含む。以下同じ。）
を総合的に策定し，及び実施する責務を有する」こと，9条で，地方公共団体
が，「国の施策に準じた施策及びその他のその地方公共団体の区域の特性に応
じた施策」を策定，実施することを定めた。さらに，同年の男女雇用機会均等
法の改正では，募集・採用における差別禁止に関して，「……事業主が，雇用
の分野における男女の均等な機会及び待遇の確保の支障となつている事情を改
善することを目的として，女性労働者に関して行う措置を講ずることを妨げる
ものではない」（8条）という一文も加わり，PAの本格的始動が期待された。
また，2014年に制定された「女性の職業生活における活躍の推進に関する法
律」（女性活躍推進法）は，労働者数が101人以上の企業に対して，女性の積極
採用に関する取組に関する行動計画を策定することを求めている。しかしなが
ら，「主な先進国ではいわゆる管理職（管理的職業従事者）に占める女性の割合
がおおむね30％以上となっている一方，我が国では14.8％（令和元（2019）年）
であるなど，……国際的に見てもいまだ大きく遅れて」（令和2年7月，男女共
同参画会議，第5次基本計画策定専門調査会「第5次男女共同参画基本計画策定に当
たっての基本的な考え方（素案）」4頁）いる状況である。

| 男性の家庭責任 | 日本の育児休業法は91年にでき翌年に施行された。しか |

男性の家庭責任　日本の育児休業法は91年にでき翌年に施行された。しかし，父親の育児休業取得率はすこぶる低く，2019年度に育児休業を取得した女性は83％だったのに対して男性は7.48％（過去最高）で，圧倒的に母親が育児を担っていることがわかる。子育て期の30歳代や40歳代の男性の就労時間は他の年代に比べ多いこともあり，2016年における6歳未満の子供を持つ共働き世帯の夫の家事・育児関連に費やす時間（1日当たり）は84分しかなく，妻の2割程度と低水準である（内閣府男女共同参画局「男女共同参画白書令和2年版」）。

　日本は，95年に国際労働機関（ILO）第156号条約，すなわち，「家庭的責任を有する男女労働者の機会均等及び待遇の均等に関する条約」（81年採択，83年発効）を批准した。男女雇用機会均等法もその前文に，「社会及び家庭における男子の伝統的役割を女子の役割とともに変更することが男女の完全な平等の達成に必要であることを認識する」と述べているように，家庭における役割分担の問題も，雇用及び職業における男女平等のためにも改善が求められる。同条約の対象となるのは，子どもの扶養や介護などのために家族に対して責任を有する男女の労働者であって（1条1），締約国は，これらのものが差別なくできる限り職業上の責任と家庭的責任との間に抵触が生ずることなく職業に従事する権利を行使することができるようにすることを国の政策の目的としなければならない（3条1）。具体的には，国は，そのような労働者が職業を自由に選択する権利を自由に行使することを可能としたり，雇用条件および社会保障においてそのような労働者のニーズを反映したり（4条），地域社会の計画においてそのような労働者のニーズを反映したり，保育および家庭に関するサービス及び施設等の地域社会のサービスを発展させまたは促進したり（5条）といった措置をとらなければならない。男女共同参画社会基本法も，家庭生活における活動とそれ以外の活動の両立の重要性を認識しており（6条），男女を問わず，家庭責任と職業が両立するような働き方ができるように，国はもっと積極的な施策を進めていくことが期待される。

2　女性の人権

女性に対する暴力に関する国際的な動き　90年代以降は女性の身体的な特徴をふまえた「女性の人権」も認識されるようになった。1991年から旧ユーゴスラビアで起こった民族紛争の中で，敵の女性を組織的にレイプし強制的に子どもを産ませることが，軍事的な戦略の１つとして行われていたことが判明した。女性の身体的な特徴には，体力的に弱いということと，妊娠及び出産をする機能を備えていることがあるが，レイプはその両方の面からの人権蹂躙，女性に対する暴力である。旧ユーゴで行われた戦争犯罪を裁くために1993年に安保理によって設立された旧ユーゴ国際刑事裁判所は，レイプを人道に対する罪として対象犯罪の１つとした。また，国連総会は93年に「女性に対する暴力の撤廃に関する決議」を採択，国連の人権委員会は，94年に女性に対する暴力に関する特別報告者を指名し，女性に対する暴力の概念が確立していった。95年に北京で開催された第４回世界女性会議では，女性の権利は人権であると宣言され，同会議でつくられた行動要領では，12の重大問題領域の１つとして女性に対する暴力が組み入れられた。女性に対する暴力はレイプ以外にもさまざまな形態があるが，同行動要領では，女性に対する暴力を，93年の宣言を受け継いだかたちで，家庭，職場や教育機関，国家によるものと３つに分けた。そのうえで，武力紛争下における暴力や強制的な不妊化，妊娠中絶などの問題もあることも付け加え，女性に対する暴力廃絶のためにとるべき行動を詳細に示した。94年にカイロで開かれた国連人口開発会議では，リプロダクティブ・ヘルス／ライツ[*4]の考え方が示され，こうして，男性との差別の解消の問題から一歩踏み出した女性の人権の保障が求められるようになった。

＊4　すべてのカップルと個人が自分たちの子どもの数，出産間隔，ならびに出産する時を，責任をもって自由に決定でき，そのための情報と手段を得ることができるという基本的権利。

| 日本と女性に
対する暴力 |

このような国際社会の動きは，日本にも大いに関係することだった。旧ユーゴ内戦での組織的レイプが問題となったころ，日本では，第二次世界大戦中慰安婦として強制的に働かされていた女性たちがその補償を求めて闘っていた。両者は戦時下の女性に対する暴力という意味で共通する問題であった。国連人権委員会の女性に対する暴力に関する報告者のクマラスワミは，1996年に日本の戦時中の慰安所に関する行為が，国際法に違反し日本は法的責任を負うと報告した。

　もう1つ，日本にも大きな問題として突きつけられたのが，家庭における暴力である。最近の政府の調査によれば，結婚している女性の約3人に1人は配偶者から被害を受けたことがあり，約7人に1人は何度も受けていること，被害を受けた女性の約7人に1人は命の危険を感じた経験があること，被害を受けた女性の約6割が「別れたい（別れよう）」と思っているが実際に別れているのはそのうちの約1割であったこと，また，交際相手と同居（同棲）経験がある女性の約5人に1人は被害を受けたことがあることなどが報告されている。[*5]「配偶者からの暴力の防止及び被害者の保護等に関する法律」（以下，DV法）は，2001年に制定され，短期間のうちに改正を重ねている。04年の改正で，配偶者からの暴力の定義は，従来の「配偶者からの身体に対する不法な攻撃であって生命又は身体に危害を及ぼすもの」のほかに，「身体的暴力に準ずる心身に有害な影響を及ぼす言動」が追加された。刑法は夫婦間でも適用するが，実際は，配偶者からの暴力は家庭内のこととして，刑事的な介入や処罰の対象としてはなかなか扱われてこなかったし，被害者の女性は夫から自立するだけの経済的な力もないことから，暴力を受忍している場合が多かった。DV法の適用により，加害者は被害者に近づくことを禁止され，被害者は保護を受けて[*6]自立支援の機会を保障されることになる。子どもの面前でのDVはその子どもの「心理的虐待」ともなるため，2019年の改正では，児童虐待と密接な関連があるとされるDV被害者の保護が強化された。

＊5　内閣府男女共同参画局『男女間における暴力に関する調査報告書（概要版）』
　　平成30年3月。男性がDV被害者となることもある。男性の5人に1人は配偶者

から被害を受けたことがあり，約7割はどこにも相談していない（女性は約4割）。

＊6　裁判所が出す保護命令として，6カ月間の接近禁止命令および被害者および同居する未成年の子からの2カ月間の退去命令に加え，2007年の改正で，生命又は身体に対する脅迫を受けた場合の保護，電話等の禁止や被害者の親族等への接近禁止が加わった。2013年の改正では，生活の本拠を共にする交際相手からの暴力及びその被害者も法の適用対象となった。

3　性自認と性的指向

性自認

この数年でLGBTIやLGBTQという言葉を多くの人が知るようになっただろう。前者は，Lesbian（女性の同性愛者，レズビアン），Gay（男性の同性愛者，ゲイ），Bisexual（両性愛者，バイセクシャル），Transgender（自認する性別と身体的・生物学的な性別が一致していない人，トランスジェンダー），Intersex（間性，インターセックス）の頭文字をとったものである。後者の最後はQueer（クイアー）またはQuestioning（クエスチョニング）の頭文字で，はっきりとした認識とはなっていないが何かちがうと感じている人のことを意味している。これらの呼称には，性的指向や性自認が一般的ではない人，マイノリティの人という語感がある。それに対して，最近よく使われるようになったSOGI（ソジ，ソギ）という言葉は，Sexual Orientation, Gender Identityの頭文字をとったもので，性的指向，性自認をより広く表す言葉である。100％の同性愛者か異性愛者か，あるいは性自認が100％男か女かという二択ではなく，その間にあるあらゆる段階があることをふまえ，すべての人にかかわる言葉として使われる。SOGIにGender Expression（性表現：表現したい性），Sex Characteristics（性的特徴：生物学的な身体の性）を加えたSOGIESC（ソジエスク）という言い方もある。トランスジェンダーを説明するのに，以前は「性同一性障害」（Gender Identity Disorder, GID）という言葉が一般的に用いられていた。GIDは世界保健機関（WHO）によって精神疾患として分類されていたが，それは適切ではないと考えられるようになり，2019年，WHOはGIDを精神疾患からはずし，「性的不

合」(Gender Incongruence) という言い方に変更した。アメリカの精神医学界等では2013年ごろから「障害」という言葉を避けて Gender Dysphoria という言葉が使われるようになったが，これに対応する日本語は「性的違和」である。

　身体的・生物学的な性と異なる性自認が生じる原因には次のようなことがある。通常，23組目の遺伝子が XY であれば男性，XX であれば女性となるが，例えば，ラインフェルター症候群では23組目の染色体が XXY や XXXY で，睾丸を有するが発育が悪く無精子で乳房が大きくなる。また，ターナー症候群では X 染色体が 1 本しかないために外見は女性であるが卵巣はない。他方で，受精から 7 週までの胚は，男女ともに母親の血液を通して送り込まれる女性ホルモンであるエストロゲンだけにさらされているが，男の場合は 8 週目を過ぎると Y 染色体の働きで睾丸が形成され精巣から男性ホルモンを分泌し始める。第11週目までにこの働きが見られないと卵巣ができ，子宮や膣の形成といった女性への分化が始まる。そして，この時期に男性ホルモンを浴びた脳は男の脳へ，そうでなかった場合は女の脳へと分化していくが，何らかのホルモンの変調があると，身体的・生物学的な性と脳の性自認が異なる結果を作り出すことがあるのだ。

　トランスジェンダーに対する公の手術が日本で行われるようになったのは，1998年である。64年の「ブルーボーイ事件」[*7] 以来，性転換手術は日本では公に語られることもなかったが，手術の 6 年前，埼玉医科大学に，ある患者から女性から男性への性転換に関しての相談があり，手術実施の検討が始まった。慎重な検討の後に，大学内の倫理委員会の審議と答申を経て，日本精神神経学会の答申と提言が出されたが，厚生省（当時）はその答申（診断のガイドラインと治療のガイドラインを含んでいる）に対して，医学会で適切と認めたものとして母体保護法（旧優生保護法）には抵触しないという意見を表明したのである。

＊7　東京地裁判決1969. 2. 15。3 人の男性に睾丸全摘手術を施した医師が，旧優生保護法28条違反および麻薬取締法で，懲役 2 年，罰金40万円，執行猶予 3 年の刑を言い渡された。優生保護法28条は，「何人も，この法律の規定による場合の外，故なく，生殖を不能にすることを目的として手術又はレントゲン照射を行つてはならない」と規定していた。

　しかし，身体的に性が変更できても，法律上はもとの性のままで社会生活を
おくることは大変つらく，職場に戸籍謄本を出したくないために職を得られな
いとか，保険証の提示を恐れるために医者にもかからないといった生活をお
くっている人も少なくなかった。2003年に制定された「性同一性障害者の性別
の取り扱いの特例に関する法律」は，「性同一性障害者」を，「生物学的には性
別が明らかであるにもかかわらず，心理的にはそれとは別の性別であるとの持
続的な確信を持ち，かつ，自己を身体的及び社会的に他の性別に適合させよう
とする意思を有する者であって，そのことについてその診断を的確に行うため
に必要な知識及び経験を有する2人以上の医師の一般に認められている医学的
知見に基づき行う診断が一致しているもの」（2条）と定義し，そのような人
が，次の要件を満たすときに，性別の変更の請求をできると定める。その要件
とは，1．20歳以上であること，2．現に婚姻をしていないこと，3．現に未
成年の子がいないこと，4．生殖腺がないことまたは生殖腺の機能を永続的に
欠く状態にあること，5．その身体について他の性別に係る身体の性器に係る
部分に近似する外観を備えていること（3条1項），である。性別の取扱いの変
更が認められた場合は，民法その他の法令の規定の適用において，他の性別に
変わったものとみなされることになる（4条1項）。

　この要件が，憲法が保障する人権の観点から考えて適切かどうかが争われて
いる。まず，2の要件，非婚である必要性についてであるが，この要件が，憲
法13条，14条1項，24条に違反するという主張に対して，最高裁は，「異性間
においてのみ婚姻が認められている現在の婚姻秩序に混乱を生じさせかねない
等の配慮に基づくものとして，合理性を欠くものとはいえない」との見解を示
している（最高裁決定2020.3.11）。もしもこの主張が認められていたら，後述す
る同性婚への道を開くものであった。次に，5の要件，つまり生殖腺除去手術
の必要性である。2014年には，WHO等がこれを要件とすることに反対する旨
の声明を出している。最高裁は，意図しない生殖腺除去手術を受けない権利は
憲法13条，14条によって保障されているという主張に対して，「性別の取扱い
の変更の審判を受けた者について変更前の性別の生殖機能により子が生まれる
ことがあれば，親子関係等に関わる問題が生じ」ることや「長きにわたって生

物学的な性別に基づき男女の区別がされてきた中で急激な形での変化を避ける等の配慮」から，本件規定は，現時点では憲法の両規定に違反するものとはいえないと述べた（最高裁判決2019. 1. 23）。

性 的 指 向 身体的に別の性の体を手に入れたいわけではないが，自分と同性の人に対して愛情をもつ人もいる。これら同性愛の性的指向をもつ人たちに関しては，憲法上は，次の３点が問題となろう。１つは，性的指向によって差別されてはならない，という憲法14条に関する権利である。性的指向を14条が列挙する差別禁止事由の１つである「社会的身分」と考え，差別に対して厳格な審査が必要だという考え方もある。また，アメリカでは，「一方の性に属する人が，通常他方の性の特色と思われているものをもっているという理由で差別してはいけない」という意味で「性」による差別ととらえることができるという主張もある。[*8]厚生労働省の「セクハラ指針」では2017年から性的少数者への差別的発言はセクハラとなることが明記され，同省の2020年の「パワハラ指針」には，「精神的な攻撃（脅迫・名誉棄損・侮辱・ひどい暴言）」に該当する例の１つとして，「① 人格を否定するような言動を行うこと。相手の性的指向・性自認に関する侮辱的な言動を行うことを含む」と明記されるようになった（⇒第９講参照）。また，2014年にオリンピック憲章に，性的指向による差別の禁止が盛り込まれたことによって，東京オリンピックのスポンサーとなる大企業を中心に，社内研修や同性カップルの登録制度を設けるようになってきている。

＊8　森戸英幸「性的指向を理由とする差別」『法律時報』79巻３号（2007年）。

最後に婚姻の権利である。憲法24条は「婚姻は，両性の合意のみに基づいて成立し……」と，男女間の結婚のみを認めているが，これは家制度を否定する意義を有するものであって，同性カップルを法的保護の枠外におくことが主旨ではないであろう。

近年大きな変化が起きつつある。ヨーロッパ諸国は多くが同性婚を認めるか，結婚に準じた法的権利を同性カップルに認める制度をととのえている。イタリアは最近までそのような制度をもっていなかったが，2015年のヨーロッパ

人権裁判所判決を受けて，2016年にシビル・ユニオン（共同生活者）法が制定された。同判決は，ヨーロッパ人権条約12条（婚姻の権利）は加盟国に対して同姓カップルに婚姻へのアクセスを与える義務を課してはいないが，8条（個人，家族の権利の保護）によって，加盟国は同性の結びつき（union）へ承認及び保護を与える特別な法的枠組みを利用できるようにする積極的義務があるとの見解を示し，イタリアの義務違反を認めた（Oliari and Others v. Italy）。アメリカでは以前は州によって対応が異なっていたが，2015年の連邦最高裁判決で，婚姻の権利は人の自由に本来的に内在する基本的権利であり，同国憲法修正14条のデュー・プロセス及び平等な保護条項の下で，同性カップルにもその基本的権利と自由が奪われてはならないとの判断が示された（Obergefell et al. v. Hodges, Director, Ohio Department of Health, et al）。

　日本では近年，自治体レベルでのパートナーシップ制度が広がってきた。「(c)渋谷区・認定NPO法人虹色ダイバーシティ 2020」によれば，2020年10月1日時点で，同性パートナーシップのための制度を導入している地方自治体は60であり，人口の29.6％がカバーされている。また，これらの制度によって同年9月30日までに1,301組がパートナーシップを認知されている。しかしながら，法律レベルのものはまだできていない。同性婚に関しては，上述の2020年3月11日の最高裁判決（決定）で，結果としての同性婚も認められなかった。

привет

　「男も女も育児時間を！連絡会」（育時連）という緩やかな民間組織がある。労働基準法67条に「生後満1年に達しない生児を育てる女性は，第34条の休憩時間のほか，1日2回各々少なくとも30分，その生児を育てるための時間を請求することができる」という規定があるが，育児時間は男性にも与えられるべきと政府に要求するために1980年に発足した。シンポジウムや独自調査などを行っていたが，20世紀の間は彼らの主張は日本社会では異端だった。しかし，そのころの彼らの活動があったからこそ，21世紀にイクメンが生まれたのだと思う。そして，現在の人々の活動はさらに未来に続くのだろうと。

第12講

子どもは人権の主体？ 保護の対象？──子どもの人権

とある高校の会議室。「生徒と親と教師の会」の雑談時間。

高校生：校則っておかしいですよね。「廊下を自転車で走ってはならない」「プールで小便はしない」なんて，当たり前のことが載ってるし……。

教師：それはね，君たちの先輩で実際にやった生徒がいるんだよ。あれはビックリしたなあ。

高校生：？！？ ……それはともかく，だいたい，学校が生徒の自由を制限できる根拠があるんですか？ 「パーマ禁止」は髪型の自由の侵害だし，「バイク免許取得禁止」なんて，法律がいいっていってるのに，学校が禁止するなんておかしいよ。人権侵害じゃん。

親：それは，人権のはき違えだと思うよ。義務を果たさない者に権利はないでしょう。

高校生：じゃあ，子どもには人権はないということですか？

親：いや，それはあるだろうけど，少なくとも大人と同等の人権は認められないんじゃない？ 親も先生も子どもを保護して，間違った道に行かせないようにする義務と責任があるんだから。

教師：私たちも，校則がなくても秩序が保てて，生徒が学習に専念してくれるのなら，そのほうがいいけどね。第一，決まりがあると守らせなければいけないから，先生たちも大変なんだぞ。

親：決まりを守るという訓練も必要なんじゃない？

高校生：ボクもルールがまったくいらないとは思わないんですよ。でも，納得のできるルールであってほしいなあ。特に，髪型・服装にあまりごちゃごちゃ言わないでほしいな。生まれつき茶髪の生徒に黒染めを強要したり，タイツの着用を禁止したりするのは完全に人権侵害ですよね。学校は，なに考えてるのかなあ？ まあ，奈良県の学校の「鹿に乗って登下校してはならない」なんてのはシュールでいいけど。

1　子どもは人権の主体？

子　ど　も　は
権　利　の　主　体　子どもにも人権はあるの？　こう聞かれれば，子どもも人間だから，「人間の権利」としての人権は当然もっている，と誰もが答えるだろう。権利にもいろいろあって，私法上の権利（債権・物権など）は義務と対応しているが，憲法はそもそも人権を保障するのが目的だから，義務を規定するのは例外にすぎない（⇒第1講5）。憲法が保障する自由権や社会権などを子どもがもつのは当たり前のことだ。

　しかし，本音としては，義務を果たしていない子どもに権利を認めたくないという意見の人もいるだろう。実際，子どもを「権利の主体」と見るようになったのは，そんなに古い話ではない。ジョン・スチュアート・ミルは『自由論』（1859年）の中で，「社会は，彼ら〔社会の成員〕の人生のはじめの期間中，ずっと彼らに絶対的権利をもっていたのだ。……現存の世代は，きたるべき世代の訓練とすべての環境とを，意のままにすることができる[*1]」と述べている。近代の人権理念形成の経緯を考えれば，これは当然ともいえる（⇒第1講3）。身分制から解放され，国家と直接向き合うことのできる「強い個人」を人権の主体と考えていたからだ。家族の中で家長（多くは父親）のみが権利の主体で，家長は子どもを意のままに教育できるということになる（家父長制）。

＊1　早坂忠訳「自由論」『世界の名著38』（中央公論社，1967年）310頁。

　「子どもの権利」という概念が出現したのは，産業化・大衆社会化の進行に伴って，家父長制の保護・教育機能が衰退し，家族における子どもの保護・教育に対して国家の介入が本格的に始まった19世紀後半以降のことだ。この頃，欧米では無償の義務教育制度や少年裁判所制度が成立する。それらの制度形成のシンボルが「子どもの最善の利益」とともに，「子どもの権利」だった。

　子どもの権利が全世界的に注目された結果として生まれたのが，「児童の権利に関するジュネーブ宣言」（1924年，国際連盟第5会期採択）だ。同宣言は，「すべての国の男女は，人類が児童に対して最善のものを与えるべき義務を負

う」とし、「児童は、身体的ならびに精神的の両面における正常な発達に必要な諸手段を与えられなければならない」といった内容を規定している。

　第二次世界大戦後、国際連合も、「児童の権利に関する宣言」（1959年）で、「人類は児童に対し、最善のものを与える義務を負う」と確認した。「児童の権利」と称されてはいるが、ジュネーブ宣言と同様、子どもは「特別の保護が必要である」というスタンスで貫かれている。つまり、子どもは未成熟な存在であり、その利益は親または国家によって客観的に、子どもの現在の意思とは無関係に判定されるというパターナリズムの哲学に基づくものであった。

　自由権を中心とする人権を子どもも享有するという見方が、広く認められるようになったのは、ようやく1970年前後からだ。アメリカの連邦最高裁判所のティンカー判決（1969年）は、子どもが憲法にいう「人」であり、言論の自由を有すると明言した。この延長線上にあるのが児童の権利条約（1989年）だ。

子どもの人権の特殊性　この段階で、「子どもの権利」論は以下のようなバリエーションをもつようになったといえる。①親による虐待・遺棄、使用者による酷使、危険な環境から子どもを保護するよう主張するもの（「保護」）、②親の支配から子どもを解放し、大人と同等の権利をすべての子どもに保障するよう主張するもの（「自律」）、③大人に保障される権利を制限的にではあるが、可能な限り子どもにも保障するよう主張するもの（「保護＋自律」）。欧米でも②の主張は例外にとどまるようだが、日本では③の立場が圧倒的で、どちらかといえば「保護」が強調される傾向にある。

　戦後の代表的な憲法学者は、こう述べている。「人権の主体としての人間たるの資格がその年齢に無関係であるべきことは、いうまでもない。しかし、人権の性質によっては、一応その社会の成員として成熟した人間を主として眼中に置き、それに至らない人間に対しては、多かれ少なかれ特例をみとめることが、ことの性質上、是認される場合もある」。また、別の学者もいう。「子どもが成長・成熟のために最も必要としているのは〈関係〉であって、権利の名の下で孤立化された利益ではない。〈権利〉は〈関係〉を保障しないのである。〈権利〉の文字通りの貫徹が予期せぬパラドックスを生み出す理由はここにある」。

　＊2　宮沢俊義『憲法Ⅱ〔新版〕』（有斐閣，1971年）246頁。
　＊3　森田明「子どもの『権利』」公法研究61号（1999年）95頁。

　一般に，子どもは大人よりも「保護」の必要性が強いことは認めなければならない。憲法に特に子どもに焦点をあてた権利がある（教育を受ける権利〔26条〕，児童酷使の禁止〔27条3項〕）のは，このことの現れだ。法律上も，職業の制限（労働基準法56条以下），種々の福祉の措置（児童福祉法），財産上の行為の制限（民法5条），飲酒・喫煙の禁止（未成年者飲酒禁止法1条，未成年者喫煙禁止法1条）など，多くの保護規定がある。

　自由権については，基本的には子どもの自律的選択に委ねられるべきであるが，一定の「保護的干渉」が必要であると見られている。つまり，「限定されたパターナリスティックな制約」（⇒第3講2）を認めるということだ。親の教育権との関係で，子どもの思想・良心・宗教の自由が制約されたり，子どもの未成熟性を考慮して，表現の自由，性的行為の自由などに制限が加えられることは十分考えられる。

　子どもの問題を人権（自律）の貫徹のみで解決することができないのは，以上の点に加えて，家族の自律性を破壊し，結局子どもにとって不幸な結果を招かないか，また，家族から解放された子どもを政府権力による抑圧や疎外から誰が守るのか，といった懸念もあるからだ。

　子どもの人権の制約の正当性　常識的にある程度の子どもの人権制約を認めざるをえないとしても，具体的にどんな権利をどの程度制約できるか，判断は難しい。まだ議論が熟しているとはいえないけれども，いくつかヒントはある。

　まず，人権を，一定の行為をするかどうかの選択を内容とする権利（精神的自由，職業選択の自由，自己決定権など）と，反対の行為を追求する自由を保障しない権利（拷問・虐待を受けない権利，不合理な捜索・押収を受けない権利，手続的権利など）に分け，前者については，子どもの未成熟性を根拠に一定の制約を認める見解がある。[4]後者の権利は大人と同等に認めるというもので，妥当な考えだ。ただ，合理的な判断能力を身につけるには自由を行使する練習が必要という点に注意する必要はあるだろう。

＊4　米沢広一『子ども・家族・憲法』（有斐閣，1992年）70頁以下，238頁以下。

　次に，子どもを，①人格主体，②成長途上の存在，③将来の大人という３つの属性に分け，それぞれに保障されるべき権利をあげるという考えがある[5]。①では拷問を受けない権利，差別されない権利など（前述の選択を内容としない権利に相当），②では知る自由（有害図書への接近）など，③では教育を受ける権利などが想定されている。

＊5　芹沢斉「未成年者の人権」芦部信喜先生古稀祝賀『現代立憲主義の展開〔上〕』（有斐閣，1993年）227頁，232頁以下。

　結局，個別の問題状況に即して，権利の性質，子どもの属性をふまえながら考察していくしかないということだ。

2　児童の権利条約

児童の権利条約の内容　子どもの権利の問題を考えるにあたって，憲法とならんで重要なのが，児童の権利条約である。1989年に国連総会で採択され，翌年発効したこの条約を，日本は1994年，世界で158番目にようやく批准した。この条約の内容は極めて豊かであり，しかも１つの条項で複数の権利を保障することもあるが，あえて図式的に分ければ，①一般原則，②大人と同様に子どもにも保障される権利で選択を内容とするもの，③大人と同様に子どもにも保障される権利で選択を内容としないもの，④子どもを特に保護する権利，の４つになる[6]。

＊6　外務省HPで全文を読むことができるので，ぜひ目を通してほしい。

　①一般原則として，差別の禁止（２条），子どもの最善の利益の保障（３条），生命・生存・発達の権利（６条），子どもの意見表明権（12条）がある。権利条約の最大のポイントは，意見表明権を明記したことだ。「締約国は，自己の意見を形成する能力のある児童がその児童に影響を及ぼすすべての事項につ

147

いて自由に自己の意見を表明する権利を確保する。この場合において，児童の意見は，その児童の年齢及び成熟度に従って相応に考慮されるものとする」。「自律」を重視する権利条約の象徴的な規定だといえるが，「年齢及び成熟度に従って相応に考慮」という限定がついており，「保護」の要請にも目配りしている。

②の権利には，表現の自由（13条），思想・良心・宗教の自由（14条），結社・集会の自由（15条）などがある。「自律」の重視という権利条約の性格を劇的に示すものだ。しかし，他者の権利・自由，公共の安全・秩序・健康・道徳といった，大人の場合でも権利制約の理由となりうる事項に加えて，思想・良心・宗教の自由については，親の養教育権を考慮して，「父母……が児童に対しその発達しつつある能力に適合する方法で指示を与える権利及び義務」に言及している点に注意が必要だ。

③には，プライバシー・名誉の保護（16条），健康・医療への権利（24条），社会保障への権利（26条），人身の自由（37条），非行少年に対する手続的保障（40条）などが含まれる。これらの権利は，選択を内容とせず権利行使に判断能力が前提とされないから，原則として大人と同等に保障される。

④は，子どもを特に保護する，次のような多くの権利を含む。登録・氏名・国籍等に関する権利（7条・8条），監護下の虐待・搾取等からの保護（19条），教育への権利（28条），少数民族に属する児童の文化・宗教・言語についての権利（30条），遊びへの参加権（31条），有害労働から保護される権利（32条），麻薬・性的搾取・虐待等からの保護（33〜36条）など。

日本における課題　児童の権利条約が批准されてから25年以上経つ。この条約は日本に根づいているだろうか。なによりも，権利を侵害されて泣いている子どもに届いているだろうか。残念ながら答えはノーだ。少し古い資料だが，中国地方弁護士会が，2007年6〜7月に，広島市内の大人・子どもを対象に実施したアンケートによれば，児童の権利条約の「名前も内容も知っている」と答えた子どもは12.63％（大人は14.72％），「名前だけを知っている」が33.33％（大人は44.44％），「まったく知らない」がなんと54.03％と半数を超えている（大人は40.83％）。「まったく知らない」を小・

中・高別で見ると，高校生は19.23％だが（授業で知った人が多いようだ），小学生は59.33％，中学生は67.13％と，6〜7割の小中学生が条約について聞いたことがない，という驚くべき結果が出ている。

　これは，当初政府がこの条約を主として発展途上国向けのものと認識していたことにも原因がありそうだ。政府にはこの条約を広く知らせる義務がある（42条）にもかかわらず，日本の子どもにはあまり関係ないものと，さほど積極的な広報活動をしなかったようだ。国連の児童の権利委員会からは，最近になっても「特に児童，両親，国会議員及び裁判官を対象として，本条約に関する情報の広報を拡大すること」と釘を刺されている。[*7]

＊7　日本の第4回・第5回政府報告に対する児童の権利委員会の総括所見（2019年3月）より。外務省のホームページで読むことができる。

　子どもの権利をめぐって法的に対応しなければならない問題は無数にある。以下においては，家庭，学校，社会における子どもの権利に関する代表的な問題を見ていこう。

3　家庭の中の子どもの権利

児童虐待の現状　親による子どもの虐待（身体的虐待，心理的虐待，性的虐待，養育拒否・放置〔ネグレクト〕）は，重大な権利侵害である。2018年度に児童相談所が対応した児童虐待の相談件数は159,850件と，増加に歯止めがかからない状況が続いている（図12-1）。この数字も氷山の一角といわれている。

虐待防止策　児童の権利条約19条は，虐待から「その児童を保護するためすべての適当な立法上，行政上，社会上及び教育上の措置をとる」ことを国に求めているが，増加する児童虐待に対して，国も手をこまねいていたわけではない。児童福祉法や児童虐待防止法（2000年）に基づいて，調査や指導，一時保護を行い，場合によっては，里親委託や施設入所による親子分離，さらには親権喪失の手続に至ることもあった。しかし，現行

図12－1　児童相談所が対応した児童虐
　　　　　待件数と虐待死した児童数

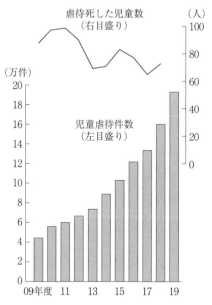

出典：朝日新聞デジタル2020年11月19日
注：厚生労働省調べ。虐待件数の2010年度は
　　福島県を除く。

制度には多くの問題点がある。

　虐待を発見した者は児童相談所などへの通告義務を負っている（児童福祉法25条，児童虐待防止法6条1項）。近隣・知人からの通告が増えるなど，以前よりは一般に知られてきたとはいえ，まだまだ不十分だ。そこで，近年，通告先に身近な市町村を加えたり，「虐待を受けたと思われる」場合にも通告できるようにしたりといった法改正がなされている。さらに，医師・教師・保育士など子どもとかかわる職種の者に罰則付きの通告義務を課すべきとの主張もなされているが，諸外国の経験をふまえ，慎重な対応が必要である。

　虐待が死亡にまで至るのを防ぐ重要な手段が立入調査だ。かつては，虐待が疑われ児童相談所の職員が訪問しても，親が拒否すればどうしようもなかった。その後，警察官の援助を求めることができるなどの改善がなされたが，警察官も鍵を開けてでも立ち入ることはできなかった。そこで，児童虐待防止法の2007年改正により，子どもの安全確保のため，裁判官の発する許可状によって，必要な場合には鍵をあけて臨検・捜索ができるようになった。

親権の見直し

　この他，虐待への対応の障害となっている強い親権について見直しが必要ではないかとの議論も起こっている。日本では，親権を文字通り親の権利ととらえる傾向が強いけれども，親権とはもともと，子の監護・教育をする権利および義務を意味する（民法820条）。子の監護教育は親の義務であり，この義務を遂行するために他人からの干渉を防

ぐときに権利性が現れるのである。欧米では1970年代から，親の義務・責任であることを明確にする改正がなされている。日本でも，親権者の有する個別の義務・権限が定められているのだから，親権という包括的な概念を廃止すべきとの見解もある。2011年，児童虐待防止のため親権の一時的制限制度が新設され，その請求資格が子ども自身にも与えられた（民法834条の2）ことが注目される。

4　学校における子どもの権利

校長が制定の権限をもつ学校の校則には，さまざまな事項が定められている。①校内における学習に関するルール（時間割・登下校時間など），②校内外の生活に関する訓示的規定（望ましい学習態度など），③服装・身だしなみに関する規制，④私生活に関する規制（バイク三ない校則など）。①は集団生活上必要な事項であるし，②のルールは強制されない限り法律問題とはならない。ところが，③と④のルールは，必要性自体が疑問とされるものも多いし，親の養教育権や子どもの自己決定権と衝突する可能性がある。

「国に憲法があるように学校には校則がある。憲法を守るように校則を守ろう」といわれることがある。もちろん，憲法は国民に義務を課すものではなく，人権を守るために統治者をコントロールするルールだから（⇒第1講），生徒を管理する校則とは性質がまったく異なる。裁判所は，教育目的実現のために，校長には校則制定について包括的な権能があり，目的達成のための合理的な範囲内にある限り，生徒の校外活動も含めて人権の制約が許される，と見ている。

たしかに，多数の子どもの学習権を保障するため，学校・教室内の一定の秩序を保持することは必要だが，校則による規制で秩序維持に関連のあるものは例外だろう。特に，校外生活の指導などはそれに含まれない。また，未成熟な存在である子どもに対しては一定の教育的配慮が必要であり，学校・教師の裁量権を認めざるをえないが，その裁量権の限界を画するのが人権であるから，

無制限な裁量が許されるわけではない。《子どものため》は万能ではないのだ。

| 校則と子どもの |
| 自己決定権 |

裁判所で争われた校則問題としては，髪型に関するものと，「バイク三ない校則」（バイクを買わない・乗らない・免許を取らない）についてのものがある。

　髪型・服装の自由は，自己決定権（第6講5）の1つの内容と主張されている。特に，頭髪は身体の一部であり，しかも衣服と異なり着替えるということができず，私生活での髪型の自由を全面的に奪うものであるから，規制の程度が極めて強い。裁判所の中にも，パーマ禁止の私立高校の校則に違反したのを理由に自主退学を勧告された事例で，「髪型決定の自由が個人の人格価値に直結することは明らか」であり，憲法13条により保障される，とするものがある（東京地裁判決1991. 6. 21）。しかし，この事件の上告審で最高裁判所は，憲法の自由権規定は国・公共団体と個人との関係を規律するもので，私立学校と生徒の関係には適用されないと指摘したうえで（⇒第3講3），パーマ禁止は，高校生にふさわしい髪型を維持し，非行を防止するためという理由があるから，社会通念上不合理なものではなく，違法ではないと判示した（最高裁判決1996. 7. 18）。同じ髪型の規制でも，他の髪型を選択する自由がまだあるパーマ・染色の禁止と，その自由をまったく否定する丸刈りとでは，評価が異なるかもしれない。

　道路交通法は，16歳以上の者の二輪車免許取得を認めているが，事故防止と暴走族対策を理由に，高校・PTAが一体となって「三ない運動」を展開してきた。バイクに乗る自由は，髪型の自由にも増して，重要度の評価に争いがある。バイクに乗るのは，個人的趣味にすぎないとする判例（千葉地裁判決1987. 10. 30）があるかと思えば，「憲法13条が保障する国民の私生活における自由の1つとして，何人も原付免許取得をみだりに制限禁止されない」とする判例もある（高松高裁判決1990. 2. 19）。最高裁は，この問題についても，憲法の自由権規定は私立学校と生徒の関係には適用されず，また，三ない校則は社会通念上不合理とはいえないと判示した（最高裁判決1991. 9. 3）。

5　社会の中の子どもの権利

子どもの性的搾取　児童の権利条約34条は，「あらゆる形態の性的搾取及び性的虐待から児童を保護すること」を国に求めている。少なからぬ子どもが性的虐待を受け[*8]，世界で200万人を超える子どもが買春や子どもポルノを含む商業的性的搾取の被害を受けているともいわれている[*9]。

* 8　森田ゆり『子どもへの性的虐待』（岩波新書，2008年）。
* 9　日本弁護士連合会編『子どもの権利ガイドブック』（明石書店，2006年）382頁以下。

これまでも，性的被害に対しては，刑法の強制性交等罪（177条）や強制わいせつ罪（176条），児童福祉法の淫行をさせる罪（34条1項6号），青少年保護条例の淫行処罰などの法的対応がなされてきたが，いずれも難点を抱えており，子どもの権利が十分に守られているとはいえなかった。そこで，近年，国が積極的に法律の制定・改正に取り組んでいる。

子どもポルノ　諸外国で子どもを登場させるポルノに対する法規制が行われるようになったのは，1970年代のことだ。1980年代後半からは，子どもポルノの頒布または頒布を目的とする所持のみならず，単純所持も違法とする国が増加してきた。そのねらいは，子どもポルノの需要を減らし，市場の壊滅につながること，写真などの存在自体が被写体となった子どもを苦しめているから，所持の禁止でその苦しみを取り除くこと，である。

日本は1999年，児童買春児童ポルノ処罰法を制定した。この法律は，「児童ポルノ」の頒布・販売・業としての貸与・公然陳列（その目的での製造・所持・運搬・輸出入）を処罰する。表現の自由との関連も論議されたが，欧米の《児童の性的な自己決定権は侵害されやすく，表現の自由よりも児童保護を優先させるべき》との考え方を採用した。しかし，単純所持は対象外だった。

インターネットの普及により，子どもポルノは国境を越えて流通している。アメリカでは子どもポルノの被害者が3歳以下の幼児にまで及ぶなど問題が深

刻化しており，アメリカ政府が日本政府に対し，単純所持を処罰する法改正を求める事態にまで至っていた。ようやく2014年，児童買春児童ポルノ処罰法が改正され，単純所持が処罰されることとなった。

　実在の子どもを被写体としないマンガやアニメ，CGについてはどう考えればいいだろうか。アメリカの連邦最高裁判決（2002年）がいうように，実在の子どもを描写するポルノの禁止は，表現の内容に対する規制ではなく，表現の手段を規制するもの（内容に中立的な規制）だから正当化されるが，実在しない児童を描写するポルノの禁止はまさに表現の内容そのものを規制するものであるから，これを正当化するには極めて重大な利益がなければならない（⇒第7講4）。マンガ・アニメのポルノの規制が子どもへの性犯罪を減少させることが立証されれば，規制は正当とされるが，はたしてどうだろうか。

　　子ども買春　強制わいせつ罪・強制性交等罪は個人的法益（性的自己決定権）に対する罪と考えられている。そこでは，自己決定に基づく売春まで禁止できるか，という議論の余地がある。しかし，子ども買春はちがう。それは，自立していない子どもに対する強制と暴力の一形態なのだ。

　アジアだけでも百万人以上の子どもが買春の犠牲になっているといわれる。買春をする大人には日本人も含まれる。現地の法律で逮捕されても，保釈となって帰国すればそのまま処罰されないケースも多かった。13歳未満の子どもへのわいせつ行為（刑法176条後段）や強制性交等（同177条後段）は，国外での行為であっても，同意の有無にかかわらず処罰できる。しかし，これらの罪は親告罪だったので，被害者またはその親が，半年以内に告訴しなければならず，実際に処罰につながることは稀であった。2017年の刑法改正で非親告罪となった。

　児童買春児童ポルノ処罰法は，18歳未満の児童相手の「買春」（対償を供与して行う性交等）とその周旋・勧誘を処罰する。親告罪ではなく，国外犯も対象となる。ここ10年程被害者数は減少しているが，SNSやプロフといったコミュニティサイトに起因して被害に遭う例が増えている。

　　社会の中の子ども　子どもの権利をめぐる問題は，ほかにも数多くある。子どもの貧困（⇒第8講1）の深刻さは，強調してもし

ぎることがない。国もようやく重い腰を上げ，2013年，子どもの貧困対策推進法を制定した。「子どもの将来がその生まれ育った環境によって左右されることのないよう，貧困の状況にある子どもが健やかに育成される環境を整備する」（1条）という同法の目的は重要である。しかし，この法律に基づいて政府が定めた大綱には，ひとり親家庭への児童扶養手当を増やすことも見送られ，子どもの貧困率を下げる数値目標もない。

　政府の対策が遅れてきたのは，親の養育責任を重視する考えが根強く，また「甘やかすとためにならない」と子どもにも努力を求める意見が強いからだろう。子どもを育てる地域や親族の補完的機能が弱まり，社会的格差が拡大した現在，自己責任を求めて解決できる状況にないことを知らなければならない。為政者には，問題の深刻さにふさわしい措置を取ることが強く求められる。

　子どもの貧困問題を解決するために政府の役割と責任が大きいことはいうまでもない。でも，それを待っていられない現実がある。今そこで困っている子どもに，大人が「おせっかい」でも手を差し伸べることが求められている。

mensaje

　生徒の意見に耳を貸さずに，校長が「日の丸・君が代」のある卒業・入学式を強行した（⇒第7講冒頭参照）のは，「子どもの意見表明権」の侵害にあたる。日本弁護士連合会は，埼玉県立所沢高校生らから出されていた人権救済の申立てに対して，そう判断しました（朝日新聞2001年2月7日）。本講で学んだように，この権利は児童の権利条約の核心にあたる権利です。

　しかし，どうも日本の子どもは意見表明が必ずしも得意ではないようです。それには，国連の児童の権利委員会からも，「児童相談所を含む児童福祉サービスが児童の意見にほとんど重きを置いていないこと，学校が児童の意見を尊重する分野を制限していること，政策立案過程において児童が有するあらゆる側面及び児童の意見が配慮されることがほとんどないことに対し，引き続き懸念を有する。委員会は，児童を，権利を有する人間として尊重しない伝統的な価値観により，児童の意見の尊重が著しく制限されていることを引き続き懸念する」と指摘されています。

　子どもは誤りをおかしながら成長するものです。取り返しのつかない間違いを防止するのは大人の義務でしょうが，生き方を主体的に自ら選択できるように，子どもが自分の意見をもち，表明できるように支える社会でありたいものです。

第13講

障害があっても自分らしく生きたい——障害者の人権

ある家のリビングルーム。高校生の姉と中学生の妹が学校での出来事について話している。

妹：今日さ，学校に車いすの人が来てくれて話を聞いたんだけど，障害者には「4つの障壁（バリア）」があるんだって。①物理的な障壁（交通機関，建物などのバリア），②制度的な障壁（障害者は専門職の資格を認めないなどの欠格条項），③文化・情報面の障壁（点字や手話サービスがないなど）。これらは，かなり改善されてきたって聞いたよ。え〜と，あと1つなんだっけ？

姉：④意識上の障壁だよ。障害者をこわいとかかわいそうとか，対等な人間として考えないこと。

妹：そう！　私も障害のある人を見ると，ついかわいそうと思っちゃう。これって，たしかに「上から目線」だよね。障害者施設で多くの人が殺された事件で，重い障害のある人は生きる意味がないって犯人が言ったのは，本当にひどいと思うけど，私の中にも差別意識があるのを自覚した。

姉：障害のある人も当たり前の感情や希望をもっていることを，つい忘れてしまうよね。

妹：今日のお話の中で，障害者施設で暮らしている女性の詩が紹介されたよ。「神は私に命令します。あきらめろと。デートをすることも，テニスコートを走ることも，旅行をすることも，キャンプをすることも。どうしてあきらめなければならないのですか。最初から最後まであきらめ通せというのですか。私はまだ若いから，あきらめきれません」。もし私がその人の立場だったら，あきらめることなんてできないと思う。

　ところでさあ，お話の最後に宿題をもらったんだ。すごく大事なことなんだって。"Nothing about us without us！"　英語の得意なお姉ちゃんならわかるよね。

姉：「私たちのことを私たちぬきで決めないで」。今まで障害者に関することを，本人たちの声を聞かずに決めていたけど，これからは障害のある人たちを中心に考えていこう，という意味じゃないかな。

1　障害者って誰？

障害者人口　日本の障害者人口は，身体障害者436万人，知的障害者109.4万人，精神障害者419.3万人，合計964.7万人（人口の7.6%）である[*1]。ところで，めがねをかけている人や不妊症の人は障害者だろうか？　高齢者や子どもと比べると，障害者とは何かの定義はけっこう難しい。ある障害者は「お見合い話が来ない人」と言ったが，障害者基本法（2011年改正）では，「身体障害，知的障害，精神障害（発達障害を含む。）その他の心身の機能の障害（以下「障害」と総称する。）がある者であつて，障害及び社会的障壁により継続的に日常生活又は社会生活に相当な制限を受ける状態にあるもの」（2条）と定義されている。日常生活・社会生活，社会的障壁に焦点をあてた定義になった背景に，「障害者」観の転換があった。

＊1　『障害者白書　令和2年版』より。

障害者観の転換　かつては，足にまひがあるなど器官レベルの機能障害をもって障害ととらえていた。ところが，世界保健機関（WHO）「国際障害分類」（1980年版）は，①機能障害（impairment），②機能障害のために自力歩行ができないなど，日常生活上の活動遂行能力が制約される能力障害（disability），③歩けないから社会活動に参加できないなどの社会的不利（handicap），の3つのレベルに分けた。つまり，足が動かなくても，車いすなどの用具によって移動ができ，街のバリアフリーによって社会生活が可能になれば，②③の障害は解消されるのだ。

　さらに，2001年の「国際生活機能分類」では，障害の定義に，物理的な環境，社会的な環境あるいは社会的な態度といった環境因子を加えるとともに，「障害」というマイナス面ではなく，「生活機能」というプラス面から見るように視点を転換している。すなわち，①心身機能・身体構造（body functions and structures），②活動（activities），③参加（participation）の3つの総称が「生活機能」であり，それが問題を抱えた否定的な側面をそれぞれ「機能障害」「活

157

動制限」「参加制約」と呼び，その総称を「障害」ということになった。

このように障害の捉え方が社会化されると，障害者観も，《あれもこれもできない人》から《支えがあればこれができる人》に，《障害者は何もできないから守ってあげよう（保護）》から《障害者を支えて一緒に生きよう（自立支援）》へと，劇的に転換している。

2　障害者の人権のいま

| 障害者施策の理念 | 障害者が人権をもつことを否定する人はいない。だが，

ナチスドイツにガス室で殺された障害者，子宮を摘出された女性障害者，人里離れた施設で一生を終える多くの障害者，レストランで・飛行機で・アパートで「車いすの方はお断り」と言われた障害者，銭湯にはいるのを拒まれた精神障害者——これらは紛れもない事実だ。以下，障害者施策の理念の変遷をたどることにより，障害者の人権を社会がどうとらえてきたか，振り返ってみよう。[*2]

* 2　定藤丈弘「障害者福祉の基本的思想」『現代の障害者福祉』（有斐閣，1996年）所収，『現代社会福祉辞典』（有斐閣，2003年）を参照してほしい。

第二次世界大戦前の日本では，障害者はせいぜい慈善の対象となるくらいだったが，日本国憲法が生存権（⇒第8講）を保障したことにより，障害者施策は憲法上の人権に基づくものとなった。その反面，弱者で保護の対象である障害者にとっての人権はもっぱら生存権だという抜きがたい意識を生み，障害者も自由権や自己決定権を享有することを見えにくくしたともいえる。

訓練によって，障害者の機能的能力を可能な限り最高レベルに到達させることを目指すリハビリテーション理念は，第二次世界大戦後の日本に広まった。身体障害者福祉法（1949年）は，これを「更生」と訳し，法律の目的に掲げた。1980年，カナダで開催されたリハビリテーション・インターナショナル世界大会の席上，障害者から，《私たち抜きで，私たちのことを決めないで》と，障害者の問題を扱うこの会議では各国代表の委員に障害者が過半数参加す

ることが必要だという動議が提出された。執行部がこの提案を拒否した結果，当事者団体である「障害者インターナショナル」が設立された。リハビリテーションは，個人の人生変革のためのひとつの手段であり，主人公は障害者本人であることが確認された。

　《当たり前の生活を，すべての人に》を意味するノーマライゼーション思想は，1950年代のデンマークで生まれ，日本では1980年代を通じて急速に定着していった。《施設から地域へ》，《保護から人権尊重へ》といった変化の背景として作用したのが，ノーマライゼーションだった。このことを，国連「障害者の権利宣言」（1975年）はこう宣言している。「障害者は，……同年齢の市民と同等の基本的権利を有する。このことは，まず第1に，可能な限り通常の，かつ，十分満たされた相当の生活を送ることができることを意味する」。

　こうして，障害者施策は保護一本やりの局面を脱し，《障害者は自らの人生の主人公》というとらえ方が一般的となっていったのだ。

障害者権利条約　2006年12月13日，ひとつの条約が国連総会で採択された。「障害者の権利に関する条約（Convention on the Rights of Persons with Disabilities）」（以下，障害者権利条約という[*3]）。障害者に関する，法的拘束力のあるはじめての人権条約だ。人権条約の中でこの条約交渉ほど，当事者がかかわった会議はない。

　＊3　「障害者」(disabled persons)」ではなく「障害のある人」(persons with disabilities) という表現にも，こだわりが感じられる。

　障害者権利条約は，障害者の人権観に重大な一石を投じるものとなった。条約が「一般原則」（3条）としてあげている，(a)固有の尊厳，個人の自律および個人の自立の尊重，(b)無差別，(c)社会への完全かつ効果的な参加および包容(inclusion)，(d)差異の尊重並びに人間の多様性の一部および人類の一員としての障害者の受入れ，(e)機会の均等，(f)施設およびサービス等の利用の容易さ(accessibility) などを見ると，現代において当事者が何を大切にしているかがうかがえる。

　日本は，障害当事者が多数を占める政府の推進会議の議論を経て，いくつか

の重要な法律改正を行ったうえで，2014年，同条約を批准した。

3　障害者の自立・自己決定権

自立生活運動　常時介護を必要とする全身性障害者が中心となって展開されている自立生活運動を支えているのが，同時多発的に世界で生まれた自立生活思想である。アメリカでは，1970年，ポリオで首から下がまひしているカリフォルニア大学バークレー校の学生が，学内に介助サービス等を提供する障害学生支援を開始したことに由来する。彼が卒業後の1972年に設立した「自立生活センター」（障害者が主体としてサービスを提供）は，現在では全米に400カ所以上ある。

＊4　中西正司・上野千鶴子『当事者主権』（岩波新書，2003年）24頁以下，渡辺一史『こんな夜更けにバナナかよ』（北海道新聞社，2003年）152頁以下を参照してほしい。

　この運動は画期的だった。障害者自身が《サービスの受け手から担い手に》変わるとともに，自分で稼いで生活することではなく，自分の人生をどうするかを自分で決めることが大事であり，そのために必要な支援を社会に求めるのは当然の権利だという，新しい「自立」観を打ち立てたのである。

「青い芝の会」　同じ頃日本でも，主張する障害者が出現した。日本脳性マヒ者協会「青い芝の会」の運動である。1970年，脳性まひの2人の子を育てていた母親が養育に疲れ下の娘を絞殺した事件で起きた減刑嘆願運動が，脳性まひ者の生きる権利を否定するとして，厳正裁判を要求した運動，そして，1972年，胎児が重度の障害のおそれをもつ場合に人工妊娠中絶を認める「胎児条項」を追加する優生保護法改正に反対する運動で脚光を浴びた同会は，その後も，車いす利用者の乗車拒否を行うバス会社に抗議して，バス占拠などの激しい運動を展開した。

　「われらは強烈な自己主張を行う」「われらは愛と正義を否定する」「われらは問題解決の路を選ばない」と，根源的に「健全者文明を否定」する行動綱領

を掲げる青い芝の会の運動は，日本社会の伝統的な障害者観を揺さぶった。その延長線上に，自立生活センターの設立が相次ぎ，現在では約120団体にもなっている。自立生活センターは，代表と事務局長が障害者，運営委員の過半数が障害者という障害者の主体性を確保するルールを堅持している。

新しい「自立」観　もともと近代法が前提とする人間像は，身体的・精神的・経済的に自立した強い個人であった。そのような自立観では，特に重度障害者は「自立困難」とみなされ，施設・家庭で他者に依存した生活を強いられることになる。「人の助けを借りて15分かかって衣服を着，仕事に出かけられる人間は，自分で服を着るのに2時間かかるために家にいるほかない人間より自立しているといえる」という障害者運動が打ち出した自立観は，近代個人主義的な自立観を転換したのだ。

　必要な介護・支援を受けながら自分の意思に基づいた生き方をする。このような自立観は，現代国家においては《個人が自己の生の作者である》ことを強調する必要があるとの認識に基づいて，自己決定権を人権体系の中核に据える現代人権論[*5]と呼応しているといえる。依存的な生を強いられてきた障害者ほど，《自己の生の作者》であることを願ってきたものはいないのだから。

＊5　佐藤幸治「憲法学において『自己決定権』をいうことの意味」同『日本国憲法と「法の支配」』（有斐閣，2002年）所収。

4　平等と「合理的配慮」

「差別」とは？　憲法14条が定める法の下の平等は，障害者を合理的な根拠なく差別することを禁止する（⇒第5講）。かつて，市の条例によって精神障害者が城の天守閣に登ることを禁止されていたことがある。この差別に「合理的な根拠」があると抗弁することはできないだろう。それでは，車いす利用者が，その仕事を遂行する能力はあるのに会社に段差が多いという理由で採用を拒否された場合，あるいは，視覚障害者が就職試験で点字での受験を認められなかったら，差別だろうか？　差別にあたるか判断に迷

うことも少なくない。

　国民年金法が20歳以上の国民を強制加入としながら学生については任意加入とした結果，学生時代に障害を負った場合に障害基礎年金が支給されないことが法の下の平等に反するか否かが争われた訴訟で，最高裁は，この措置が「何ら合理的理由のない不当な差別的取扱いであるということもできない」として，違憲の訴えを退けた（最高裁判決2007.9.28）。障害者が「差別された」と訴えても，なかなか裁判所には聞き入れてもらえないのが現実であった。

　　障害者権利
条約の「差別」　しかし，障害者権利条約はこうした事態を一変させるかもしれない。「締約国は，障害に基づくあらゆる差別を禁止する」（5条2項）と規定したうえで，同条約は憲法とは異なり，次のように「差別」を定義し，新たな平等理念を打ち立てた（2条）。

　①障害に基づく区別・排除・制限であって，人権と基本的自由を害するもの
　　（直接差別）。
　②障害に基づく区別・排除・制限であって，人権と基本的自由を害する目
　　的・効果を有するもの（間接差別）。
　③合理的配慮（reasonable accommodation）を行わないこと。

　かつて，聴覚障害者は医師や薬剤師になれなかった。法律の中に欠格条項があったからだ。これなどは，明らかに①の差別に該当する。また，駅が混雑する時間帯に車いす利用者が切符を買って改札を通ろうとすると，駅員に「忙しいときに来ないでほしい」と追い返された事件があったが，これも同じく許されない差別だ。この種の差別を正当化することはできないだろう。

　差別する意図はなかったとしても，就業規則に「マイカー通勤禁止」を掲げるのは，下肢障害者に対する間接差別（②）にあたるかもしれない。差別するつもりはなくても，客観的に差別の効果をもつものはすべて差別だとするものだ。事例によっては微妙な判断を迫られることも予想されるが，ここまではまだ，従来の差別観の延長線上にあるものといえよう。

　　合理的配慮　それでは，段差があるので不採用，点字受験の拒否といった前述の事例は差別にあたるのだろうか。権利条約は，このような場合を「合理的配慮を行わない」という理由で差別と把握して

いる（上記③）。合理的配慮とは，「特定の場合において必要とされる，障害の
ある人に対して他の者との平等を基礎としてすべての人権及び基本的自由を享
有し又は行使することを確保するための必要かつ適切な変更及び調整であっ
て，不釣合いな又は過重な負担（a disproportionate or undue burden）を課さない
もの」（2条）をいうとされている。

　障害者と非障害者とを異なって扱っていないわけだから，従来の概念ではこ
れを差別ということは難しかった。しかし，上記の事例を見ればわかるよう
に，このような取扱いは障害者に非常に過酷な結果をもたらす。「合理的配慮」
という新たな概念は，こうした状況を劇的に変える可能性があるのである。

障害者差別解消法　　権利条約のこのような新しい差別概念を受けて，2013
年，「障害者差別解消法」が制定された（2016年4月施行）。
同法は，行政機関等と民間の事業者に対し，「不当な差別的取扱い」（前出①②）
を禁止するとともに，行政機関等に「その事務又は事業を行うに当たり，障害
者から現に社会的障壁の除去を必要としている旨の意思の表明があった場合に
おいて，その実施に伴う負担が過重でないときは，障害者の権利利益を侵害す
ることとならないよう，当該障害者の性別，年齢及び障害の状態に応じて，社
会的障壁の除去の実施について必要かつ合理的な配慮をしなければならない」
と定める（事業者については努力義務）。

　「不当な差別的取扱い」の例としては，電動車いすの使用者の飛行機搭乗を
認めない（直接差別），レストランが盲導犬同伴の入店を拒否する（間接差別）
などがある。「合理的配慮」は，障害者によって多様で個別性が高く，特定す
ることが難しい。投票所の入り口に段差があり，スロープや手すりもなく，ま
た，介添えもなかったため，建物に入れず投票できなかった場合，視覚障害者
が商品の内容を識別できるような点字表示がないため，商品の選択ができな
かった場合などが挙げられるだろう。今後，行政機関・事業者と障害者の間
で，建設的対話によって相互理解を得ることが求められる。

5　障害者をめぐる人権問題

障害者の隔離と
人間の尊厳・
個人の尊厳

障害者をめぐる人権問題は，以上のような自己決定権や平等に限られない。どのような問題があるのだろうか。まず，憲法は，「個人として尊重」（個人の尊厳）（13条）という原理を保障している。この根底には，人間の尊厳の原理がある（⇒第5講）。障害者の処遇は，これらに基づいてなされなければならない。

　らい予防法（1996年廃止）によるハンセン病患者・元患者の強制隔離について，裁判所は，「人として当然に持っているはずの人生のありとあらゆる発展可能性が大きく損なわれるのであり，その人権の制限は，人としての社会生活全般にわたるものである。このような人権制限の実態は，単に居住・移転の自由の制限ということで正当には評価し尽くせず，より広く憲法13条に根拠を有する人格権そのものに対するものととらえるのが相当である」として，違憲を宣言した（熊本地裁判決2001. 5. 11）。

　障害者の施設入所をこれと同視することはできないが，施設において，入居時に施設側の処遇に本人・親は反対できないとの同意書や死亡時の解剖の承諾書をとられたり，脳性まひ者に対して実験的な手術が実施されたり，介助を楽にするために，女性も含めズボンの入院着や坊主頭を強いられたりといったことが行われていたのも事実だ。重度障害者がこのような施設を出て自立生活を目指した行動は，自らの不便をも選択し，危険に挑むもので，まさに人間の尊厳・個人の尊厳をかけた実践だったといえる。

（提供　朝日新聞社）
岡山県瀬戸内市の長島。2つのハンセン病療養所がある。

**障害者自立支援法
と　生　存　権**　2006年，「障害者及び障害児がその有する能力及び適性に応じ，自立した日常生活又は社会生活を営むことができる」（1条）ことを目的とする障害者自立支援法が施行された。これまで身体障害・知的障害・精神障害に分立していた障害者施策の一本化，就労支援の強化などのプラス面はあるものの，受けたサービス量に応じて自己負担するという定率（応益）負担の導入，専門家が判断する障害程度区分による支給決定は，法律制定に反対していた障害者団体の懸念通り，障害者の生活を直撃した。

　一定の負担軽減措置があるとはいえ，サービスを多く必要とする重度障害者ほど負担が増えるという定率負担によって，施設利用料の滞納者や退所者が急増した。食事やトイレの回数を減らすなど生命・健康に影響を及ぼす苦肉の自衛策を強いられた人もいる。障害程度区分による支給決定の結果，サービスが減らされた人も多い。[*6]

＊6　DPI（障害者インターナショナル）日本会議によるアンケート（2006年6月，10月）（季刊福祉労働113号，2006年12月，12～21頁），朝日新聞2007年8月24日（埼玉版）。

　このような効果をもたらす法律は，「健康で文化的な最低限度の生活を営む権利」（憲法25条）を侵害しているのではないか。障害者の働く場であり，ホッとできる居場所である共同作業所に通う精神障害当事者は，こう述べている。「いったいこの国の精神障害者と呼ばれる人々の幾人が障害者自立支援法の名の下に作業所を去っていったのでしょう」「私の周囲のメンバーの人の中には利用料を取られ始めたら，実際に通うのが困難となるか不可能となる人が少なからずいます。何と言っても一番の打撃は精神的なものでしょう。なぜ働くために金を払わなければならないのかといった疑問です。納得いく説明のできる福祉専門職者は1人もいないはずです」。

　このような疑問の声に応えて，自立支援法の違憲を訴える訴訟が各地で提起された。2010年，話し合い解決を呼びかけた国と原告団との間で基本合意が成立した。それによれば，自立支援法が「障害者の人間としての尊厳を深く傷つけたこと」を国が認め，障害者を中心とした「障がい者制度改革推進本部」に

おいて新たな総合的福祉制度を策定することとなった。

　2013年4月から，障害者自立支援法が障害者総合支援法に改正された。推進会議の提言を受けた改正だが，自立支援法の骨格は変わっていないとの批判もなされている。

| 障害児の教育を受ける権利 |

かつて，障害のある子どもは，施設や養護学校（現在の特別支援学校）に通い，場合によっては就学猶予とされるのが当たり前だった。憲法26条2項が子どもに教育を受けさせる義務を親に課しているにもかかわらず，重い障害のある子どもは教育を受ける機会すら与えられないことがあったのだ。

　憲法26条1項は，「能力に応じて，ひとしく教育を受ける権利」を保障する。身体障害のある受験者が高校の全課程を履修する見通しがないという判断に基づいて不合格とされた事件で，裁判所は，施設・設備面で養護学校が望ましかったとしても，「少なくとも，普通高等学校に入学できる学力を有し，かつ，普通高等学校において教育を受けることを望んでいる原告について，普通高等学校への入学の途が閉ざされることは許されるもの」ではなく，「障害者がその能力の全面的発達を追求することもまた教育の機会均等を定めている憲法その他の法令によって認められる当然の権利」と判示した（神戸地裁判決1992. 3. 13）。学力があり，普通高校への進学を望んでいる障害児の進学を拒否することは憲法上できないという判断だ。

　ところで，学校教育法は，「幼稚園，小学校，中学校又は高等学校に準ずる教育を施すとともに，障害による学習上又は生活上の困難を克服し自立を図るために必要な知識技能を授ける」特別支援学校（71条）や，特別支援学級（75条2項）の設置を規定している。障害児がどの学校に就学すべきかは，都道府県教育委員会が指定する（学校教育法施行令14条）。保護者の意見聴取の規定（同施行令18条の2）はあるものの，子どもや保護者の希望がかなえられることは保障されていない。このような分離による特別支援教育について，判例は，憲法26条に違反するものではないとしている（東京高裁判決1982. 1. 28，旭川地裁判決1993. 10. 26，札幌高裁判決1994. 5. 24）。

　しかし，障害者権利条約は，事態を変えるかもしれない。同条約24条は，

「教育についての障害者の権利……を差別なしに，かつ，機会の均等を基礎として実現するため，障害者を包容するあらゆる段階の教育制度及び生涯学習を確保する」と定めている。この権利の確保のために，条約は締約国に対して，「障害者が，他の者との平等を基礎として，自己の生活する地域社会において，障害者を包容し，質が高く，かつ，無償の初等教育を享受することができること及び中等教育を享受することができること」，「個人に必要とされる合理的配慮が提供されること」，「障害者が，その効果的な教育を容易にするために必要な支援を一般的な教育制度の下で受けること」などを要求している。

　条約の趣旨をどのように把握し，学校教育制度に反映させていくか，今後の展開が注目される。

移　動　の　自　由　憲法22条1項は，居住・移転の自由を保障する。この自由には，住居を定め，移転することのみならず，旅行など一時的な移動も含まれる。ただ，これは自由権であり，国に積極的な対応を求める権利ではない，と一般に理解されている。街や交通機関に段差などの物理的なバリアがあるために，障害者の移動が事実上妨げられるとき，憲法に基づく権利として国や地方公共団体に是正を要求することは難しいのが現実だ。

　日本では，1990年前後から公共の建物や交通機関におけるバリアフリー（アクセシビリティ）を目指す施策が推進されるようになり，ハートビル法（1994年制定），交通バリアフリー法（2000年制定），両者を統合する移動円滑化促進法（2006年制定）に結実した。これらの施策によってバリアフリーは相当進んでいるが，権利の名で改善を主張するには限界があった。

　障害者権利条約は，この領域でも大きな役割を果たすかもしれない。同条約20条は，締約国に「障害者自身ができる限り自立して移動することを確保するための効果的な措置をとる」義務を課し，「自ら選択する方法で，自ら選択する時に，かつ，負担しやすい費用で移動すること」や，各種の支援用具の利用促進，移動を介助する専門職員の移動技能訓練の提供などを求めている。障害者自立支援法の施行によるサービスの減少で，最も影響を受けたのが外出支援だといわれる。社会生活の基盤である移動・外出を困難とする制度改正が，権利条約によって課される国の義務に違反しないか，検討が必要であろう。

메세지

ドイツの法学者・イェーリングは，『権利のための闘争』（1872年）の中で，「権利のための闘争は権利者の自分自身に対する義務である。人間にとっては，精神的生存の条件の１つが権利の主張なのである。権利がなければ，人間は家畜なみになってしまう。したがって，権利の主張は精神的自己保存の義務であり，権利の完全な放棄は精神的な自殺である」と述べています。本講では，障害者が自らの尊厳をかけて社会に訴えて，権利を実現してきた様相が明らかになりました。問題は，社会の側にあったのかもしれません。

国連の「国際障害者年行動計画」（1980年１月30日国連総会採択）にはこう記されています。「われわれの社会は，障害のない人，障害のある人をはじめとしてさまざまな特質をもった人々の集まりであり，そのさまざまな場においても障害のある人と障害のない人とがともに存在することがノーマルな状態である」「ある社会がその構成員のいくらかの人々を締め出す場合，それは弱くてもろい社会である」。

かみしめたい言葉ですね。

第14講

路上に生きる——ホームレスの人権

　2006年1月30日，大阪市内の2つの公園で，ホームレスの住むテントを市が強制撤去した。これについての報道を見聞きして，70代男性は，こう述べた。「ホームレスになるまでには同情すべき事情もあったのでしょう。つらいこと，苦しいことも多かったと思います。けれど，私たちの周囲には，この人たちと同じように，あるいはもっと悲しい事情があっても，歯を食いしばって法を守って生きている人が大勢おられます」（朝日新聞〔大阪本社〕2006年2月4日「声」）。同情はするけれども，「公共の場所である公園を不法に占拠」している人たちを行政が排除するのは当然だというのだ。「法を破っている，あるいは，無視する人たちを，法に従って動く側と同列に置いて論じるのは理解できません」。

　その1週間後，これに異議を唱える声が掲載された。ホームレスも人間であり市民であって，憲法が保障する「健康で文化的な最低限度の生活を営む権利」（生存権）が守られるべきであるのに，市が設置した施設は貧弱だと，50代男性は指摘する（朝日新聞〔大阪本社〕2006年2月10日「声」）。

　大学生対象の意識調査によると，ホームレスになった原因を，「働く気がない」「仕事をしたくない」「好きでやっている」「社会を拒絶している」など，「本人のせい」だと考え，支援活動についても，「必要があるのか」「支援しても無駄」「支援するから増える」と否定的だ（鹿嶋達哉「ホームレス問題に対する2つの見方と心理学的関与の可能性」科学研究費補助金研究成果報告書『非定住者の生活ニーズと保健・医療・福祉の支援のあり方』〔2006年5月〕所収）。もっとも，ホームレスの支援者の講義を受講した後には，「いろいろな事情がある」「好きでやっているのではない」と原因を本人に帰する傾向が弱まったそうだが，依然として「軽蔑する，許せない」という意見もあった。

　まぎれもなく人間であるホームレスを，私たちの社会はどう処遇すべきなのだろうか。

1　ホームレスの実態

家 の な い 人 々　日本各地で公園や路上で野宿を余儀なくされる人々が目立つようになったのは，1990年代からだ。明らかにバブル崩壊後の不況を背景にしており，《ホームレスは自ら望んでそういう生活をしている》という見方が一面的であることを示している。

実態調査に見る
ホームレスの現状　ホームレスの実態についての全国的な調査[*1]によれば，2020年1月現在，全国のホームレスは3,992人となっている。25,296人と最大数を記録した2003年の16%に減少したことになる。2002年に施行された「ホームレスの自立支援等に関する特別措置法」に基づいて就職相談や住宅提供などの取り組みが強化されたこと，生活保護の受給のハードルが下がったことの結果といえるかもしれない。しかし，4千人近くの人が屋根のないところで生きているのは，放置してよい問題ではない。

＊1　ホームレスの自立支援等に関する特別措置法2条は，「『ホームレス』とは，都市公園，河川，道路，駅舎その他の施設を故なく起居の場所とし，日常生活を営んでいる者をいう」と定義している。

＊2　厚生労働省による実態調査が，2003年・2007年・2012年・2016年に行われ，詳しい調査報告書が作成されている。概数調査は毎年実施され，結果が厚生労働省のHPに掲載されている。

以下，詳しい調査をした2016年の状況を2003年と比べながら見てみよう。

ホームレスの生活の場所は，公園33.0%，河川敷26.3%，道路15.3%，駅舎9.7%，その他の施設15.7%だった。2003年調査では，公園48.9%，河川敷17.5%だったから，公園の割合が減り，河川敷の割合が増加していることがわかる。寝場所が決まっていない割合が，2003年12.8%から2016年22.5%に増えていることとあわせ，より過酷な生活環境に追い込まれている状況がうかがえる。

2016年調査では，平均年齢が61.5歳で，2003年調査より5.6歳高くなった。

路上生活の期間が5年以上の割合は，2003年の36.9％から2016年は78.0％へと大幅に増えた。

　2016年調査で仕事をしている人は55.6％だった（2003年64.7％）。廃品回収が70.8％と最も多い。月収は，3〜5万円未満が33.6％（2003年19.3％），1〜3万円未満が30.7％（2003年35.9％），5〜10万円未満が18.5％（2003年13.8％）であり，景気に影響を受けつつ，あまり大きな変化は見られないようだ。

　路上生活になる直前の職業は，建設業関係が約5割を占める。正社員が40.4％，日雇いが26.7％だった。路上生活に至った理由は，「仕事が減った」26.8％，「倒産・失業」26.1％，「人間関係がうまくいかなくて，仕事を辞めた」17.1％，「病気・けが・高齢で仕事ができなくなった」16.9％だ。

　今後の生活について，2003年調査では，「きちんと就職して働きたい」が最も多く49.7％，「今のままでいい」が13.1％だった。2016年調査では問いが少し異なるが，「アパートに住み，就職して自活したい」21.7％，「アパートで福祉の支援を受けながら，軽い仕事をみつけたい」12.8％であるのに対し，「今のままでいい」が35.3％と大幅に上昇している。高齢化・長期化の影響と見ることができるだろう。

2　ホームレスにも人権はあるの？

　「ホームレスはごみ」　「ごみを掃除するぞ」と仲間に声をかけ，公園のベンチで寝ていた52歳の男性に火をつけ重傷を負わせて殺人未遂で逮捕された少年は，「乞食は最低で，世の中の役に立っていないから，犬猫と一緒。汚くて街に迷惑をかけており，死ぬのを待っているだけ。死んでも仕方がない」などと話したそうだ。[*3]

＊3　朝日新聞2007年8月6日夕刊。

　ホームレスの3割が，投石・エアガン，火のついたたばこなどで襲撃された経験があるという。[*4]彼らに対する人々の視線はたいてい厳しい。市の保健担当者ですら，「ホームレスに人権はあるのですか」と尋ねるのが現実である。[*5]最

後のセーフティネットである生活保護ですら，住むところがないほど困っているのに，住居不定という理由で支給されないことがある。新型コロナウイルスの経済対策として，1人当たり一律10万円を配る「特別定額給付金」を，住居のないホームレス者は受給できていないという。

＊4　北九州市調べ（2007年1月）。過去に襲撃を受けたことがある人は38.2％，2006年の1年間に襲撃された人が28.4％だった。朝日新聞（西部本社）2007年8月24日。小久保哲郎・安永一郎編『すぐそこにある貧困——かき消される野宿者の尊厳』（法律文化社，2010年）によれば，およそ年に2〜3名の野宿者が少年グループに襲われて殺されているという（12頁）。

＊5　平川茂「『異質な他者』とのかかわり」井上俊・船津衛編『自己と他者の社会学』（有斐閣，2005年）227頁。

| ホームレスと人権 |
しかしもちろん，憲法が定める基本的人権はホームレスにも保障される。ホームレスの自立支援等に関する特別措置法が，法の目的に「ホームレスの人権に配慮」（1条）すべきことをあげ，自立支援施策の目標，国の定める自立支援の基本方針として，「ホームレスの人権の擁護」（3条1項3号・8条2項4号）に言及するのは当然のことだ。

　憲法が保障する個別的人権の中でホームレスにとって最も重要な権利は，「健康で文化的な最低限度の生活を営む権利」（生存権）だろう。この権利を具体化するのが生活保護法である。ホームレスをめぐって生活保護がいかに運用されるかが，本講の中心的な論点となる。この他，国際人権規約上の権利，特に「居住権」の意義と内容をどうとらえるかも重要な課題となる。

| ホームレスの人権の軽さ |
ホームレスの人権は驚くほど軽い。一見「法を破っている，あるいは，無視する」と見える人であっても，その人が権利をもっていれば，「法に従って動く側」（公務員）はたとえ公益のためであってもその権力行使を制約されるのは，当たり前のことだ。必要なのは，ホームレスにいかなる権利が認められ，どういう理由であればその権利の制限が正当化されるか，という冷静な議論である。当然のことながら，周辺住民の圧倒的多数が《出て行ってほしい》と思っているとしても，それだけでは正当化事由とはならない。

　ホームレスと行政を「同列に置いて論じる」のが許せないということは，このような地道な議論をするまでもない，と考えていることを意味する。それは，《ホームレスには人権がない》というのではないにしても，《ホームレスがもっている権利を重くとらえない》という一般の見方を反映している。

3　ホームレスの公園からの強制立ち退き

ホームレスの人権に基づく強制排除？　公園にテントを張って住んでいるホームレスに対して，地方公共団体が《シェルター（仮設一時避難所）入所か，公園退去か》の二者択一を迫って「説得」し，場合によっては強制権限を用いてテントを撤去することがしばしば見られる。その際，ホームレスの側が，「自分の居場所を自分で決める権利」を主張して抵抗するのに対して，公権力側から，屋根のある所に移すことは生存権あるいは居住権を保障することであり，非難されるべき権力行使ではない，との反論がなされることがある。たとえば，2002年2月，名古屋市議会で次のような発言が議員からなされている。「シェルターに強制的に入れるということは私は何も人権侵害につながらないと思うのですよ。むしろ，いいところへ入れてあげるのだから，しかも食事をつけてあげるのだから」[*6]と。

　＊6　藤井克彦・田巻松雄『偏見から共生へ』（風媒社，2003年）305頁。なお，大阪市の西成仮設一時避難所の場合，その食事は夕食のみで，米飯だけでおかずは自分もちである。また，個人のスペースは約2畳の二段ベッドで荷物を置く場所はない。滞在は6カ月までと限られていた。トム・ギル「シェルター文化の誕生――ホームレス自立支援法から2年間」明治学院大学国際学部付属研究所年報7号（2004年）64頁。

　ここでは，「ホームレスに人権がない」とは誰も言わない。現代社会において国や地方公共団体が権力を行使しようとするとき，あからさまに人権を無視して行うことはできない。たとえ，周辺住民多数の排除を求める声に応じた権力行使であっても，建前のうえでは，当事者の人権を一定程度考慮する姿勢をとることは不可欠である。だからこそ，《ホームレスを公園から排除してシェ

ルターに入れることが仮に人権制限になるとしても，それはホームレス自身の人権のためであるから正当化される》という論理を必要とするのだ。しかし，本人が請求してもいないのに，ホームレスに自ら欲しない居住施設への入所を強制することには無理がある。本人のためという理由で本人の自由が制限されることが許されるのは，「限定的なパターナリスティックな制約」（⇒第3講2）に該当する場合のみである。ホームレスは，子どものように，判断能力が制限されているわけではないのだから，このような人権制限は許されないであろう。

「強制的な立ち退きを受けない権利」？　公園にテントを張って居住する者を強制的に立ち退かせる行政側の根拠は，公園の「適正な利用を確保」（ホームレスの自立の支援等に関する特別措置法11条）することだ。これは，近隣住民が立ち退きを要求する主要な根拠でもある。本講冒頭の投書でも，「公共の場所である公園を不法に占拠」することが非難されている。

　たしかに，「不法な占拠」であれば，立ち退きを迫られてもやむをえない。しかし，もしも「強制立ち退きを受けない権利」なるものが認められるとすれば，ホームレスの存在が公園の適正な利用を多少妨げているとしても，「不法」とはいえず，強制立ち退きが安易には認められないということになる。そして，まだ日本の裁判所は承認してはいないが，そのような権利が現に主張されており，一定の法的根拠を備えているのだ。

「居住の自由」と「居住権」　憲法22条1項は「居住・移転の自由」を保障している。これは人権体系上の位置および沿革的な理由から，《どこに居住するかについて公権力から制約されない》という趣旨であると理解されている。たとえ，客観的に見ればひどい居住環境であっても，当人がそこに居を定めると決めた以上，正当な理由がない限り，それを制限することはできないのだ。

　しかし，ホームレスに関連して通常主張される居住権は，憲法上の居住の自由ではなく，国際人権規約から導き出されている。経済的，社会的及び文化的権利に関する国際規約（社会権規約）11条1項は，「この規約の締約国は，自己及びその家族のための相当な食糧，衣類及び住居を内容とする相当な生活水準

についての並びに生活条件の不断の改善についてのすべての者の権利を認める」と規定する。この権利は，居住の自由とは異なり，国に対して一定の行為を請求する社会権的な権利であるとされている。

| 社会権規約委員会 |
| の　　解　　釈 |

　　　　　　　　　この規定を受けて，国連社会権規約委員会は，1991年の「一般的意見4[*7]」において，「住居に対する権利は，たとえば単に頭上に屋根があるだけの避難所」ではなく，「安全，平和及び尊厳をもって，ある場所に住む権利」とみなされるべきであるとする見解を明らかにしている。また，「占有の種類にかかわらず，すべての人は，強制立ち退き……から法的に保護される一定の占有の保証を有する」とする。ここでいう「占有」には，「土地又は財産の占有を含む非公式の定住（informal settlements）」が含まれる。重要なのは，この見解が「非公式の定住」に対しても一定の法的保護が与えられるべきことを明示している点である。これを，「強制立ち退きを受けない権利」といってよいかもしれない。

　＊7　条約の規定は非常に簡潔で，文言だけでは具体的内容が明らかでないので，社会権規約委員会が権利の実現すべき内容について委員の意見が一致したものを「一般的意見」として公表している。同委員会のアイベ・リーデル副委員長の大阪高裁での証言（2003年10月8日）によれば，一般的意見はそれ自体は法ではなく，法的拘束力をもたないが，裁判所は規約を解釈する義務を負い，その際の権威ある非常に有益な解釈の指針である，という（熊野勝之「居住福祉における強制立退きの位置」早川和男ほか編『ホームレス・強制立退きと居住福祉』〔信山社，2007年〕195〜196頁）。「一般的意見4」については，申惠丰「『経済的，社会的及び文化的権利に関する委員会』の一般的意見」青山法学論集38巻1号（1996年）102〜110頁。

　同委員会はまた，1997年の「一般的意見7[*8]」において，強制立ち退きの定義・許容性をより明確にした。「国家は，自ら強制立ち退きを控え，かつ，強制立ち退きを行う国家機関又は第三者に対する法の執行を確保しなければならない」。強制立ち退きが正当化されるためには，①高度な正当化事由，②適正な手続的保護（影響を受ける人との真正な協議，十分かつ合理的な事前の通知など），③代替的な住居の確保，の3要件が必要とされる。これを前述の「一般的意見

175

4」と併せ読むとき，たとえ所有権・賃借権のような法的根拠のない占有であったとしても，安易に強制立ち退きされるべきではなく，公権力側に相当高度な義務が課せられていることがうかがえる。

＊8　申惠丰「『経済的，社会的及び文化的権利に関する委員会』の一般的意見（二）」青山法学論集40巻3・4合併号（1999年）378〜385頁。

社会権規約委員会は2001年9月24日，日本における社会権規約の実施状況について，「総括所見」を採択した。同委員会はその中で，「強制立ち退き，とりわけホームレスの人々のその仮住まいからの強制立ち退き」に懸念を表明し（30段落），生活保護法の全面的適用の確保のための十分な措置（56段落），立ち退き命令および特に裁判所の仮処分命令手続が一般的意見4・7に適合するための是正措置（57段落）を勧告している。

＊9　外務省のHPに掲載されている。その後の総括所見（2013年5月17日）では，ホームレスの問題への言及はない。ホームレスの人数が相当に減少したからだろうか。

問題は，社会権規約11条1項のこのような解釈が法的に正当であるか否かである。この点をめぐって争われたのが，今宮中学校前道路事件である。

今宮中学校前道路事件　大阪市は，道路法に基づいて，市立中学前の市道の歩道部分で生活していたホームレスの居住用テントを撤去した。ホームレスがこの処分を違法であると主張した理由のひとつに，社会権規約が保障する居住権を侵害するというものがあった。

この主張を裁判所は認めなかった（大阪地裁判決2001.11.8，大阪高裁判決2004.9.14）。まず，社会保障法令の国籍要件の合憲性を認めた1989年の塩見訴訟判決（最高裁判決1989.3.2）を引用して，社会権規約11条1項の定める居住権は，国の政治的責任を宣言したものであって，個人に具体的権利を与えていない，とする。また，「一般的意見」は勧告的な意味をもつのみで，裁判規範とはならない。裁判所はそう判断して，「強制立ち退きを受けない権利」の存在を否定したのである。大阪市の2つの公園の強制立ち退きに関する訴訟でも，裁判

所は訴えを認めなかった（大阪地裁判決2009.3.25，大阪高裁判決2010.2.18）。

| 居 住 権 を
| め ぐ る 課 題 |　裁判所のこのような社会権理解に対しては，1990年代以降の社会権規約委員会や国際法学説における理論的深化によって時代遅れになっているとの指摘もある。[*10] それによれば，近年国際社会では，自由権，社会権を問わず，人権の実現のために国家の負う義務を三層構造のもとに理解しているという。すなわち，国家自らが人権侵害を行うことを控える「尊重義務」，国家が第三者によって行われる人権侵害を規制する「保護義務」，個人の自助努力によって達成されえない側面を国家が補い，結果的に人権の完全な実現を達成する「充足義務」の三層である。たしかに，自由権は尊重義務の側面が強く，社会権は充足義務の色彩を濃くもつという特徴が存在することは事実であろう。しかし，それに終始するものではなく，両権利とも三層それぞれの要素を併せもっている。特に，ここでいう居住権の内実であるとされる「強制立ち退きを受けない権利」は（充足義務ではなく）「尊重義務」であるから，合法・違法の判断は即時にでき，裁判所の判断を差し控える理由は存在しないのである。

＊10　阿部浩己『国際人権の地平』（現代人文社，2003年）151～160頁。

それでは，そもそも「強制立ち退きを受けない権利」を社会権規約11条1項の要求と見ることは妥当だろうか。一般的意見4・7により，居住の場所が正規のものではない「非公式の定住」にも一定の保護が与えられ，公権力側が強制立ち退きをするには相当高いハードルを超えなければならないという解釈は，成立するだろうか。

この解釈の根拠である一般的意見が法的拘束力のある規範とはいえないことは，国際法学上も，また社会権規約委員会においても認められている。しかし，一方で，一般的意見は権威ある非常に有益な解釈の指針，補助手段であり，これを利用しないかたちでの判決は裁判の拒否にもなりうる，との見解もある（注7参照）。今後の議論の行方が注目される。

4　ホームレスと生活保護受給権

ホームレスへの生活保護適用の現状　多くのホームレスが「困窮のため最低限度の生活を維持することのできない」（生活保護法12条）状態にあると見られるにもかかわらず，彼らが生活保護を申請しても直ちに保護が行われることは稀であった。

2006年の1年間にホームレスに対して適用された生活保護件数は，30,298件，そのうちの約6割の18,705件は同期間内に廃止となっている。[*11] 意外に多いと思われるだろうが，一般住宅での保護はわずか8％（2,390件）で，最も多いのは入院（38％，1万1467件）だ。病気が治れば路上にもどることになる。次に多いのが無料低額宿泊所（24％，7,162件）で，これも定住を前提にしてはいない。保護廃止の理由の40％（7,390件）が傷病治癒，34％（6,415件）が失踪だという。せっかく生活保護が適用されても，多くが再び路上にもどり，自立につながっていないとすれば，何のための制度なのだろうか。

*11　ホームレスの実態に関する全国実態調査検討会第4回（2007年7月18日）参考資料「自治体ホームレス対策状況結果」より。

2016年実態調査によると，これまで生活保護を利用したことのある人は32.9％いた。2012年調査では25.3％だったから，わずかながら増加している。相談に行って断られたのは2.1％だけだが，利用したことのない人が63.1％にのぼる。

生活保護と住居　生活保護法は，困窮に至った原因を問わず，法の定める要件を満たす限り保護を無差別平等に受けられることを明示している（2条）。自らの資産・能力の活用を優先すべきとする補足性の要件はあるものの，「急迫した事由がある」ときにはまず保護すべき旨を定める（4条3項）。また，「居住地がないか，又は明らかでない要保護者」であっても，「現在地」を所管する福祉事務所が保護を実施しなければならない（19条1項2号）。

つまり，定まった住居をもたないからといって保護の対象外とはされていないのだ。厚生労働省の通知においても，「ホームレスに対する生活保護の適用に当たっては，居住地がないことや稼働能力があることのみをもって保護の要件に欠けるものでないことに留意し，生活保護を適正に実施する[12]」と強調されている。

*12　「ホームレスに対する生活保護の適用について」（平成15年7月31日社援保発第0731001号，厚生労働省社会・援護局保護課長発，各都道府県・指定都市・中核市民生主管部（局）長宛）。

ところが，実際にはホームレスに対する生活保護の適用は厳しく制限されていた。「一定年齢（通常65歳）未満の働く能力のある生活困窮者」と「住所のない者」が生活保護を受けるのは現実には非常に困難だという実情があったのだ。このような違法な法運用は最近まで続いていた。2008年暮れの「年越し派遣村」が，「派遣切り」による多数のホームレス化という現実を白日の下にさらしたことをきっかけに行政も態度を変え，ようやく生活保護法が普通に機能するようになり，ホームレスの保護受給が激増した[13]。

*13　小久保哲郎・安永一郎編『すぐそこにある貧困——かき消される野宿者の尊厳』（法律文化社，2010年）9〜11頁。この本には，後に触れる訴訟に関する論考も収められている。

2つの訴訟　不況で仕事がなくなり，野宿となった50代の男性が，両足痛を訴えて生活保護（医療扶助・生活扶助・住宅扶助）を申請したが，福祉事務所は，就労可能という医師の判断のみに基づいて，1日限りの医療扶助単給の開始決定，翌日廃止の処分を行った。このような取扱いは全国的に広く行われてきた。この処分の取消などを求めたのが，林訴訟である。

第1審・名古屋地裁は，原告の請求を認めた（名古屋地裁判決1996.10.30）。争点である稼働能力の活用について，判決は，「申請者がその稼働能力を活用する意思を有しており，かつ，活用しようとしても，実際に活用できる場がな

ければ,『利用し得る能力を活用していない』とは言えない」と判示する。原告は, 軽作業を行う稼働能力を有してはいたものの, 就労しようとしても実際に就労する場がなかったと認められる。このようにして裁判所は本件開始決定の違法性を認め, これを取り消したのである。

これに対して, 控訴審・名古屋高裁は, 一転ホームレス敗訴の判決を下した (名古屋高裁判決1997. 8. 8)。地裁判決が「具体的な生活環境の中で実際にその稼働能力を活用できる場があるかどうか」とするのに対し, 高裁は「その稼働能力を活用する就労の場を得ることができるか否か」によって判断すべきとする。当時の有効求人倍率からすれば, 職業安定所に赴き, 職業紹介を受けた上で真摯な態度で求人先と交渉すれば就労の可能性はあったとして, 就労の場の可能性を認定している。つまり,《努力が足りないから就労できないのだ》と言わんばかりの判決だった。

2008年, ホームレス状態にあった57歳男性が, アパート等の住居を確保した上で就職活動をしたいと考え生活保護を申請した。しかし, 新宿区福祉事務所長は男性に対し, 緊急一時保護センターの利用を求め, 男性がこれを断ったところ, 稼働能力不活用を理由として, 3度にわたり生活保護申請を却下した。却下処分の取消しを求めた訴訟で, 東京地裁は, 男性が利用し得る能力を, その最低限度の生活の維持のために活用していたものであって, 稼働能力活用要件を充足していると認め, 男性の請求を認容した (東京地裁判決2011. 11. 8)。控訴審も, 一審判決の判断を維持し, 生活保護申請の却下処分は, 生活保護法の解釈, 適用を誤った違法な処分であると断じた (大阪高裁判決2012. 7. 18)。

| ホームレス観の源流 | 「健康で文化的な最低限度の生活」を営めていないことが一見してわかるホームレスに対する生活保護の適用を |

拒むことは,「すべて国民は, この法律の定める要件を満たす限り」(生活保護法2条) 無差別平等に保護が受けられるという原理からすれば, 明らかに違法である。

実は, ホームレスを貧困者一般と分けて扱う傾向は生活保護法成立時から存在していたという。行政側にしてみれば, 常用雇用の人々の失業は問題であるが, もともと不安定な生活をしているホームレスの場合, 何日か住む場所がな

くてもたいしたことはないという逆転の思考があるというのである。

　このようなホームレス観の源流をたどれば，人々の価値観・社会意識のあり
ように行き着く。すなわち，「近代社会の『普通』の貧困は，……差異や不平
等をもった『われわれ』の社会の序列の下位に位置づけられた，価値の低い
『生きていく場所』しか確保できなかった人々の状態を問題視したところに登
場した。これに対して『ホームレス』や『アンダークラス』の貧困は，『われ
われ』の社会のなかには『生きていく場所』を確保できなかった人々の，ある
いは『われわれ』の社会の外に追いやられた『かれら』の貧困を示している[*14]」
というとらえ方である。生活保護行政による法に忠実とはいえない運用が，こ
のようなホームレス観に影響されたものであることは，容易に想像される。

　＊14　岩田正美『ホームレス／現代社会／福祉国家』（明石書店，2000年）27頁。

　問われているのは，われわれの意識なのかもしれない。

対大家的鼓励

　人権の根源は，「人間の尊厳」を自他共に信ずることです。名古屋で野宿生活をし
ている人が支援者にこう語ったそうです。「野宿に追いやられて，腹が減って，初め
てゴミ箱に手を突っ込まないといけなくなった時は，たまらなかった。恥ずかしいの
で誰も見ていないことを確認して，手を突っ込み残飯を食べた。ああ，とうとう俺も
こんなものを食べなければならないようになってしまったかと思うと，情けなかっ
た。人間としての誇りを奪われるように思われたよ。藤井さん，野宿とは，そういう
ことを繰り返すことなんだよ。そのたびに人間の尊厳が奪われていくんだよ。そし
て，ゴミ箱に手を突っ込むことを恥ずかしく思わなくなり，人前でも突っ込むことに
なる。どんどん奪われるんだよな」（藤井克彦・田巻松雄『偏見から共生へ』〔風媒
社，2003年〕17頁）。

　ホームレスという人はいません。いるのは１人ひとりの人間です。私たちはつい，
人を属性で決めつけがちです。一般の価値観からすると厳しく見られがちなホームレ
スに対しては特にそうでしょう。だからこそ，１人ひとりの人間の苦悩と主張を理解
したいものです。

第 **15** 講

人権を保障されるのは日本人だけ？——外国人の人権

Tina: Oh, It's already 8 o'clock!

Rachel: Wrap it up! I am starving. Let's go to the dinner.

(in the dining room)

Tina: ⋯ so you finally decided to chuck him.

Rachel: No! ... I ... I just thought it is not easy for us to go together as before, since, you know, we have not seen each other for this two years.

Tina: We were too busy to go back home.

Rachel: And we have not paid enough to buy a ticket.

Tina: Right. Most of the money we have earned went to the agency and we have not properly paid for irregular work (⋯ sigh ⋯). O.K. But he was so crazy about you. He used to say "she is the one". I believe he is waiting for you to come back. How about e — mails? You can keep in touch.

Rachel: You know that we do not have access to a computer in this dorm and I am always too tired to go to a Net Cafe.

Tina: Then I recommend you to send him a letter. That'll make him deeply impressed. Write it now.

Rachel: Well, then ⋯ "Dear John" ⋯ .

Tina: ⋯

＊英語で恋人に別れを告げる手紙を "Dear John letter" と呼ぶ。

1 国 籍

国家と個人の
法律的紐帯

自国民と外国人を区別するのは国籍である。国籍は国家と個人を結びつける法的紐帯といわれるが，国籍を与えるルールは今のところ国際的に統一されてはおらず，各国の裁量に任されている。しかし，たいていの国は，血統主義（jus sanguinis）か出生地主義（jus soli）

のどちらかを基準として用いている。前者は，国民の子どもであるかどうかが基準となり，ヨーロッパ大陸諸国が従来とってきた考え方，後者は，その領土内で生まれたことが要件となるもので，イギリスやアメリカ大陸諸国がとってきた考え方だ。ただし，フランスのように，血統主義でありながらも，出生地主義の要素を多分に入れている場合も多く見られる。出生地主義の要素をほとんど入れない血統主義を長年とり続け，移民が何世代後になっても国籍を付与されることのなかったドイツも，2000年から施行されている国籍法で，8年以上ドイツに合法的に定住し，かつ滞在権をもつか3年前から無期限の滞在許可をもっている移民の子どもに自動的にドイツ国籍を付与することになった。また，国籍付与の条件として各国に違いがみられるもう1つの問題として，多国籍を認めるか否か，という問題がある。かつては，国籍保有は国家への忠誠を意味し，特に，兵役義務を負うことがその重要な要素であるので，多国籍は望ましくないと考えられていた。逆に，どの国からも保護が受けられない無国籍者を出すことは望ましくないとの考え方は浸透していて，世界人権宣言でも「国籍を持つ権利」がうたわれている。

日本における国籍取得　日本は，憲法10条で，「日本国民たる要件は法律でこれを定める」と述べており，その委任を受けているのが国籍法である。同法の2条は出生による国籍取得の条件として，①出生の時に父又は母が日本国民であるとき，②出生前に死亡した父が死亡の時に日本国民であったとき，③日本で生まれた場合において，父母がともに知れないとき，又は国籍を有しないとき，という3つの場合を想定している。すなわち，日本の場合は，③で例外的な出生地主義を認めているが，基本的に血統主義であり，外国から日本にやってきた移民は何世代後になっても外国人のままである。

　以上は，出生を事由とする国籍取得についての問題であるが，帰化，再取得という国籍取得形態もある。帰化の条件の1つに，もとの国籍の喪失があり，原則，重国籍は認められていない。国籍法旧3条1項は，日本国民である父と日本国民でない母との間に出生した後に父から認知された子について，準正，すなわち父母の婚姻により嫡出子の身分を取得した場合のみ日本国籍の取得を認めており，これは認知されたのみの子を差別しているという主張があった。

183

最高裁は，その区別は立法目的自体には合理的な根拠があったと認めながらも，家族生活や親子関係の実態も変化し多様化している現在，立法目的との間に合理的関連性がなく，立法府に与えられた裁量権を考慮しても，憲法14条1項に違反すると判断した。日本国籍の取得が日本で基本的人権の保障を受けるために重大な意味をもつことを考慮したものである（最高裁判決2008. 6. 4）。

2　入国・在留・再入国の権利

他 国 へ の 入 国 の 権 利
人は国籍をもつ国で生活する権利をもち，国は自国民を受け入れる義務がある。では，国籍をもたない国に入国する権利は保障されているだろうか？　条約等で約束をしない限り，国家は外国人を受け入れる義務はないというのが国際法のルールだ。日本でも，憲法22条1項違反の有無が争われた1978年のマクリーン事件最高裁判決（1978. 10. 4）でそれは確認された。同判決は，憲法においても外国人が「わが国へ入国する自由を保障されているものではないことはもちろん」，「在留の権利ないし引き続き在留することを要求する権利を保障されているものではない」という。

定 住 外 国 人 の 再 入 国 の 権 利
同事件の原告は，日本に英語教師として1年の在留を認められた人であったが，在日外国人には，永住者や定住者など日本とのつながりが深い人たちもいる。彼らが日本から出国した場合に，再入国する権利は認められているのだろうか？　在留資格は出国すると失われてしまうが，出国前に再入国許可を得ることにより，保持することが可能となる。森川キャサリーン事件（最高裁判決1992. 11. 16）の原告は，当時すでに日本に9年住んでおり，夫と子どもとともに暮らしていた。崔善愛事件（最高裁判決1998. 4. 10）の原告は，韓国籍であるが日本で生まれ育ち，協定永住者（「日本国との平和条約に基づき日本の国籍を離脱した者等の出入国に関する特例法」［入管特例法］によって廃止された「日本国に居住する大韓民国国民の法的地位及び待遇に関する日本国と大韓民国との間の協定の実施に伴う出入国管理特別法」［入管特別法］によって認められていた在留資格）の地位をもっていたが，次節で後述する指紋押捺を拒否したために再入国許可が得られなかった。両原告は，憲法22条1

項と，自由権規約の12条４項を根拠に，法務大臣による再入国不許可処分の違
法性を訴えた。後者は，「何人も，自国に戻る権利を恣意的に奪われない」
（No one shall be arbitrarily deprived of the right to enter his own country）と規定し
ているが，その「自国」は国籍国だけでなく「定住国」も含むと解するべき
で，原告らが日本に再入国する権利は保障されているという主張である。しか
し，裁判所は，どちらの判決においても「自国」は国籍国のみを意味して定住
国は含まないという見解を示した。崔善愛事件最高裁判決が出された年には，
自由権規約委員会が日本政府の第４回定期報告書に対する総括所見を出した
が，そこでは，「自国」という文言は，「自らの国籍国」とは同義ではないと述
べられ，日本で出生した韓国・朝鮮出身の人々のような永住者に関して，出国
前に再入国許可を得る必要性を法律から除去することが強く要請されていた。
再入国に関しては，日本での生活の必要性や重要性への考慮が必要である。

　なお，2012年に，有効な旅券及び在留カード（定住者，永住者，企業で働く人
など配偶者等の中長期在留者に発行される）を所持する外国人は原則として再入国
の意思を表明して出国すれば１年以内，特別永住者は２年以内なら，許可を受
けていなくても再入国できるという「みなし再入国」の制度ができた。

　2020年のコロナ禍の中では，世界のどの国も外国人の入国の制限をした。し
かし，アメリカはグリーンカード保持者とその家族，ドイツやフランスは，永
住者やEU市民に加え，留学生やビジネス関係者で自国に生活拠点がある在留
資格者の再入国を拒否しない措置をとったのに対して，日本は当初，永住者や
日本人の配偶者に対してまで制限を行った（日本経済新聞　2020. 7. 28）。非常時
の対応も常時の体制によって決まってしまった感があり残念である。

3　滞在／居住している外国人の人権

出入国管理
制度と人権
　それでは，日本に入国し滞在している外国人は，日本人
と同様に，日本国憲法の下で人権を保障されるのだろう
か。前出のマクリーン事件判決は，「憲法第３章の規程による基本的人権の保
障は，権利の性質上日本国民のみをその対象としていると解されるものを除

き，わが国に在留する外国人に対しても等しく及ぶものと解すべき」と述べている。これは，権利性質説という考え方で現在の通説である。具体的にどのような権利が問題になるのかを考える前に，マクリーン事件判決が述べているもう1つの要素に注意しておこう。同判決は，「外国人の在留の拒否は国の裁量にゆだねられ，わが国に在留する外国人は憲法上わが国に在留する権利ないし引き続き在留することを要求することができる権利を保障されているものではなく……外国人に対する憲法の基本的人権の保障は，右のような在留制度のわく内で与えられているに過ぎないものと解するのが相当であって，在留の拒否を決する国の裁量を拘束するまでの保障，すなわち，在留期間中の憲法の基本的人権の保障を受ける行為を在留期間の更新の際に消極的な事情としてしんしゃくされないことまでの保障が与えられていると解することはできない」と，述べる。すなわち，保障されている人権でも，それを行使した結果，その人権行使の前提である在留が保障されなくなることを覚悟せよということで，まずここに外国人の人権保障の大きな制約がある。

　出入国管理と人権という点から，2007年11月に導入が始まった入国時における指紋押捺を考えておこう。指紋押捺に関しては，以前，入国時にではなく1年以上の在留の場合に行うことを外国人登録法が定めていた。しかし，指紋押捺は憲法13条の保障するプライバシーの権利，人格権，個人の尊厳などの侵害であり，外国人にのみこの義務を負わせるのは14条の平等違反であるという主張がされていた。1987年には16歳以上の者が原則1回のみという義務に変わり，92年に日韓の政府間協議を経て永住者及び特別永住者に関しては義務が廃止され，95年の最高裁判決（最高裁判決1995.12.15）では合憲と判断されたものの，99年にはついに全廃されるに至った。95年の判決は，まず，13条によって「個人の私生活上の自由の1つとして，何人もみだりに指紋の押なつを強要されない自由を有するものというべきであり，国家機関が正当な理由もなく指紋の押なつを強制することは，同条の趣旨に反して許されず，また，右の自由の保障は，我が国に在留する外国人にも等しく及ぶと解される」と述べた。しかし，その自由も，「公共の福祉のために必要がある場合には相当の制限を受ける」といい，指紋押捺制度は戸籍制度のない外国人の人物特定につき最も確実

な制度として制定されたもので，合理的な立法目的をもつものであるとの判断を下した。このように，本来外国人にも保障が及ぶ人権でも，在留管理，出入国管理のために実際の享有が妨げられてしまうのだ。けれども，指紋押捺は実際は外国人の人物特定についての唯一で不可欠な制度ではない。在留管理という場面では，人権に対する配慮が減少する傾向にある。

　また，在留資格がなく退去強制の対象となっている人に関して，出入国管理及び難民認定法（以下，入管法）は期限を定めずに収容を認めているため，数カ月から数年にわたる収容が行われることがあり，自由権規約委員会や国内の弁護士等から人権侵害を指摘されている。入管法という法律で憲法の定める人権保障が否定されるのは大きな問題といえよう。

　　参 政 権　　権利性質説で最も問題となるのが，参政権である。憲法前文及び1条の「国民主権」を根拠に，「国民」のみを対象としている人権として考えられるが，その「国民」のとらえ方として，国籍保持者なのか，それとも住民という考え方もできるのか，選挙権・被選挙権，国・地方の別を考慮するべきなのか，などの問題がある。

　かつての判例や通説は，国・地方自治体，選挙権・被選挙権ともに禁止説であったが，1995年の最高裁判決（1995. 2. 28）は，傍論において，地方参政権については，永住者などの外国人にも認めることができるという許容説をとった。同判決は，憲法93条2項の「住民」は，15条1項の「国民」と併せて読むべきなので，日本国籍をもつ住民を意味し，定住外国人に参政権を保障していない。しかしながら，憲法の第8章に規定されている地方自治の重要性を鑑みれば，立法府が永住者等に地方選挙権を与えることは憲法上禁止されてはいない，と判断を下したのである。この論理に対しては，住民は日本国籍保持者であるといいながら外国人に地方選挙権を認めたことは矛盾であるという指摘や，住民自治と国民主権を別個の原理でとらえていることが問題だという批判などがあるが，ともかく在日外国人に参政権を認める道を開いたものとして評価できるだろう。ただし，判決は要請説をとらなかったことから，この後この問題は立法府に委ねられることになり，自民党以外の各党から法案は出されたが，未だに定住外国人の地方参政権の実現には至っていない。

公 務 就 任 権

公務就任権についても，日本国民のみを対象としているというとらえ方がされている。1947年には国家公務員法が，50年には地方公務員法が公布され，そのどちらにも国籍条項はなかったが，53年に内閣法制局が，「公務員に関する当然の法理として，公権力の行使，または国家意思形成への参画にたずさわる公務員になるには日本国籍が必要」という見解を示した。また，73年には自治省（当時）が，「地方公共団体の意思形成」にかかわる地方公務員に関しては「当然の法理」に抵触する職員に受験資格を認めることは適当でない，と述べた。それにもかかわらず，外国人の採用に踏み切る地方公共団体が出てきて，96年には政令指定都市としてはじめて川崎市が採用を始めた。また，84年には郵政省（当時）が郵便外務職に対して，86年には自治省が看護3職に関して外国人の採用に踏み切った。さて，これらの地方公共団体は，一定の条件のもとで外国人を採用しているが，それは，永住者や特別永住者に限っていること，そして，「公務員の基本原則」に基づいていることである。具体的にどのような職種から排除されるのかという問題が出てくるが，2005年の最高裁判決（2005. 1. 26）は，管理職選考試験の受験から外国籍の人を一律に排除する東京都の制度を憲法14条には違反しないと判断している。同判決は，「公権力行使等地方公務員」＝「地方公務員のうち，住民の権利義務を直接形成し，その範囲を確定するなどの公権力の行使に当たる行為を行い，若しくは普通地方公共団体の重要な施策に関する決定を行い，又はこれらに参画することを職務とするもの」は，国民主権の原理に基づいて原則として日本の国籍を有する者が就任することが想定されている，と述べた。そして，管理職に昇任することができるものを日本人職員に限定することは，合理的な理由に基づいていると判断したのである。しかし，目的が合理的であったとしても，手段，すなわち，外国人に対して一律に管理職になる道を閉ざしてしまうやり方も合理的であるかは疑問だし，また，裁判で争点になっていた22条1項の職業選択の自由に関する問題に関して判決は何も答えていないなど，外国人の権利を軽視しているように感じられる。

社 会 保 障 に 対 す る 権 利

弱者救済の役割をもつ社会権は，国家がその制度を整えてはじめて保障される権利なので，その国家の構成員に

優先的に与えられる権利だという考え方が成り立ちうる。そのうち，労働権に関しては，労働法が問題とするのは労働者という地位だけなので外国人にも保障が及ぶはずなのであるが，実際には，後述のように，一部の外国人には適正な労働基準が保障されていない現状がある。教育に関しては，26条2項の保護する子女に教育を受けさせる義務が，外国人の親には及ばないと解されているために，学校に行かない子どもが放置されているという問題があるだろう。

　社会保障の面では，日本が1979年に社会権規約，81年に難民条約を批准し，外国人に内国民待遇を保障する義務を負うようになったことから，外国人が受けられない社会保障はなくなってきた。しかし，法改正時に救済措置をとらなかったために一定の外国人が年金受給から排除されてしまい，高齢化した在日コリアンにとって深刻な問題となった（最高裁判決2009.2.3で敗訴確定）。独自財源で無年金外国人に福祉給付金を支給する自治体の動きが広がっていったが，本来は国が行うべきことであろう。また，社会保障の中の，生存権にかかわる部分のみは，一部の外国人を排除している。生活保護法については，厚生省（当時）社会局通達（1950年及び54年）により外国人への準用が認められていたが，日本へ入国する外国人が増加してきた90年に，厚生省の口頭指示により準用の対象が定住者及び永住者等入管法別表第2の在留資格をもつ人に限定された。2001年の最高裁判決では，非正規滞在者が医療扶助を受ける権利を争った事例に関して，同法が基づく憲法25条が具体的な措置を広い立法裁量にゆだねる性質のものであるため，同法の規定は違憲ではないと判断が下されている（最高裁判決2001.9.25）。この考え方は，日本とのつながりが深い外国人に対して人権保障に配慮するという一定の意味があるが，問題となっているのが生存権という人間としての最低限度の生活の保障，すなわち人間の尊厳の保障であることを考えると，日本とのつながりの度合いによって，ひいては国籍によって区別するべきであるのか，という疑問も生じる。また，1989年の最高裁判決は，障害者福祉年金に関して，「その限られた財源の下で福祉的給付を行うに当たり，自国民を在留外国人より優先的に扱うことも，許されるべき」と述べたが（最高裁判決1989.3.2），同年金は生活扶助と同様にやはり無拠出制の社会保障であった。さらに，2014年の判決は，外国人に対する生活保護法による保

護はあくまでも行政措置による事実上の保護であり，法に基づく保護の対象ではなく，外国人は同法に基づく受給権は有しないことを明言した（最高裁判決2014. 7. 18），（憲法25条について第 8 講参照）。

4　日本の外国人受け入れ

日本の出入国管理制度および二国間条約　多くの国は，他国と二国間／多国間条約を結んで，一定の人の入国を受け入れる約束をしている。中には，EU諸国間のように，ほぼ無条件に互いの国民の入国及び居住の権利を認める場合もあるが（この場合でも，公共の安全，公の秩序又は公衆衛生による制限はあるので，自国民と全く同様というわけではない），たいていは，一定の資格や技能をもち，自国に有益と考えられる人の受け入れを約束する。あるいは，一般的に，一定の条件を満たす人の入国を許可する制度を国内法で準備している。日本の場合は，他国との条約による外国人受け入れには以前は積極的でなかったが，現在は，いくつかの国や地域と経済連携協定やパートナーシップ協定を結んでいる。その中には，2006年の日・フィリピン間や07年の日・インドネシア間の経済連携協定のように，「自然人の移動に関する特定の約束」を含み，一定の資格や技能をもつ人（短期商用訪問者，企業内転勤者，投資家，看護師及び介護福祉士候補生など）の受け入れを約束するものもある。

　外国人受け入れのルールを定めているのは入管法だ。日本は在留資格制度をとっており，同法の別表 1 及び 2 に合わせて29の在留資格が規定されている。このうちの別表 2 は，身分又は地位に基づく在留資格であって，そこにあげられている「永住者」，「日本人の配偶者等」，「永住者の配偶者等」，「定住者」，及び，1991年施行の前述「入管特例法」によって認められる「特別永住者」のいずれかの資格をとれば，いかなる経済活動も可能となるが，それ以外の在留資格においては，それぞれに定められている活動のみを行うことができる。

外国人受け入れの実態　さて，このような仕組みのもとで，日本はどのくらいの外国人を受け入れているのだろうか？　2018年に日本に入国した外国人は約3,010万人で，そのうちの約2,463万人が観光目的の新規入

図15－1　在留外国人数の推移と我が国の総人口に占める割合の推移

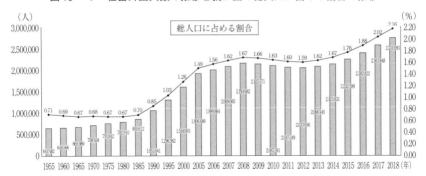

出典：法務省出入国在留管理庁編『2019年版　出入国在留管理』25頁（http://www.moj.
go.jp/content/001310183.pdf）。

国者である。それに対して，中長期在留者は約240万人，特別永住者は約32万
人であり，これら在留外国人数は総人口の2.16％を占めている。国籍で多いの
は，中国28.0％，韓国16.5％，ベトナム12.1％，フィリピン9.9％，ブラジル
7.4％で，2007年から中国が最多となっている。

　在留外国人の数を在留資格別に見てみれば，2018年末では，一般永住者が
28.3％，留学が12.3％，特別永住者が11.8％，技術・人文知識・国際業務が
8.3％，定住者が7.0％，家族滞在6.7％，技能実習２号ロ6.4％……と続いてい
く（2007年までは特別永住者が最多）。日本にいる人の半数強は永住又は定住して
いる人たちで，半数強が特定の経済活動又は留学のために来ている人たちであ
る。後者の中で近年特に増加しているのが，技術・人文知識・国際業務（技人
国），技能実習である。

**非熟練労働者
と高度専門職**　日本は非熟練労働のための外国人の受け入れは行わな
い，特定の技能や資格を有する人を一定期間受け入れる
のであって，移民国家ではない，とこれまで公式には言われ続けてきた。しか
し，1990年前後から非熟練労働は外国人により行われてきている。まず，バブ
ル景気にわく80年代の終わりには，オーバーステイなどの非正規滞在者が建築
現場などで働いていた実態があった。そして，正規に非熟練労働を行える外国
人を受け入れるために，90年の法務省の告示により，「定住者」資格を与える

191

対象者に，日系2世・3世が含まれ，ブラジル，ペルーなどから多くの外国籍
の日系人が来日して工場での非熟練労働に従事するようになった。

　また，82年に発効した改正入管法で導入された「研修」の資格の下で，実際
は非熟練労働を行わせるという違法行為も行われていた。「研修」という資格
が当時新設されたのには，日本の国際協力への貢献という視点があり，海外か
ら技術を導入するだけではなく，逆に，日本で技術・技能を習得させ人材の育
成をすることを通じて他国の経済発展に寄与しようとしたのだった。就労との
区別がつかなくならないように，研修全体の3分の1以上は講義・実習等の
Off - JTであることが重要な要素とされたが，1年間の研修が終われば，2年
間，労働者として実習を行うことができた。[*1]

　受け入れ機関は，公的機関も私企業も対象となるが，90年に，中小企業が研
修生を受け入れやすいように基準改定が行われ，人手不足の解決策として，こ
の制度が急速に利用されるようになった。しかし，規定通りにOff - JTを行っ
ているかどうかをチェックする制度はなく，実際は，研修も受けさせずにもっ
ぱら労働に従事させたりする事例が多く，この場合はさらに悪いことに，労働
者ではないということで労働基準法の適用からも排除されてしまい数々の人権
侵害が生じていた。そのため，2010年からは「技能実習」という新たな在留資
格が設けられ，労働関係法令の適用の確保などが強化され，2017年には技能実
習適正化法により新たな技能実習制度が導入された。

　そして，不法就労の問題もある。2018年度に入管法違反で退去強制手続執行
の対象となった外国人のうち，不法就労に従事していた者は1万86人で，農業
従事者，工員，建設作業者の順に多かった。

　日本が移民国家ではないという言説は，2018年の入管法の改正による「特定
技能」1号及び2号の創設によりもはや建前としても通用しなくなった。1号
は特定産業に属する相当程度の知識又は経験を必要とする技能を有する人に対
して，家族の同伴がない5年間までの滞在を認めるもの，2号は特定産業に属
する熟練した技能を有する人に対して上限のない家族同伴の滞在を認めるもの
である。「技能実習」を終えた人がこの資格に移行することが想定されてお
り，非熟練労働者が来日して「技能実習」を経て「特定技能」の資格をもち定

住する公式の道が開かれたといえるだろう。ところで，このことは，「技能実習」が途上国の開発のための人材づくりという意味での国際貢献であるという側面をさらにあいまいにしてしまってはいないだろうか。

　非熟練労働者とは対極にある「高度専門職」という在留資格も2014年の法改正で創設された。ITや医療などの専門性をもつ人材は現在世界中で不足しており，外国から人材を受け入れたいと考えている国が多い。「高度専門職」は，学歴や職歴，年齢等によるポイントの合計が70以上になると取得できる在留資格で，複合的な活動や配偶者の就労が可能となるなどの優遇措置がある。2018年の受け入れ人数は500人強であった。

　＊1　研修制度について，今野浩一郎・佐藤博樹編『外国人研修生——研修制度の活用とその実務』（東洋経済新報社，1991年）参照。

5　難　　民

条　約　難　民

　法的に難民とはどういう人たちのことであろうか。難民に関する普遍的条約は，1951年の難民条約である。同条約は，難民の定義及び受け入れ国での難民の地位について規定しており，日本をはじめ締約国はこの定義を国内法上の難民の定義としている。

　1条2項が難民の一般的な定義を規定しているが，それによれば，「人種，宗教，国籍若しくは特定の社会的集団の構成員であること又は政治的意見を理由に迫害を受ける恐れがあるという十分に理由のある恐怖を有するために，国籍国の外にいる者であって，その国籍国の保護を望まないもの」というのがその要件の1つである。この文言からは少しわかりにくいが，国内の動乱や内戦，外国による侵略などによって無差別に命や生活が危険にさらされて，そこに住む人たちが集団で国外に逃げる場合は含まれない。ある人が，その人自身の特性や言動によって個人として自国政府からの迫害の対象となっている場合が，この定義の意味するところである。冷戦という歴史的背景を反映してつくられた定義であるが，同条約の下での難民は，個人として迫害の対象となって

いることが必要とされるという考え方は，現在も生き残っている。ただし，難民条約上の難民とは認定されなくても，出身国に帰すのはその人の人権のために望ましくない場合に，人道的な配慮から受け入れる制度をもつ国も多い。

難民の地位　難民条約は，難民の地位，すなわち，受け入れ国が難民に対して保障すべき待遇も定めている。保障のレベルに関しては，事項によって異なっている。まず，自国民に与えるのと同様の待遇が保障される事項には，著作権及び工業所有権，裁判を受ける権利，配給，初等教育，公的扶助，労働法制及び社会保障がある。動産及び不動産，結社の自由，賃金が支払われる職業，自営業，初等教育以外の教育，居住及び移動の自由については，自国民と同様ではなくても，一般に外国人に対して与える待遇よりも不利ではない待遇が求められる。宗教については，自国民に与える待遇と少なくとも同等の好意的待遇を与えることが求められている。難民には，一般の外国人よりよい待遇の保障が求められているといっていい。また，国籍国が発行する旅行証明書をもたない者には，受け入れ国から身分証明書や他国へ行くための旅行証明書が発給される。

　さらに，一般の外国人には適用される出入国管理上のルールの適用除外もある。締約国は，難民条約１条の意味において生命又は自由が脅威にさらされていた領域から直接来た難民には，許可なく入国及び滞在していてもそれを理由に刑罰を科してはならず，合法的に滞在している難民には公の秩序を理由とする場合を除いて追放を行ってはならず，いかなる方法によっても，難民を，人種，宗教，国籍若しくは特定の社会的集団の構成員であること又は政治的意見のためその生命又は自由が脅威にさらされる恐れのある領域の国境へ追放し又は送還してはならない。最後の義務は，ノン・ルフールマン原則と言われ，難民条約の要である。つまり，難民条約には難民受け入れの義務についての規定はないが，この条文によって，難民がその国境までやってきた締約国は，安全な第三国に彼らを移送できない限り，自国が受け入れなくてはならない。

日本と難民　国連難民高等弁務官事務所（UNHCR）によれば，2019年末時点での世界の難民数2,600万のうち，日本に滞在している人はわずか1,463人である。日本がこれまで受け入れた難民の合計を

考えても，認定難民が794人で定住難民が11,513人でしかない[*2]。認定難民とは，日本に直接来て難民申請を行い難民認定された人のことであり，定住難民とは第一次庇護国から第三国定住という形で日本に移送された難民である。定住難民は2008年まではインドシナ難民であるが，2010年からは新たなプログラムによって受け入れた人々である。すなわち，日本は2010年から5年間はタイの難民キャンプにいるミャンマー難民を，2015年からはマレーシアにいるミャンマー難民を10年間で合計194人受け入れてきた。数は非常に少ないが，直接やってくる難民が少ない日本にとって，難民受け入れの負担と責任の分担という点で貢献する方法として，この試みは評価できる。ただし，日本に直接やってきて難民申請を行う人たちも，近年急激に増加している。日本が難民認定を始めてからの26年間は難民認定の申請数が一年間に1,000人に満たなかったが，2008年にはじめて1,000人を超え，2016年以降は1万人を超えている。2019年に申請数が多かった出身国10カ国は，スリランカ，トルコ，カンボジア，ネパール，パキスタン，ミャンマー，インド，バングラデシュ，カメルーン，セネガルであった。庇護を求める人は出身国の人々のコミュニティがあったり知り合いがいたりする国で難民申請を行おうとするケースが多い。日本にもそのようなネットワークが徐々にできつつあり，今後世界の難民が減らない限り，申請者はさらに増加していくことが予想される。

＊2　法務省入国管理局「令和元年における難民認定者数等について」，添付資料「我が国における難民庇護の状況等」。

認定審査の厳しさ　日本の難民数が少ない原因として，難民認定が厳格で認定率が低いこともあげられる。難民認定の場合は，難民のおかれた状況の特殊性を考慮して，通常の行政申立てや裁判とは異なる基準を適用しなければならないが，日本ではその配慮が十分とは言えない。

　例えば，立証責任の問題がある。通常，申立てを行う側が立証責任を負うが，難民の場合は，当局も難民の出身国の客観的な状況などについて確認しておくなど一定の役割を果たすことが求められる。さらに，立証基準の問題もある。迫害の可能性が高度に確実でなくても，可能性があるのならば主張を認め

てあげる必要がある。例えば，日本では反政府組織のリーダーではなく単なる
メンバーやデモの参加者は，自国政府から迫害される可能性はないと判断され
ることも多いが[*3]，それは危険である。また，難民は記憶が混乱していたり，物
証を持っていなかったりすることも多いので，ある程度一貫して説得力がある
話であれば信頼できる証言として扱うことが必要となる。これらのことに留意
して，ノン・ルフールマン原則違反を犯さないようにしなければならない。

＊3　全国難民弁護団連絡会議監修，渡邉彰悟・杉本大輔編集代表『難民勝訴判決20
　　選』（信山社，2015年）参照。

　日本では，条約難民以外で保護を受ける人のカテゴリーについては検討され
ているが，まだできていない。法務大臣の裁量により特別在留許可が与えられ
た人なども2019年には37人いたが，彼らには，安定した法的地位の保障はされ
ていない。

6　共生社会のために

共生のための施策　日本に在留する外国人が社会で周辺化されずに暮らせる
ようにするためには，差別を無くすだけでなく，より積
極的な統合政策も必要である。1990年に定住者資格での受け入れを始めた日系
人は，帰国する人もいたが滞在が長期にわたる人も多くなり，2008年にはペ
ルー人，2010年にはブラジル人のそれぞれ半数くらいが永住者資格を取得する
ようになっていた。政府は2009年に内閣府に定住外国人施策推進室を設置し，
2010年に「日系定住外国人施策に関する基本指針」を，2011年に同「行動計
画」を策定し，日系定住外国人の統合のための施策に着手した。
　日系人以外も含めた外国人も視野に入れた施策が本格的化したのは最近のこ
とで，2018年の入管法改正の際に，政府が今後の5年間で「特定技能」で34万
5千人の受け入れを想定したことが契機となった。その年末に関係閣僚で決定
された「外国人材の受入れ・共生のための総合的対応策」には，多文化共生総
合ワンストップセンターの創設，外国人児童生徒の教育等の充実，悪質な仲介

事業者等の排除などに取り組むことが盛り込まれ，それ以降，多方面で環境整備のための施策が広がっている。例えば，2020年7月に東京につくられた外国人在留支援センター（FRESC）は，東京の入管局や労働局，日本司法支援センター，外国人雇用サービスセンターなど8つの機関が常駐し，在留，職場でのトラブル，生活上のトラブル，求職などの相談を受け付けるものである。

| ヘイトスピーチの |
| 規　　　　　制 |

外国人の人権に関して，近年日本で大きな問題となっているものに，ヘイトスピーチがある。2000年代の後半から，在日外国人を標的とする排外主義運動が生まれてきたが，特に，在日韓国・朝鮮人は「在日特権」をもっていると主張する団体が生まれ，2010年代の前半には街頭や特定の場所での街宣活動を活発に行うようになった。[*4]

＊4　樋口直人『日本型排外主義──在特会・外国人参政権・東アジア地政学』（名古屋大学出版会，2014年）9～13頁参照。

　表現の自由は最大限の保障が必要とされるが，それは無制約ということではなく，名誉毀損やプライバシーといった他人の権利を侵害するときには制約に服する（⇒第7講参照）。憲法学者の間では，表現の自由に重きがおかれ，ヘイトスピーチの規制に必ずしも積極的ではない意見が少なくなかった。

　ヘイトスピーチ規制の推進に大きな役割を果たしたのは，国際人権条約とその実施機関及び国内裁判所の判決である。自由権規約の19条は，2項で「すべての者は，表現の自由についての権利を有する。……」と規定しながら，3項で「2の権利の行使には，特別の義務及び責任を伴う。したがって，この権利の行使については，一定の制限を課すことができる。ただし，その制限は，法律によって定められ，かつ，次の目的のために必要とされるものに限る。(a)他の者の権利又は信用の尊重，(b)国の安全，公の秩序又は公衆の健康若しくは道徳の保護」と述べることによって，表現の自由を国家が制限してもよい場合を限定している。そして，20条では，1項で「戦争のためのいかなる宣伝も，法律で禁止する」，2項で，「差別，敵意又は暴力の扇動となる国民的，人種的又は宗教的憎悪の唱道は，法律で禁止する」と，国家が表現の自由を規制しなければならない場合をも定めている。

　さらに，人種差別撤廃条約の4条は締約国に，「人種の優越性」若しくは「皮膚の色若しくは種族的出身の人の集団の優越性」の「思想若しくは理論に基づくあらゆる宣伝及び団体」又は「人種的憎悪及び人種差別を正当化し若しくは助長することを企てるあらゆる宣伝及び団体」を「非難する」こと，また，「このような差別のあらゆる扇動又は行為を根絶することを目的とする迅速かつ積極的な措置をとること」を義務付けている。そして，このために特に行うこととして，「(a)人種的優越又は憎悪に基づく思想のあらゆる流布，人種差別の扇動，いかなる人種若しくは皮膚の色若しくは種族的出身を異にする人の集団に対するものであるかを問わずすべての暴力行為又はその行為の扇動及び人種主義に基づく活動に対する資金援助を含むいかなる援助の提供も，法律で処罰すべき犯罪であることを宣言すること，(b)人種差別を助長し及び扇動する団体及び組織的宣伝活動その他のすべての宣伝活動を違法であるとして禁止するものとし，このような団体又は活動への参加が法律で処罰すべき犯罪であることを認めること，(c)国又は地方の公の当局又は機関が人種差別を助長し又は扇動することを認めないこと」と定めている。人種差別撤廃条約は1965年に制定されたが，日本が加入したのは1995年とかなり時間がかかっている。それは，前述したように日本国憲法の下の表現の自由の保障との両立が懸念されていたからであるが，結局，日本は，一定の表現行為を犯罪化することを求める第4条(a)及び(b)を留保して批准した。

　前述の在日朝鮮人・韓国人を非難する団体に対して，学校付近での街宣行為や実力行使についての損害賠償及び差止めを求めた民事訴訟で，2013年京都地裁は，その団体の行為が業務妨害及び名誉毀損となり，また，それらはいずれも，在日朝鮮人に対する差別意識を世間に訴える意図の下で差別的発言を織り交ぜてなされたものであり，在日朝鮮人という民族的出身に基づく排除であって，彼らの平等の立場での人権及び基本的自由の享有を妨げる目的を有するものであるから，人種差別撤廃条約上の人種差別に該当するとの判断を示した。その上で，不法行為による財産損害及び無形損害への賠償支払い並びに差止めを命じた（2013.10.7京都地裁判決，2014.12.9最高裁で確定）。

　しかしながら，日本には特定の被害者がいない場合にもヘイトスピーチを規

制できる独自の法はなく，2014年には自由権規約委員会と人種差別撤廃委員会からヘイトスピーチに対する対処を勧告されていた。そして，2016年に「本邦外出身者に対する不当な差別的言動の解消に向けた取り組みの推進に関する法律」，いわゆる「ヘイトスピーチ解消法」が作成された。しかし，これは，差別的言動が許されないことを宣言し，人権教育と人権啓発によって解消にむけた取り組みを推進しようとするもので，人種差別撤廃条約4条が求めているような犯罪化のための法律ではない。自治体レベルでは，大阪市が2016年からヘイトスピーチへの対処に関する条例を施行している。同条例は，市長がヘイトスピーチの内容の拡散を防止するために必要な措置をとり，表現を行ったものの氏名又は名称を公表することや，審査会による調査審議を行うことを定め，上述の法より踏み込んだものになっている。さらに，2019年の川崎市の条約は，市長が，専門家からなる「差別防止対策等審査会」に意見を聴き，勧告，命令，さらには刑事告発を行う仕組みを定めた。有罪の場合は最高50万円の罰金が科される（地方自治法14条により，普通地方公共団体は，法令に違反しない限りにおいて条例を制定でき，一定以下の刑罰を科すこともできる）。

　関東大震災時の朝鮮人の殺害やルワンダのジェノサイドなど，言葉によって人々が同じ社会にくらす隣人を殺害してしまった歴史もある。表現の自由の重要性とのバランスを取りながらも，真剣に考えなければいけない課題である。

پیغــام

　今でこそ，日本は移民受け入れ国という立場ですが，明治期から1960年代頃までは逆に移民送り出し国でした。それをよく示しているのが現在日本にも来ている多くの日系人の存在です。特に広島は全国で最多の移民を送り出した県ですが，その理由には農地の不足や原爆の影響があげられ，故郷で生活の糧が得られない人たちが他国に生きる活路を求めたということになります。日本人移民は移住先で差別にもあいました。今度は我々が受け入れ側として考える番です。正確な情報収集と多面的な意見交換を通じて，よりよい共生社会をつくっていきましょう。

第 **16** 講

戦争で被った犠牲はどうなるの？──戦後補償と人権

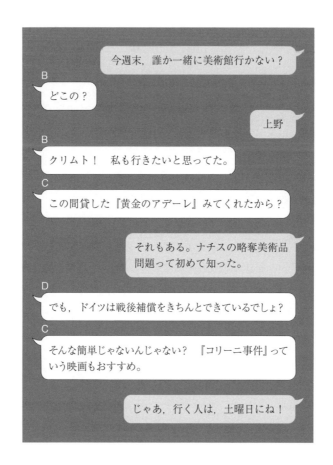

今週末，誰か一緒に美術館行かない？

B
どこの？

上野

B
クリムト！　私も行きたいと思ってた。

C
この間貸した『黄金のアデーレ』みてくれたから？

それもある。ナチスの略奪美術品問題って初めて知った。

D
でも，ドイツは戦後補償をきちんとできているでしょ？

C
そんな簡単じゃないんじゃない？　『コリーニ事件』っていう映画もおすすめ。

じゃあ，行く人は，土曜日にね！

1　自国民への戦争被害の補償

　第二次世界大戦中にどれくらいの人が亡くなったのだろうか？　正確な数字を出すことは無理だろうし，また，統計によって数字が異なっているが，国会での政府答弁の中では，戦没者数は約310万人，そのうち，軍人軍属は，陸軍が約147万人，海軍は約47万人の合計200万人弱という数字が示されている[*2]。憲法29条は財産権を保障しているが，その３項は，私有財産を公共のために用いる場合の国家補償の必要性を規定し，この「国家補償」の精神に基づき，後に見るように，上の約200万人の戦死者を含めた軍人および軍属等の援護のために，戦傷病者戦没者遺族等援護法などの法律が制定されている。

＊１　軍人とは，陸海軍の現役，予備役，補充兵役および国民兵役にあり召集または志願により国民軍に編入された者であり，軍属とは，軍人以外のもので，戦地等で勤務したり，軍務に従事したりした者などをさす。

＊２　第166回国会外務委員会（平成19年４月27日）政府参考人，荒井和夫厚生労働省大臣官房審議官発言。

一般国民の戦争被害　上の数字から考えると，残りの110万人以上は，直接の戦闘行為への参加ではなく，空爆等の犠牲となった一般国民であるが，彼らへの補償は行われているのだろうか。実は，戦争中の1942年につくられた「戦時災害保護法」によって一般市民の被害に対する補償がされていたのであるが，同法は1946年に占領下において連合国総司令部の命令によって廃止され，それ以降そのような立法はされていない。他国を見ると，例えばフランスやドイツなど，軍人，民間人を問わず，戦闘および占領に起因する戦争犠牲者すべてを補償の対象としている例もあるが，日本では「戦争犠牲ないし戦争損害は，国の存亡にかかわる非常事態のもとでは，国民のひとしく受忍しなければならなかったところであって，これに対する補償は憲法の全く予想しないところ」（名古屋空襲訴訟最高裁判決1987.6.26）として，民間人の犠牲は憲法29条３項による補償の対象とはされていない。1973年から1989年まで14

回にわたって議員立法として「戦時災害援護法」案が上程されたが立法には至らなかった。しかし，肢体や家族を失うなどの多大な苦しみを受けつづけている被害者の中から，今一度，平和的生存権（憲法前文），幸福追求権（13条），法の下の平等（14条），国家賠償責任（17条）を根拠に訴訟によって謝罪と賠償を求める動きが始まった（東京大空襲訴訟2007年提訴→最高裁2013年敗訴，大阪空襲訴訟2008年提訴→最高裁2014年敗訴）。東京大空襲訴訟の第1審判決（東京地裁判決2009.12.14）では，原告の請求は棄却されたが立法による解決が示唆されたため，2010年には立法を求めるための全国組織もつくられた。2020年現在，国会内の超党派の議員連盟が「空襲被害者特別給付金法」の成立をめざしている。

軍人・軍属等への補償と国籍条項　軍人軍属等であった人たちに関しては，恩給法，戦傷病者戦没者遺族等援護法，戦傷病者特別援護法，各種特別給付金支給法および特別弔慰金支給法などが，本人や遺族に対して，障害年金や遺族年金，精神的苦痛のための特別給付金などの支給を定めている。たとえば，令和2年度で，障害年金として，公務傷病の場合，年96万1,000円から972万9,100円，公務で死亡した場合の遺族年金は，遺族の中で配偶者に対しては200万円弱が支払われている。[3]

＊3　厚生労働省HP（https://www.mhlw.go.jp/stf/seisakunitsuite/bunya/hokabunya/senbotsusha/seido03/index.html）。

　これらの戦後補償法の中で最初に制定されたのは，戦傷病者戦没者遺族等援護法で，それは，1952年4月30日，すなわち，同月28日のサンフランシスコ平和条約（以下，サンフランシスコ条約）の発効から2日後であった（適用は，同年4月1日から）。同法には，日本国籍を失ったときには年金等の支給を受けられないとする，いわゆる「国籍条項」があり（11条・14条・31条），サンフランシスコ条約によって日本国籍を失った朝鮮半島や台湾出身の軍人，軍属等は，同法の適用から除外された。また，附則2項が「戸籍法の適用を受けない者については，当分の間，この法律を適用しない」と述べていたことから，条約発効までの間も，日本国籍はもつが日本の戸籍法が適用されない者として，彼らは同法の適用を受けないこととなった。

　このように，戦後補償の対象から外国人を排除している理由として政府が説明する点は，2つに整理できる。1つは，これらは，老齢・障害により生活能力を欠く者に対する援助という意味での全額国庫負担の社会保障なので，自国民を優先させるという配慮が働いても，それは，憲法14条に違反しない合理的な差別だということである。しかし，元軍人・軍属に対してのみ与えられる給付というのは，国家に対して特別の役務を行った事に対するその対価としての財産権の補償という，まさに援護法が語るような「国家補償の精神」で与えられるものである。それを考えれば，通常の社会保障以上に，国籍による差別が合理的とは判断できないだろう。自由権規約の26条も差別禁止を定める条項であるが，かつて，フランスが行った類似の措置が，同条違反の差別にならないかと争われた事件があった。その事例において自由権規約委員会は，軍人年金について，過去に同じ軍事役務が提供されたのであれば，現時点においての国籍を問わずすべての者に同一の補償がされなければならない，と判断した。[*4]

＊4　「ゲイエほか対フランス事件」1989年4月3日。セネガル人元フランス兵による個人通報に対する自由権規約委員会の見解。

　2つめの理由は，日本が被害を与えた国とは，別個に外交交渉のなかで日本人とは異なるやり方での保障を設ける可能性があるということだった。しかし，以下に見るように，戦後に結ばれた平和諸条約においては，相手国の国民の請求権の保障まではされておらず，軍人・軍属であった個人に対して日本の国家補償の義務が必ずしも果たされることが確約できるわけではない。また，平和条約の対象となっていない台湾人に対しては1987年に，そして，日韓請求権協定の対象から除外されていた在日韓国・朝鮮人には2001年に特別立法がつくられたが，援護法で支給されるはずの年金額等にははるかおよんでいない。[*5]

＊5　1987年の「台湾住民である戦没者の遺族等に対する弔慰金等に関する法律」および「特別弔慰金等の支給の実現に関する法律」では，戦死者の遺族および重度戦傷者約3万人に各200万円の弔慰金が支払われた。2001年の「平和条約国籍離脱者の戦没者遺族への弔慰金等支給法」は，戦没者や重度戦傷病者の遺族には弔慰金が260万円，重度戦傷病者本人には見舞金と特別給付金を合わせて400万円の

支給を規定している。

| 中国残留邦人 |

戦時中，政府は，国策として中国東北部（「満州国」）に「開拓移民」として日本人を移住させたが，戦争末期になると男性は「根こそぎ動員」されソ連国境付近に配置された。ソ連軍が侵攻すると関東軍は残された女性と子どもを置き去りにし逃げたため，混乱の中，親と別れ中国の養父母に育てられることになった人たちなどがいた。日本政府は1981年から彼らの帰国のための訪日調査を行い2020年末現在までに約6,724人（孤児2,557人，婦人等4,167人。家族を含めた総数は2万911人）が帰国したが，日本に来ても十分な支援策もなく，職に就いて自立した生活をおくることが困難なことが多かった。そこで，政府には彼らを早期に帰国させる義務や自立支援を行う義務があったことを争って，全国15地域で約2,200人が国家賠償を求める集団訴訟を起こした。*6 これらのうち2006年の神戸地裁判決（2006.12.1）のみが，早期帰国実現義務について義務違反を認め，さらに，3年の消滅時効の援用は，信義則（民法1条2項）に反し許されないとの判断が示された。ただし，自立支援義務については，政府は北朝鮮拉致被害者と同等の支援を与える義務があったことを認めたが，立法不作為を違法とすることはできないとされた。神戸地裁以外の14の地域のうち7地域では原告側が敗訴し，政府が，2007年11月に中国残留邦人等支援法を改正し新たな支援策を盛り込んだことを受け入れて，残りの7地域では訴えが取り下げられた。

＊6　朝日新聞2007年4月26日。

ところで，残留邦人のこうむった被害は判決でどう考えられているだろうか。政府は，国民が等しく受忍しなければならない戦争被害であることを主張しており，それを認める判決もあるが（大阪地裁判決2005.7.6），特殊なかたちの損害であると述べながら，特別扱いする合理的理由はないといっているものもある（東京地裁判決2007.1.30）。先の神戸地裁判決は，孤児たちの被害を戦争被害とはとらえず，日中国交正常化後に政府関係者がした違法な職務行為による損害であるととらえた。

2　他国民の被害

個 人 の 主 体 性　戦争中の日本では，労働力不足を補うために国家総動員
法が制定されて，国内の学生や若年労働者，さらには朝
鮮半島からも「日本国民」を動員して労働につかせただけでなく，交戦国の中
国の人たちも強制的に連行し，日本の企業で働かせていた。過酷な労働条件の
中で倒れていった人も多かったが，生き残った者たちも戦後賃金を支払われな
いままに放置されていた。そのような，戦時中の日本企業及び日本政府の行為
に対して補償を求める訴訟が，軍需産業にかかわっていた企業などを相手取り
全国で相次いで提訴されてきた。また，慰安婦として働かされてその後の平穏
な人生も奪われた女性たちも，自分たちの受けた人権侵害を訴訟で争ってき
た。さらに，中国での日本軍による虐殺や日本軍が遺棄した化学兵器の引き起
こした事故による負傷などの被害に対して中国国民が損害賠償を求める訴訟も
起こされるようになった。このような動きの背景には，国際人権法の発展によ
り，一定の範囲で個人が国際法の主体性をもつようになったことがあげられる
だろう。戦後処理が国家間の問題だけでは終わらなくなったのである。戦後補
償裁判は2007年3月現在で約100件が提起されていた。[7] それらの論点は，個人
の請求権が放棄されているか，放棄されていないとして，ハーグ陸戦条約3条[8]
等の国際条約から，個人は国内裁判所で補償を得ることができるか，民法上の
不法行為責任および債務不履行，国の安全配慮義務の点から違法性が問える
か，といったことにおよぶ。最も多いのは，そして，最高裁判決がその立場と
してとるのは，戦後の平和諸条約によって個人の請求権が放棄されているとい
う見解であるので，まずは，それらの条約を確認しておこう。

＊7　五十嵐正博「中国人強制連行西松事件の最高裁弁論」法学セミナー630号
　　　（2007年）6頁。
＊8　1907年の同条約同条項は，「規則ノ条項ニ違反シタル交戦当事者ハ，損害アル
　　　トキハ，之カ賠償ノ責ヲ負ウヘキモノトス」と規定する。他の国際条約として
　　　は，奴隷条約，強制労働条約，化学兵器禁止条約，ジュネーブ議定書（1925年）

　等が問題となっている。

| サンフランシスコ |
| 平 和 条 約 |

サンフランシスコ条約は，日本を含めた49カ国が1951年8月8日に署名し，翌年4月28日に発効したものであり，その日から，日本と各連合国との間の戦争状態が終了し，日本が完全な主権を回復することになった。同条約の14条は，「日本国は，戦争中に生じさせた損害および苦痛に対して，連合国に賠償を支払うべきことが承認される。しかし，また，存立可能な経済を維持すべきものとすれば，日本国の資源は，日本国がすべての前記の損害及び苦痛に対して完全な賠償を行い且つ同時に他の債務を履行するためには現在十分でないことが承認される」ので，一定の場合の日本人の労務や財産を補償のために用いることを認めるほかは，「連合国は，連合国のすべての賠償請求権，戦争の遂行中に日本国及びその国民がとった行動から生じた連合国及びその国民の他の請求権並びに占領の直接軍事費に関する連合国の請求権を放棄する」と述べて，連合国から日本への請求権の放棄をしている。

　逆の立場では，19条が，「日本国は，戦争から生じ又は戦争状態が存在したためにとられた行動から生じた連合国及びその国民に対する日本国及びその国民のすべての請求権を放棄し……」と，日本側もまた連合国に対して請求権を放棄することを約束している。

| 日ソ共同宣言・ |
| 日中共同声明・ |
| 日韓請求権協定 |

サンフランシスコ条約は，日本の占領の対象となった国および社会主義諸国は締約国とはなっていない。そのうち，当時のソヴィエト連邦とは，1956年に締結した日ソ共同宣言の6項に，「ソヴィエト社会主義共和国連邦は，日本国に対し一切の賠償請求権を放棄する」，「日本国及びソヴィエト社会主義共和国連邦は，1945年8月9日以来の戦争の結果として生じたそれぞれの国，その団体及び国民のそれぞれ他方の国，その団体及び国民に対するすべての請求権を，相互に放棄する」という文章が入れられた。また，中国とは，中華人民共和国政府を中国の唯一の合法政府と認めた72年の日中共同声明の5項に，「中華人民共和国政府は，中日両国民の友好のために，日本に対する戦争賠償の請求を放棄するこ

とを宣言する」という文章が入れられることになった。[*9]

> ＊9　中国に関しては，72年以前は，日本は台湾の国民党政府を合法的な政府として認めており，52年に日華平和条約を結んでいたが，その11条では，戦争状態の存在の結果として生じた問題に関しては，サンフランシスコ条約の「相当規定」に従って解決すると規定していた。72年に政府承認の切り替えをすることにより，日本は日華平和条約を終了させたが，日本側は，日華平和条約に規定されていた戦後処理は国家としての中国全体に対して有効なものと考えていたのに対し，中国側は，日華平和条約は不法で無効なものであるととらえ，そのために，日中共同声明5項で戦後賠償についての規定がおかれた。

　日本が直接被害を与えた国の中で，韓国とは，65年に「日韓基本条約」とともに，「日韓請求権協定」を結んだ。同協定は1条で，日本が韓国に10年間で3億ドルの無償供与及び2億ドルの貸付を行うことを定め，2条が，「両締約国は，両締約国及びその国民の財産，権利および利益並びに両締約国及びその国民の間の請求権に関する問題が……完全かつ最終的に解決されたこととなることを確認する」と述べることにより，サンフランシスコ条約と同様に，相互の請求権の放棄を定めた。54年のビルマとの平和条約，58年のインドネシアとの平和条約などにおいても，日本が条約で定める一定の供与をするほかは，国家及び国民のすべての請求権を放棄すると規定されている。

放棄したのは何か？ ─外交的保護権と個人の請求権

　さて，強制連行・強制労働や慰安婦問題などにおいての最大の争点，すなわち，戦争被害に関して，国家の請求権とは別個の個人の請求権が存在するのか否かという点についてどう考えるのか。この点，従来の日本の政府の見解，そして裁判所の多くの判決は，諸文書で放棄されたのはあくまでも国家自身の請求権であり，国民の請求権という文言で放棄されたのも，国家の自国民に対する外交的保護権であって，国民自身の請求権は放棄されていない，という考えであった。たとえば，広島・長崎に投下された原爆が無防守都市に対する無差別攻撃として国際法違反の行為であったと認定した「原爆判決」（東京地裁判決1963.12.7）を見てみよう。同判決は，日本はアメリカに対する請求権をサンフランシスコ条約で放棄しており，また，日本政府が日本国民の外交的保護権を行使すること

も放棄しているが，日本国民自身のアメリカに対する請求権は放棄してはいないと述べた。外交的保護権とは，自国民の権利が侵害されたことを通じて国家が受けた被害を回復するために，加害国に対してもつ国家の権利である。日本という国自体は，国際法違反の原爆を受けた自国民の損害の回復を求めてアメリカに請求する権利は放棄したが，国民個人としての請求権は残っているということである。逆の立場のシベリア抑留捕虜請求事件でも同様の判断が示された（最高裁判決1997.3.13）。政府がこのような見解をとったのは，相手国に対する国民の請求権が消滅するとした場合に，請求権を消滅させたことに対して，日本国政府がそれを保障する義務が生じることが懸念されていたからである。

　しかし，1990年代になって，戦後補償を求める訴訟が増加し，後に見る除斥期間や消滅時効の問題において，原告側に有利な判決が下級審で出てくるようになると，政府は従来の見解を変えるようになった[10]。2004年のオランダ元捕虜等損害賠償事件（東京高裁判決2001.10.11，最高裁判決2004.3.30）では，政府は，連合国国民の請求権も連合国によって放棄され，日本国および日本国民が連合国による国内法上の権利に基づく請求に応ずる法律上の義務が消滅した，と主張した。そして，最高裁は，サンフランシスコ条約14条（b）によって，連合国及びその国民と日本国及びその国民との相互の請求権の問題は終局的に一切が解決されたものと認められ，連合国国民の個人としての請求権も連合国によって放棄されている，と判断を下すに至った。

　中国国民の請求権に関しては，放棄されているとはいえないという判決が続いていたが，07年の西松建設事件（最高裁判決2007.4.27）で，裁判所の態度は変更した。最高裁判決は，まず，日中共同声明が「声明」であることに関しては，「平和条約の実質」をもつものと述べた。そして，「主権国家は，戦争の終結に伴う講和条約の締結に際し，対人主権に基づき，個人の請求権を含む請求権の処理を行い得る」と述べ，「戦争賠償の請求」としか述べていない日中共同声明5項もサンフランシスコ条約の枠組みを踏襲しており，それにより中国国民の請求権は放棄されていると述べた。ただし，請求権の「放棄」とは，請求権を実体的に消滅されることまでを意味するものではなく，当該請求権に基づいて裁判上訴求する権能を失わせるにとどまるもの，と判決は解釈してい

る。「救済なき権利」は残るという考え方であるが，その効果としては，裁判
に訴えることによって履行を強制することはできないが，債権者の請求に応じ
て債務者が任意に履行する場合には，それを受領しても債権としての給付保持
力のゆえに不当利得とはならないということである[11]（判決の付言に基づき，原告
と西松建設との間では2009年，2010年に和解が成立）。

*10　浅田正彦「日本における戦後補償裁判と国際法」『ジュリスト』No.1321（2006
　　年）参照。

*11　浅田正彦『日中戦後賠償と国際法』（東信堂，2015年）417頁参照。

除斥期間・消滅時効の壁　個人の請求権の放棄問題以外に，次のような問題が争点
となってきた。まず，強制連行や強制労働が民法上の不
法行為になるかという点である。企業の場合はもちろんのこと，国家賠償法が
なかった当時の国の行為に関しても，不法行為責任が問われてきた。実際に強
制労働を行わせたのは企業であっても，国家的な政策で行われてきたことであ
り，国家が無関係とはいえないからである。慰安婦問題に関しても，国による
関与を否定することはできない。

　国にこの責任が問えるかという点に関しては，国の権力作用に基づく行為で
あるから適用できない（国家無答責）という見解を示すもの（新潟港運強制連行
事件・東京高裁判決2007.3.14等），人間性を無視するような行為であることを鑑
み，正義・公平の観点から不法行為責任の成立可能性を否定しなかったもの，
と判断は分かれている。不法行為の成立を認めたとしても，「不法行為の時」
から20年の除斥期間の経過によって結局は請求が認められていない（旧三菱徴
用工強制連行事件・広島高裁判決2005.1.19等）。企業に関しては，国家無答責の問
題はないので責任が認められやすいと思われるが，やはり，除斥期間を理由に
請求棄却される（前出，旧三菱徴用工強制連行事件・広島高裁判決等）。

　過酷な労働に対しての安全配慮義務も問われるが，ここでも，国に対して問
えるかどうかは問題となる。従来の判例の考え方からは，安全配慮義務には，
雇用契約に類似した法律関係及び特別な社会的接触の関係という２つの要件が
必要である。国と労働者との間には契約関係や契約関係に類似した法律関係が

あったとはいえない，との判断をしたもの（前出，新潟港運強制連行事件・東京高裁判決等），認めたが消滅時効により消滅したとしたもの，類似する法律関係を認めた上で，消滅時効の援用は社会的に許容されないとしたもの（新潟港運強制連行事件・新潟地裁判決2004.3.26等）がある。企業に対しては契約関係やそれに類似する関係がないとして安全配慮義務を認めないもの（強制連行長野訴訟・長野地裁判決2006.3.10等），認めた上で，消滅時効により消滅したとするもの（前出，新潟港運強制連行事件・東京高裁判決等）と，消滅時効の援用は許されないとするものがある（前出，新潟港運強制連行事件・新潟地裁判決等）。

　未払い給与などの債務不履行の問題は企業が相手となるが，ここでも，債務不履行は認めるが消滅時効によって消滅したという判断が一般的である（第1次不二越訴訟・富山地裁判決1997.7.27等）。しかし，時効の適用は権利の濫用だとして消滅時効の適用を認めなかった判決もある（西松建設事件・広島高裁判決2004.7.9等）。以上のように，下級審のいくつかの判決で，時効や除斥期間の壁を破って国や企業の責任を認める判決もあるが，日本の最高裁において原告が勝訴したことはない。[12]

　＊12　ただし，日本鋼管，不二越，鹿島（花岡事件）では，和解が成立し原告に和解金が支払われている。

|被害者の国における国内裁判|

他方，中国や韓国の被害者は自国の裁判所でも救済を求めた。特に，韓国では，2012年5月に大法院が，日本の最高裁で敗訴が確定していた元徴用工たちが，三菱重工業及び新日鉄住金（現日本製鉄）を相手に起こした各損害賠償請求訴訟において，1，2審で出された敗訴判決を差し戻す判決が出された。2013年に差し戻し審で原告が勝訴した後，その判決に対する両社の上告が2018年に大法院によって棄却され，原告勝訴の判決がそれぞれに出された。

　これらの判決では，それまでの裁判とは異なる観点が示されたことが注目される。それは，原告の損害賠償請求権を，日本の不当な植民地支配及び侵略戦争と直結した日本企業の行為に対する慰謝料請求権だととらえていることである。そして，日韓請求権協定は，両国間の財政的・民事的な債権・債務関係を

合意で解決するものであったが，日本の植民地支配については全く触れられていないため，植民地支配の不法性から生じる慰謝料請求権は同協定によっても解決はされていない，という見解が示された。日本政府は，同協定は，交渉の対象にしなかったものや将来出てくるかもしれない未知の問題も含めて包括的に解決したものであるという立場から，これらの判決を批判している。

　また，2021年1月13日にソウル中央地方法院は，戦時中に慰安婦として働かされた原告たちが日本国を訴えた裁判で，日本は原告たちの被害に対して責任を有することを認め賠償を命じた。これまで，戦後補償の問題においても他国を国内裁判所で訴えることは国際慣習法の国家免除の考え方から認められてこなかった（国際司法裁判所「国家の裁判権免除事件」2012年2月3日判決など）が，本判決では，裁判を受ける権利や国際法の強行規範等を理由に，本訴訟は慣習国際法の例外とすべきという判断が示された。

3　原爆被害

被爆者と
原爆症認定

1945年末までに広島では約14万人が，長崎で約7万4,000人が原爆被害で亡くなったと推定されている。しかし，原爆被害はその後も生涯にわたって被爆者を苦しませ続けるのが特徴で，2019年度末で13万6,000人あまりが被爆者として被爆者健康手帳の交付を受けている。被爆者とは，被爆当時，一定の区域内にあった者や2週間以内に爆心地からほぼ2キロメートル以内の一定区域内に入った者などがそれにあたる。他の空爆被害者が前述のように補償の対象とされてないのとは異なって，被爆50年目に作られた「原子爆弾被爆者に対する援護に関する法律」[*13]は，「……原子爆弾の投下の結果として生じた放射能に起因する健康被害が他の戦争被害とは異なる特殊の被害であることにかんがみ」制定されたものであり，原爆被害を特別のものとしてとらえている。

　被爆者が原爆症として認定されるには，①医療を要する状態にあること，②負傷または疾病などが原子爆弾の放射線に起因するものであること，が必要で，認定されると，医療特別手当が受けられる。しかし，かつて認定率は全被

爆者の１％足らずであったため，そもそも認定基準（被曝した距離などをもとに
放射線量を推定し，癌などが発生する確率を計算。残留放射能や内部被曝の影響が考慮
されない）がおかしいのではないかと各地（大阪，広島，名古屋，仙台，東京，熊
本など18の地方裁判所）で集団訴訟が行われた。国がいずれも敗訴したのを受け
て，2008年から新認定基準が設けられ，翌年に「原爆症認定集団訴訟の原告に
かかる問題の解決のための基金に対する補助に関する法律」（原爆症救済法）が
制定されたが，一定の範囲で特定の７疾病に罹患した場合には積極的に認定す
るとした新基準の下でも申請が却下される事例が相次いでいる。

＊13　1957年に無料での健康診断や医療給付を定める原爆医療法が，68年に各種給付
　　　を定める原爆特別措置法が制定されていた。この２法を統合し改善したのが被爆
　　　者援護法であるが，被爆者が求めていた国家補償原則は明確にされなかった。

| 在 外 被 爆 者 | さらに，この法律が他の戦争被害に対する補償とは異な |

る枠組みを提供している点は，国籍を問わず受給資格を
与えていることである。しかし，国は，被爆者手帳は日本国内のみで有効，す
なわち，来日して被爆者手帳を入手しても，帰国すれば手当ての支給は打ち切
りという考え方のもと（1974年旧厚生省402号通達），実際には，外国籍の被爆者
の多くを占める在外被爆者が，同法による利益を得ることができないでいた。
　しかし，そういった在外被爆者の１人である郭貴勲原告が行った訴訟におい
て，裁判所は，同法が，社会保障と国家補償双方の性格を有する特殊な法であ
り，「被爆者」の国籍も資力も問うことなく一律に援護を講じるという人道的
目的の立法であることを認めた。そして，日本に居住しなくなった被爆者が当
然にその地位を失うものではないとの判断を示した（大阪高裁判決2002.12.5）。
国は上告をせず，旧厚生省402号通達は廃止され，これ以後，出国後も手当て
の支給が続けられるようになり，時効にかかっていない過去５年分の未払い手
当ても支給されることになった。さらに，そもそも日本での居住が要件となっ
ていたこと自体が違法であったとの主張が司法の場で争われ，2007年には最高
裁がこれを認め（最高裁判決2007.2.6），国は未払い分の手当てをすべて支払う
ことになった。同年11月には，旧厚生省通達の作成，発出，これに従った取扱

いの継続が，国家賠償法1条1項の適用上違法であるとして賠償命令を確定する判決も出された（最高裁判決2007.11.1）。

その後，国は提訴があれば和解に応じて110万円の賠償金を支払ってきた。しかし，本人死亡後20年以上経過して遺族から出された申請に対して，損害賠償請求権が消滅する「除斥期間」の経過を理由として支払いに応じなくなり，被爆者側は裁判で争ったが敗訴した（最高裁判決2019.5.22）。

在外公館での各種手当ての申請，被爆者手帳の取得のための渡日旅費等の支給，居住国での保健医療面での支援などの面も改善されていった。最後に，手帳の交付のための本人の来日という高齢の被爆者にとって大きな障壁があったが，2008年の被爆者援護法の改正により，来日しなくても，広島，長崎両県の知事か市長に郵送か在外公館を通じて申請することによって手帳取得が可能となった。

messaggio

　戦後補償は日本の市民が国際社会へ発信した問題でもある（前田朗『日本軍「慰安婦」問題を考える』（明石書店，1998年）参照）。それを受けて，1993年に国連が，被害者の被害回復を求める権利についての「ファン・ボーベン報告書」，96年と98年に慰安所に関して日本は法的責任を負うという見解を示した「クマラスワミ報告書」「マクドーガル報告書」を出し，2004年に国際法協会が「戦争犠牲者に対する賠償に関する委員会」を立ち上げ，05年に国連人権委員会が「重大な国際人権法，国際人道法の被害者が救済及び補償を受ける権利に関する基本原則ガイドライン」をつくる動きにまでつながった。日本政府が日本市民と国際社会からの問いかけにどう答えるかが注目される。

第**17**講

グローバリゼーションの時代
――ビジネスと人権・少数民族等の権利

> 基美：ラグビーワールドカップ，おもしろかったね。日本が決勝トーナメントに進むとは！　でも南アフリカは強かった。その南アフリカが優勝してよかったな。
>
> 暢子：私はニュージーランドを応援してたけどね。オールブラックス，かっこいいじゃん。ハカも強そうでもりあがるし。
>
> 基美：ハカはマオリ族の踊りだよね。原住民の。オーストラリアにもいるよね？　アボリジニだっけ？
>
> 暢子：そう。アボリジニの人たちは，イギリスの植民地化の過程で虐殺されたり，オーストラリアが独立してからも子どもの隔離政策が実施されたり，ずいぶんと酷い目にあってきたの。首相が「盗まれた世代」のことを謝罪したのは，つい最近，2008年のことなのよ。そういう負の歴史を認めた上で，今では，先住民であるアボリジニに対する敬意を払うようになっていて，大学の入学式とか卒業式のような式典では，はじめに彼らへの感謝と敬意の言葉が述べられるんだって。でも，まだまだ問題は残っている。
>
> 基美：先住民が狩猟のために使っていた土地が，政府によって開発のために企業に売り渡されてしまうとか，オーストラリアだけでなくいろいろな国で問題になっているよね。
>
> 暢子：人権保障の義務を負うのはもちろん国なんだろうけど，企業の活動は，先住民だけでなく人々の人権にとても大きな影響があると思うわ。

1　グローバリゼーションと人権・労働基準

貿易と労働基準　みなさんの中にはナイキの靴のファンも多いだろうが，アメリカでは1997年に同社の靴の不買運動が広がった。同社が生産委託をした東南アジアの工場が児童を酷使しているということが明らかになり，消費者からの反発をまねいたのである。ナイキに限らず，現在，

214

多くの製造業は，生産コストを低く抑えるために，途上国に生産拠点を移して安価な労働力を用いて活動を行っている。それが，単に，労働力が安価である，というだけでなく，自国では認められないような労働基準，たとえば，労働組合結成の禁止，児童労働，手当てのない時間外労働などを悪用して，コストをさらに引き下げている場合もしばしばある。日本国内では，人権や労働基準がしっかり保障されていたとしても，日本の企業が，海外で他の国の人の人権侵害に加担していたり，労働基準を無視して行動していたりしたとしたら，私たちはそれを気にもかけないでいていいのだろうか？

| ILO設立と公正な国際貿易競争 |

貿易と労働基準の問題は，グローバリゼーションの時代になってはじめて生まれた新しい課題というわけではない。第一次世界大戦後に創設されたILO（国際労働機関）は，公正な国際競争の確保ということがその目的の1つだった。すなわち，産業革命以降，資本家と労働者の格差が広がってゆき，それまでのように自由や財産の保障ということだけを行っていては，国家は全体としてよい労働力を失ってしまう，あるいは革命によって資本主義国家そのものが否定されてしまうというおそれを目前にして，国家が労働時間の規制や児童労働の禁止など，労働者の保護に取り組まざるをえない状況となっていた。しかしながら，自国だけが他国よりも高水準で労働者を保護するとしたら，その分コストは割高になり貿易で不利な立場に立たされてしまう。そこで，労働者の保護は足並みをそろえて国際的に進めていこう，となるわけだ。ILO憲章の前文には，「いずれかの国が人道的な労働条件を採用しないことは，自国における労働条件の改善を希望する他の国の障害となる」と書かれている。

| 第二次世界大戦後の貿易の自由化と国際機関 |

第二次世界大戦後には，自由貿易を進めるためにITO（国際貿易機関）という機構を設立する試みがあり，そのためのハバナ憲章には，公正な労働基準に関する条文が予定されていたが，ITOは流産してしまった。70年代になると，多国籍企業の問題が他の機関でもクローズアップされ，OECD（経済協力開発機構）は74年に「多国籍企業行動指針」を，ILOは77年に，「多国籍企業と社会政策に関するILO三者原則宣言」を採択している。

80年代の後半には，アメリカは，国内の労働組合から圧力を受けて，ITO に代わってできたGATT（貿易と関税に関する一般協定）で貿易と労働者の権利の問題を扱うことを提案していたが，その提案は採択されず，WTO（世界貿易機関）の設立時にもその主張を再び行った。95年１月にWTOは発足したが，その１年後のシンガポールで行われた閣僚会議では，「ILO が中核的な労働基準を設定し扱う権限を持つ機関であること」，「WTO は ILO との既存の協力関係を継続することに留意すること」を決議し，WTO は主要な役割を ILO にふったのである。ILO はたしかに労働基準そのものを扱う機関であるが，条約の履行確保のための強力な措置を兼ね備えているわけではないことが，この問題においてネックとなっていた。90年代の半ばには理事会で「世界貿易の自由化の社会的側面に関する作業部会」を開催してこの問題を検討したが，結局制裁を含んだ新たな道具をつくろうということにはならなかったのである。

　以上のように，戦後の世界貿易の自由化の進展により，途上国での低い労働基準の監視の必要性が認識されるようになったのではあるが，実効的な方法についての決め手がない状態であった。

| グローバル・
コンパクト |　貿易と労働基準についての国際的な監視体制づくりにおける議論が膠着していた中，「人間の顔をしたグローバルな市場」のために当時の国連事務総長であったコフィ・アナン氏が提唱した「グローバル・コンパクト」の取り組みが2000年に始まった。グローバル・コンパクトとは，人権，労働，環境，腐敗防止に関する10の原則を定め，企業等にその原則に従って活動を行うことを約束させる取り組みのことである。[*1]

* 1　詳細は，国連のサイト（https://www.unglobalcompact.org）やグローバル・コンパクト・ネットワーク・ジャパンのサイト（http://ungcjn.org）を参照。

　2020年11月現在で，世界中から，約16,000以上の団体（そのうち企業が5,000以上）が参加を表明している。企業は，参加することによって法的な義務を負うわけではないが，この10原則を企業運営の中に取り入れ，実施したことを年次報告書などで発表することが求められる。国連においては，さらに，人権小委員会が，2003年８月に「超国籍企業とその他の企業の人権に関する責任につ

いての国連規範」を全会一致で採択し，2005年には特別代表も任命された。特別代表は，2008年には「保護・尊重・救済」枠組を，2011年には実施のための「ビジネスと人権に関する指導原則」を提出した。同指導原則が人権理事会で採択されると，作業部会が設けられ，各国に実施のための行動計画を作成することを奨励した。2015年に国連により採択された「持続可能な開発目標」（SDGs）を中核とした「持続可能な開発のための2030アジェンダ」も「ビジネスと人権」に言及し，日本も2020-2025年の行動計画を作成した。

　グローバル・コンパクトも上述の国連諸文書も，法的な拘束力があるわけではなく，実効性に欠けるという意味ではこれまであった試み以上のものではない。しかし，国連自体がこの問題に取り組み始めたことは，世論喚起や人々の意識の向上に影響を与えるであろう。実際に，国連の動きを受けて，2011年に改定されたOECDの「多国籍企業行動指針」には，「人権」の章が新設されたり，ISO（国際標準化機構）からは2010年に社会的責任企画ISO26000が発行されたりしている。ところで，グローバル・コンパクトも国連規範も，企業と国連等の国際機関との直接の対話を求めていることが注目される。このことの意味を少し考えてみよう。

| 国連規範と
人権保障の主体 | そもそも，人権というのは，対国家的な文脈で生まれた概念であり（⇒第1講），人権保障の義務を負うのも国家

であるということを考えると，多国籍企業に人権保障の役割を担わせるのは論理的におかしいのではないか，と疑問に感じるだろう。それはどのように考えればよいのだろうか。先に述べた2003年の国連の「規範」は，「国家が，超国籍企業及びその他の企業が人権を尊重することを確保することも含めて，国際法及び国内法において認められた人権を促進し，実施し，尊重を確保し，保護することに対して，一次的な責任を負う」と述べている。そして，「それぞれの活動と影響の領域において，超国籍企業とその他の企業は，国際法及び国内法において認められた人権を……促進し，実施を確保し，尊重を確保し，保護することに対して義務を負う」と続けられる。すなわち，人権保障の一次的責任は国にあるが，企業もやはり責任を負うのである。この点に関しては，作業グループにおける起草段階でも議論があったが，この「規範」では，国家，企

業のどちらに対しても実施のための措置を規定することになったのである。まず，国家は「規範」その他の関係国内法及び国際法が超国籍企業及びその他の企業によって実施されることを確保するために，必要な法律的及び行政的な枠組みを確立及び強化することを求められている。そして，超国籍企業等は「規範」に従った内部の事業規則を採択し，普及し，実施すること，規範の適用に関して，国連や他の国際機構や国内機構による定期的な監視及び検証に服すること，「規範」違反により損害を受けた人などに即時で効果的かつ適切な補償を与えることが求められている。

　このように，人権の保障はその国民の属する国家だけの義務であるという考え方の枠が少しずつ外れ，国際的文書が企業を宛名人として人権保障を求め，国家を経ないで国際機関に直接に報告書を提出することを求める動きも出てきていることが注目される。企業は活動する国の立法及び司法管轄権に服するので，国内の法制度，司法制度がしっかりしていない国においても活動する多国籍企業を国際機関が監視する役割をもつことは意味があると評価できるだろう。

2　少数民族等の権利

少数民族等
保護の歴史

　少数民族等とは，一国内の国内社会に存在する民族的，種族的，言語的又は宗教的に異なる少数の集団のことを表す。しかし，単に数の少なさで決まるのではなく，アパルトヘイト時代の南アフリカの黒人のように差別されていることや抑圧されていることが少数民族等の地位を与えるという考え方もあるし，また，その国の国籍をもたない人々にもその地位を与えるという面もあり，はっきりした定義があるわけではない。いずれにしても，少数民族や宗教的少数者などの保護は，人権問題全般が国際法の主題となる以前から，国家間の条約で扱われてきた分野だった。発端は，宗教改革によるキリスト教の分裂によって生じた宗教的少数者の保護で，たとえば，有名な1648年のウェストファリア条約は，ドイツ国内のプロテスタントに対してカトリックと同等な地位を認めた。国民国家の形成が進められた19世紀になると，ある国家の外側の他の国家に残された民族的な少数者が問題

となってきて，たとえば，1815年のウィーン会議最終議定書では，締約国が自国内のポーランド人に民族性の維持の保障を約束した。このように，戦争後，領土の帰属が変更したり，国家が独立したりすることによって生まれた少数民族等を保護することは，少数民族等の問題が国際紛争へと拡大することを防止するために必要なことであり，国際人権法という分野が確立する以前から，国家間条約の主題となっていたのである。国際連盟の下での体制でも同様の考え方が維持されて，ヴェルサイユ条約やサンジェルマン条約などの平和条約や国際連盟加盟の際の一方的宣言によって，17の国家と地域の人種，宗教及び言語的少数民族等が国際的保護の制度の下におかれることになった。

＊2　以下，少数民族等の権利について，金東勲『国際人権法とマイノリティの地位』（東信堂，2003年）参照。

第二次世界大戦後も，平和条約や植民地支配からの独立を定める合意文書で少数民族の保護が約束されたが，この時点では，すべての人の人権と基本的自由が国際法の問題となり，国際連合もこの問題に取り組んでいくことになる（⇒第4講）。その動きの中で少数民族等の保護を国家に要請する文書が生まれていったが，その中で自由権規約は，27条で，「種族的，宗教的又は言語的少数民族が存在する国において，当該少数民族に属するものは，その集団の他の構成員とともに自己の文化を享有し，自己の宗教を信仰しかつ実践し又は自己の言語を使用する権利を否定されない」という規定をおいた。この文言は，「否定されない」という消極的な表現だが，同規約委員会は94年に出した同条に関する一般的意見で，国家に積極的な作為義務があるということを明らかにしている。また，国連は，92年に，『民族的又は種族的，宗教的及び言語的少数者に属する者の権利に関する宣言』（少数者の権利宣言）を採択した。同宣言は，権利性の明確化，国家の積極的義務の明確化，そして，文化や言語，教育などの分野における必要な措置の具体化が示されていて，自由権規約27条の解釈の指針となるものである。

先住民の権利　少数民族等の中でも，先住民に関しては国際法において特別の枠組みが設けられている。先住民とは，ILO が，

1989年の「独立国における先住民及び種族民に関する条約」（第169号条約・2016年8月現在22カ国が批准，日本は未批准）で行っている定義では，「独立国における人民で，征服，植民又は現在の国境の確立の時に当該国又は当該国が地理的に属する地域に居住していた民族の子孫であるため先住民とみなされ，かつ法律上の地位のいかんを問わず，自己の社会的，経済的，文化的及び政治的制度の一部又は全部を保有している者」である。同条約は，政府に対して，これらの人々の保護のための政策をとること，これらの人々が，自分たちに関係を及ぼす開発などに関して参加の権利をもつこと，特に，土地，雇用，社会保障，教育などの面で政府がとるべき措置と人々がもつ権利についての規定をおいている。

　また，国連では，人権小委員会の下に，82年，先住民に関する作業部会が設置されて以来，人権委員会，人権理事会と先住民の権利宣言制定のための議論が継続されてきたが，2007年9月に，ようやく「先住民の権利宣言」が採択された。同宣言は，先住民にすべての人権と基本的権利を保障するほか，同意なく没収された土地・資源の返還をうける権利，固有文化を実践・復興する権利，民族自決権などを含んでいる。

日本の少数民族等の問題　最後に日本について考えておこう。一昔前は，日本では，わが国は単一民族国家であるという「神話」が語られていた。日本政府も日本には少数民族等はいないという態度で，自由権規約委員会に提出した政府報告書においては，第2回までアイヌ民族が少数民族であることを認めていなかったのである。その後の91年の第3回報告書では，アイヌが少数民族であることは「差し支えない」と述べるようになり，97年に，「アイヌ文化の振興並びにアイヌの伝統等に関する知識の普及及び啓発に関する法律」（2019年5月24日に後述の「アイヌ施策推進法」の施行にともない廃止されるまでは，「アイヌ新法」とよばれていた）を定めたときには，アイヌの民族性を明確に認めた。在日韓国・朝鮮人に関しては，現在も自由権規約27条により保護される少数民族だとは認めていないが，それは，外国人も少数民族等の権利をもつと述べた自由権規約委員会の一般的意見に反している。在日韓国・朝鮮人以外にも，90年代から定住者などの資格で日本に長期滞在する外国人が増加し

た。それらの人たちの多くは学童期の子どもを抱えているが，中には，言葉の
問題によって日本の学校教育を受けられない子どもも少なくない。彼らには特
に教育の機会を保障するとともに，自分たちの言語や文化を保持するために，
日本政府が積極的な施策をとるべきである。さらに，独自の民族性，歴史，文
化，伝統，言語をもつという意味で，沖縄の人たちも日本における少数民族と
みなすことができるであろう。2010年3月に人種差別撤廃委員会が日本政府に
出した総括所見では，そのような沖縄に軍事基地が不均衡に集中していること
を，住民の経済的，社会的及び文化的権利の享受に否定的な影響があるととら
え，これを人種差別の問題としてとらえている（民族差別も人種差別の概念に含
まれることは第5講4を参照のこと）。

日本の先住民

アイヌ民族に関しては，現在日本政府は先住民としても
認めるようになった。アイヌの人々は，蝦夷地（今の北
海道等）に住み，13～14世紀ころに彼らの伝統的な生活様式や文化を形成した
と考えられている。その特徴は，狩猟　漁労・採集，動植物の皮などを素材と
した衣服，樹皮や草から作られた住居，神々への信仰と儀式，いれずみ，アイ
ヌ語，口承文芸・歌・踊り・楽器などにみられる。自由で活発な貿易を営んで
いたが，15世紀ころから和人との争いがおこるようになり，蠣崎氏（後に松前
氏と改名）が和人のリーダーとなり，17世紀はじめに成立した徳川幕府が松前
藩にアイヌとの貿易の独占権を認めると，アイヌは不利な条件での貿易を強い
られるようになった。1669年のシャクシャインをリーダーとした戦いでアイヌ
側が和人に敗れると，和人の支配は強まっていった。明治政府は蝦夷を北海道
と改称して日本の領土とし，アイヌの人々を日本の戸籍に入れた。彼らの土地
を「無主地」として和人に払い下げ「開拓」を進め，アイヌの言語や文化，狩
猟や漁業も事実上禁止された。アイヌの人々の生活が困窮したために1899年に
は「北海道旧土人保護法」を制定したが，それも，農耕を行うアイヌの人々に
土地を供給するという同化政策と差別政策に基づくものであった。

　戦後の日本国憲法の下でも同法はながらく廃止されなかった。1946年，アイ
ヌの人々は「北海道アイヌ協会」を設立し，1984年にアイヌに関する新法の制
定を求めた。彼らの要求は，差別の撲滅，民族特別議席の付与，教育の促進，

経済対策，自治のための基金の設置，審議機関の設立の6つであった。前述の
ように1997年に「アイヌ新法」が制定されたが，内容は文化の局面に限定され
たものであった。

　同年の「二風谷ダム事件」判決（札幌地裁1997.3.27）は，アイヌは，自由権
規約の27条で文化の独自性を保持した少数民族としてその文化を享有する権利
を保障されていると述べ，さらに，アイヌの先住民性も認めた。ただし，先住
民の権利として議論となっている，「土地，資源及び政治等についての自決権
である先住権」までは認めてはいない。この判決は，憲法にも言及していて，
13条で，少数民族たるアイヌ民族固有の文化を享有する権利が保障されている
と解することができる，との判断がされている。前述の「先住民の権利宣言」
の採択の場で，アメリカ，カナダ，オーストリア，ニュージーランドが反対す
る中，日本は，民族自決権は独立を意味しないことを確認したうえで，賛成票
を投じた。こういった状況の中，洞爺湖サミットの直前の2008年6月に，衆参
両議院で「アイヌ民族を先住民族とすることを求める決議」が採択され，政府
は翌月から約1年間「アイヌ政策のあり方に関する有識者懇談会」を開催し
た。同懇談会が2009年7月に報告書を出して，アイヌの人々は「独自の文化を
持ち，他からの支配・制約などを受けない自立的な集団として我が国の統治が
及ぶ前から日本列島北部周辺，とりわけ北海道に居住していた」「先住民であ
ると考えることができる」と結論づけたことを受け，アイヌ政策推進会議が立
ち上げられた。同会議の提言により，「国立アイヌ民族博物館」及び「国立民
族共生公園」からなる「民族共生象徴空間」並びに「慰霊施設」が白老町ポト
ロ湖畔周辺に整備され，また，「アイヌの人々の誇りが尊重される社会を実現
するための施策の推進に関する法律」（アイヌ施策推進法）が2019年に制定され
た。2009年のユネスコの調査では，現在アイヌ語の話し手は15人であり，極め
て深刻な消滅の危機にあると認定されている（朝日新聞2009年2月2日）。固有
の文化を復興させるのに手遅れとはならない迅速な施策の実施が求められる。
日本国憲法には民族について特別な条項はなく，日本の憲法学は民族の問題に
対してこれまであまり関心を示してはこなかったが，憲法においても13条や14
条によってこの問題へのより積極的なアプローチが可能だろう。

　沖縄の地には，1872（明治5）年に明治政府により琉球藩とされ79年に沖縄県が設置（琉球処分）される前は，琉球王国という独立国が存在しており，清との間では冊封関係をもち，1854年にはアメリカとの間で修好条約も締結していた。そのことを考えると，日本によって征服された独立国の子孫という意味で，先住民性を認めることができるだろう。人種差別撤廃委員会は，2014年の「日本の第7回・第8回・第9回定期報告に関する最終見解」で，「ユネスコによる独特な民族性，歴史，文化及び伝統の承認にもかかわらず，琉球／沖縄を先住民族として承認しない締約国の立場を遺憾」と述べ，先住民性を承認し，権利の保護のための具体的措置をとることを勧告した。

メッセージ

　社会の中の多数派とは異なる文化や言語をもった人が，少数民族等としての自分の特性を保持できないというのは，多様性やそこから生まれる可能性を失うという意味で，個人にとっても社会にとってもマイナスではありませんか？　あなたが身につけている服や靴が，地球のどこかで子どもたちが学校に行くこともできずに劣悪な労働条件で働いて作ったものであっても平気ですか？　自分にまったく関係のない人権侵害なんて，本当はないのでしょう。人類の共有財産の人権を守っていきましょう。

おわりに ――巻末メッセージ――

　本書をすべてお読みいただいてこの頁にたどり着いたみなさん，お疲れさまです。自分の，あるいは他の人の生活の中で，様々な局面で顔をだす「人権」に関して，この本を読む前より少し知識が深まったり，あるいはいろいろと考えるようになったりしていただいていることを，著者として願ってやみません。また，読んでみてさらに疑問が生じることがあったら，文中に参考文献としてあげてある本を読んだり，授業で尋ねてみたりしてください。しかし，内容とは関係ないところでみなさんに疑問を残してはならないでしょうから，最後にいくつかの種明かしをしておきます。

　まず，導入部の会話体の部分は，標準語の他に，広島弁，大阪弁が出てきます。また，会話の人物ですが，蓮と陽翔，凛という名前は，2019年生まれの子どもの名前の多かった男子の１位と２位，女子の１位（明治安田生命調べ）。暢子・基美はプロ野球広島東洋カープの2020年のルーキーから１字ずつもらいました。熊さん，八つぁんはおなじみの落語の登場人物です。

　次に，各講の最後の小さな記事は，みなさんへのメッセージです。「メッセージ」という言葉を下記の多言語で表記しました。ただし，日本語でいう「メッセージ」に当たる言葉が必ずしもあるわけではなく，意訳をしてあるものもあります。これらは，広島大学の多彩な先生方に教えていただきました。みなさんにも楽しみながら，この本を読んでいただけたならば幸いです。

　原語一覧：**मेसेज**（ヒンディ語），привет（ロシア語），mensaje（スペイン語），
　　　　　메세지（ハングル），対大家的鼓励（中国語），پیغــام（ペルシア語），
　　　　　messaggio（イタリア語），message（英語／フランス語），メッセージ（日
　　　　　本語）

判 例 索 引

最高裁判所

事 項 索 引

【資料】　日本国憲法

日 本 国 憲 法

$$\begin{pmatrix}\text{1946年11月3日公布}\\\text{1947年5月3日施行}\end{pmatrix}$$

朕は，日本国民の総意に基いて，新日本建設の礎が，定まるに至つたことを，深くよろこび，枢密顧問の諮詢及び帝国憲法第七十三条による帝国議会の議決を経た帝国憲法の改正を裁可し，ここにこれを公布せしめる。

御 名 御 璽

昭和二十一年十一月三日

内閣総理大臣兼 外 務 大 臣	吉 田　茂
国 務 大 臣 男爵	幣原喜重郎
司 法 大 臣	木村篤太郎
内 務 大 臣	大村清一
文 部 大 臣	田中耕太郎
農 林 大 臣	和田博雄
国 務 大 臣	斎藤隆夫
逓 信 大 臣	一松定吉
商 工 大 臣	星島二郎
厚 生 大 臣	河合良成
国 務 大 臣	植原悦二郎
運 輸 大 臣	平塚常次郎
大 蔵 大 臣	石橋湛山
国 務 大 臣	金森徳次郎
国 務 大 臣	膳 桂之助

日 本 国 憲 法

日本国民は，正当に選挙された国会における代表者を通じて行動し，われらとわれらの子孫のために，諸国民との協和による成果と，わが国全土にわたつて自由のもたらす恵沢を確保し，政府の行為によつて再び戦争の惨禍が起ることのないやうにすることを決意し，ここに主権が国民に存することを宣言し，この憲法を確定する。そもそも国政は，国民の厳粛な信託によるものであつて，その権威は国民に由来し，その権力は国民の代表者がこれを行使し，その福利は国民がこれを享受する。これは人類普遍の原理であり，この憲法は，かかる原理に基くものである。われらは，これに反する一切の憲法，法令及び詔勅を排除する。

日本国民は，恒久の平和を念願し，人間相互の関係を支配する崇高な理想を深く自覚するのであつて，平和を愛する諸国民の公正と信義に信頼して，われらの安全と生存を保持しようと決意した。われらは，平和を維持し，専制と隷従，圧迫と偏狭を地上から永遠に除去しようと努めてゐる国際社会において，名誉ある地位を占めたいと思ふ。われらは，全世界の国民が，ひとしく恐怖と欠乏から免かれ，平和のうちに生存する権利を有することを確認する。

われらは，いづれの国家も，自国のことのみに専念して他国を無視してはならないのであつて，政治道徳の法則は，普遍的なものであり，この法則に従ふことは，自国の主権を維持し，他国と対等関係に立たうとする各国の責務であると信ずる。

日本国民は，国家の名誉にかけ，全力をあげてこの崇高な理想と目的を達成することを誓ふ。

第1章　天　　皇

第1条〔天皇の地位，国民主権〕　天皇は，日本国の象徴であり日本国民統合の象徴であつて，この地位は，主権の存する日本国民の総意に基く。

第2条〔皇位の継承〕　皇位は，世襲のものであつて，国会の議決した皇室典範の定めるところにより，これを継承する。

第3条〔天皇の国事行為に対する内閣の助言

と承認〕　天皇の国事に関するすべての行為には，内閣の助言と承認を必要とし，内閣が，その責任を負ふ。

第4条〔天皇の権能の限界・天皇の国事行為の委任〕　①　天皇は，この憲法の定める国事に関する行為のみを行ひ，国政に関する権能を有しない。

②　天皇は，法律の定めるところにより，その国事に関する行為を委任することができる。

第5条〔摂政〕　皇室典範の定めるところにより摂政を置くときは，摂政は，天皇の名でその国事に関する行為を行ふ。この場合には，前条第一項の規定を準用する。

第6条〔天皇の任命権〕　①　天皇は，国会の指名に基いて，内閣総理大臣を任命する。

②　天皇は，内閣の指名に基いて，最高裁判所の長たる裁判官を任命する。

第7条〔天皇の国事行為〕　天皇は，内閣の助言と承認により，国民のために，左の国事に関する行為を行ふ。

一　憲法改正，法律，政令及び条約を公布すること。

二　国会を召集すること。

三　衆議院を解散すること。

四　国会議員の総選挙の施行を公示すること。

五　国務大臣及び法律の定めるその他の官吏の任免並びに全権委任状及び大使及び公使の信任状を認証すること。

六　大赦，特赦，減刑，刑の執行の免除及び復権を認証すること。

七　栄典を授与すること。

八　批准書及び法律の定めるその他の外交文書を認証すること。

九　外国の大使及び公使を接受すること。

十　儀式を行ふこと。

第8条〔皇室の財産授受〕　皇室に財産を譲り渡し，又は皇室が，財産を譲り受け，若しくは賜与することは，国会の議決に基かなければならない。

第2章　戦争の放棄

第9条〔戦争の放棄，軍備及び交戦権の否認〕

①　日本国民は，正義と秩序を基調とする国際平和を誠実に希求し，国権の発動たる戦争と，武力による威嚇又は武力の行使は，国際紛争を解決する手段としては，永久にこれを放棄する。

②　前項の目的を達するため，陸海空軍その他の戦力は，これを保持しない。国の交戦権は，これを認めない。

第3章　国民の権利及び義務

第10条〔国民の要件〕　日本国民たる要件は，法律でこれを定める。

第11条〔基本的人権の享有〕　国民は，すべての基本的人権の享有を妨げられない。この憲法が国民に保障する基本的人権は，侵すことのできない永久の権利として，現在及び将来の国民に与へられる。

第12条〔自由・権利の保持の責任とその濫用の禁止〕　この憲法が国民に保障する自由及び権利は，国民の不断の努力によつて，これを保持しなければならない。又，国民は，これを濫用してはならないのであつて，常に公共の福祉のためにこれを利用する責任を負ふ。

第13条〔個人の尊重，生命・自由・幸福追求の権利の尊重〕　すべて国民は，個人として尊重される。生命，自由及び幸福追求に対する国民の権利については，公共の福祉に反しない限り，立法その他の国政の上で，最大の尊重を必要とする。

第14条〔法の下の平等，貴族制度の否認，栄典〕　①　すべて国民は，法の下に平等

であつて，人種，信条，性別，社会的身分又は門地により，政治的，経済的又は社会的関係において，差別されない。

② 華族その他の貴族の制度は，これを認めない。

③ 栄誉，勲章その他の栄典の授与は，いかなる特権も伴はない。栄典の授与は，現にこれを有し，又は将来これを受ける者の一代に限り，その効力を有する。

第15条〔公務員の選定及び罷免権，公務員の本質，普通選挙・秘密投票の保障〕

① 公務員を選定し，及びこれを罷免することは，国民固有の権利である。

② すべて公務員は，全体の奉仕者であつて，一部の奉仕者ではない。

③ 公務員の選挙については，成年者による普通選挙を保障する。

④ すべて選挙における投票の秘密は，これを侵してはならない。選挙人は，その選択に関し公的にも私的にも責任を問はれない。

第16条〔請願権〕 何人も，損害の救済，公務員の罷免，法律，命令又は規則の制定，廃止又は改正その他の事項に関し，平穏に請願する権利を有し，何人も，かかる請願をしたためにいかなる差別待遇も受けない。

第17条〔国及び公共団体の賠償責任〕 何人も，公務員の不法行為により，損害を受けたときは，法律の定めるところにより，国又は公共団体に，その賠償を求めることができる。

第18条〔奴隷的拘束及び苦役からの自由〕 何人も，いかなる奴隷的拘束も受けない。又，犯罪に因る処罰の場合を除いては，その意に反する苦役に服させられない。

第19条〔思想及び良心の自由〕 思想及び良心の自由は，これを侵してはならない。

第20条〔信教の自由，国の宗教活動の禁止〕

① 信教の自由は，何人に対してもこれを保障する。いかなる宗教団体も，国から特権を受け，又は政治上の権力を行使してはならない。

② 何人も，宗教上の行為，祝典，儀式又は行事に参加することを強制されない。

③ 国及びその機関は，宗教教育その他いかなる宗教的活動もしてはならない。

第21条〔集会・結社・表現の自由，検閲の禁止，通信の秘密〕 ① 集会，結社及び言論，出版その他一切の表現の自由は，これを保障する。

② 検閲は，これをしてはならない。通信の秘密は，これを侵してはならない。

第22条〔居住・移転及び職業選択の自由，外国移住・国籍離脱の自由〕 ① 何人も，公共の福祉に反しない限り，居住，移転及び職業選択の自由を有する。

② 何人も，外国に移住し，又は国籍を離脱する自由を侵されない。

第23条〔学問の自由〕 学問の自由は，これを保障する。

第24条〔家庭生活における個人の尊厳と両性の平等〕 ① 婚姻は，両性の合意のみに基いて成立し，夫婦が同等の権利を有することを基本として，相互の協力により，維持されなければならない。

② 配偶者の選択，財産権，相続，住居の選定，離婚並びに婚姻及び家族に関するその他の事項に関しては，法律は，個人の尊厳と両性の本質的平等に立脚して，制定されなければならない。

第25条〔生存権，国の社会的使命〕

① すべて国民は，健康で文化的な最低限度の生活を営む権利を有する。

② 国は，すべての生活部面について，社会福祉，社会保障及び公衆衛生の向上及び増進に努めなければならない。

第26条〔教育を受ける権利，教育を受けさせる義務，義務教育の無償〕 ① すべて国民は，法律の定めるところにより，その

能力に応じて，ひとしく教育を受ける権利を有する。

② すべて国民は，法律の定めるところにより，その保護する子女に普通教育を受けさせる義務を負ふ。義務教育は，これを無償とする。

第27条〔勤労の権利及び義務，勤労条件の基準，児童酷使の禁止〕 ① すべて国民は，勤労の権利を有し，義務を負ふ。

② 賃金，就業時間，休息その他の勤労条件に関する基準は，法律でこれを定める。

③ 児童は，これを酷使してはならない。

第28条〔勤労者の団結権・団体交渉権その他の団体行動権〕 勤労者の団結する権利及び団体交渉その他の団体行動をする権利は，これを保障する。

第29条〔財産権〕 ① 財産権は，これを侵してはならない。

② 財産権の内容は，公共の福祉に適合するやうに，法律でこれを定める。

③ 私有財産は，正当な補償の下に，これを公共のために用ひることができる。

第30条〔納税の義務〕 国民は，法律の定めるところにより，納税の義務を負ふ。

第31条〔法定手続の保障〕 何人も，法律の定める手続によらなければ，その生命若しくは自由を奪はれ，又はその他の刑罰を科せられない。

第32条〔裁判を受ける権利〕 何人も，裁判所において裁判を受ける権利を奪はれない。

第33条〔逮捕の要件〕 何人も，現行犯として逮捕される場合を除いては，権限を有する司法官憲が発し，且つ理由となつてゐる犯罪を明示する令状によらなければ，逮捕されない。

第34条〔抑留，拘禁の要件，不法拘禁に対する保障〕 何人も，理由を直ちに告げられ，且つ，直ちに弁護人に依頼する権利を与へられなければ，抑留又は拘禁され

い。又，何人も，正当な理由がなければ，拘禁されず，要求があれば，その理由は，直ちに本人及びその弁護人の出席する公開の法廷で示されなければならない。

第35条〔住居侵入・捜索・押収に対する保障〕

① 何人も，その住居，書類及び所持品について，侵入，捜索及び押収を受けることのない権利は，第三十三条の場合を除いては，正当な理由に基いて発せられ，且つ捜索する場所及び押収する物を明示する令状がなければ，侵されない。

② 捜索又は押収は，権限を有する司法官憲が発する各別の令状により，これを行ふ。

第36条〔拷問及び残虐刑の禁止〕 公務員による拷問及び残虐な刑罰は，絶対にこれを禁ずる。

第37条〔刑事被告人の権利〕 ① すべて刑事事件においては，被告人は，公平な裁判所の迅速な公開裁判を受ける権利を有する。

② 刑事被告人は，すべての証人に対して審問する機会を充分に与へられ，又，公費で自己のために強制的手続により証人を求める権利を有する。

③ 刑事被告人は，いかなる場合にも，資格を有する弁護人を依頼することができる。被告人が自らこれを依頼することができないときは，国でこれを附する。

第38条〔自己に不利益な供述の強要禁止，自白の証拠能力〕 ① 何人も，自己に不利益な供述を強要されない。

② 強制，拷問若しくは脅迫による自白又は不当に長く抑留若しくは拘禁された後の自白は，これを証拠とすることができない。

③ 何人も，自己に不利益な唯一の証拠が本人の自白である場合には，有罪とされ，又は刑罰を科せられない。

第39条〔遡及処罰の禁止，一事不再理〕 何人も，実行の時に適法であつた行為又は既に無罪とされた行為については，刑事上の

【資料】日本国憲法

責任を問はれない。又，同一の犯罪につい
て，重ねて刑事上の責任を問はれない。

第40条〔刑事補償〕　何人も，抑留又は拘
禁された後，無罪の裁判を受けたときは，
法律の定めるところにより，国にその補償
を求めることができる。

第4章　国　　会

第41条〔国会の地位，立法権〕　国会は，
国権の最高機関であつて，国の唯一の立法
機関である。

第42条〔両院制〕　国会は，衆議院及び参
議院の両議院でこれを構成する。

第43条〔両議院の組織〕　①　両議院は，
全国民を代表する選挙された議員でこれを
組織する。

②　両議院の議員の定数は，法律でこれを定
める。

第44条〔議員及び選挙人の資格〕　両議院
の議員及びその選挙人の資格は，法律でこ
れを定める。但し，人種，信条，性別，社
会的身分，門地，教育，財産又は収入によ
つて差別してはならない。

第45条〔衆議院議員の任期〕　衆議院議員
の任期は，四年とする。但し，衆議院解散
の場合には，その期間満了前に終了する。

第46条〔参議院議員の任期〕　参議院議員
の任期は，六年とし，三年ごとに議員の半
数を改選する。

第47条〔選挙に関する事項の法定〕　選挙
区，投票の方法その他両議院の議員の選挙
に関する事項は，法律でこれを定める。

第48条〔両院議員兼職の禁止〕　何人も，
同時に両議院の議員たることはできない。

第49条〔議員の歳費〕　両議院の議員は，
法律の定めるところにより，国庫から相当
額の歳費を受ける。

第50条〔議員の不逮捕特権〕　両議院の議
員は，法律の定める場合を除いては，国会

の会期中逮捕されず，会期前に逮捕された
議員は，その議院の要求があれば，会期中
これを釈放しなければならない。

第51条〔議員の発言・表決の無責任〕　両
議院の議員は，議院で行つた演説，討論又
は表決について，院外で責任を問はれな
い。

第52条〔常会〕　国会の常会は，毎年一回
これを召集する。

第53条〔臨時会〕　内閣は，国会の臨時会
の召集を決定することができる。いづれか
の議院の総議員の四分の一以上の要求があ
れば，内閣は，その召集を決定しなければ
ならない。

第54条〔衆議院の解散，特別会，参議院の緊
急集会〕　①　衆議院が解散されたとき
は，解散の日から四十日以内に，衆議院議
員の総選挙を行ひ，その選挙の日から三十
日以内に，国会を召集しなければならな
い。

②　衆議院が解散されたときは，参議院は，
同時に閉会となる。但し，内閣は，国に緊
急の必要があるときは，参議院の緊急集会
を求めることができる。

③　前項但書の緊急集会において採られた措
置は，臨時のものであつて，次の国会開会
の後十日以内に，衆議院の同意がない場合
には，その効力を失ふ。

第55条〔議員の資格争訟〕　両議院は，各
ゝその議員の資格に関する争訟を裁判す
る。但し，議員の議席を失はせるには，出
席議員の三分の二以上の多数による議決を
必要とする。

第56条〔議事議決の定足数・表決〕　①　両
議院は，各ゝその総議員の三分の一以上の
出席がなければ，議事を開き議決すること
ができない。

②　両議院の議事は，この憲法に特別の定の
ある場合を除いては，出席議員の過半数で
これを決し，可否同数のときは，議長の決

するところによる。

第57条〔会議の公開・会議の記録・表決の会議録への記載〕　①　両議院の会議は，公開とする。但し，出席議員の三分の二以上の多数で議決したときは，秘密会を開くことができる。

②　両議院は，各ミその会議の記録を保存し，秘密会の記録の中で特に秘密を要すると認められるもの以外は，これを公表し，且つ一般に頒布しなければならない。

③　出席議員の五分の一以上の要求があれば，各議員の表決は，これを会議録に記載しなければならない。

第58条〔議長等の選任・議院の自律権〕

①　両議院は，各ミその議長その他の役員を選任する。

②　両議院は，各ミその会議その他の手続及び内部の規律に関する規則を定め，又，院内の秩序をみだした議員を懲罰することができる。但し，議員を除名するには，出席議員の三分の二以上の多数による議決を必要とする。

第59条〔法律案の議決・衆議院の優越〕

①　法律案は，この憲法に特別の定のある場合を除いては，両議院で可決したとき法律となる。

②　衆議院で可決し，参議院でこれと異なつた議決をした法律案は，衆議院で出席議員の三分の二以上の多数で再び可決したときは，法律となる。

③　前項の規定は，法律の定めるところにより，衆議院が，両議院の協議会を開くことを求めることを妨げない。

④　参議院が，衆議院の可決した法律案を受け取つた後，国会休会中の期間を除いて六十日以内に，議決しないときは，衆議院は，参議院がその法律案を否決したものとみなすことができる。

第60条〔衆議院の予算先議・予算議決に関する衆議院の優越〕　①　予算は，さきに衆議院に提出しなければならない。

②　予算について，参議院で衆議院と異なつた議決をした場合に，法律の定めるところにより，両議院の協議会を開いても意見が一致しないとき，又は参議院が，衆議院の可決した予算を受け取つた後，国会休会中の期間を除いて三十日以内に，議決しないときは，衆議院の議決を国会の議決とする。

第61条〔条約の国会承認・衆議院の優越〕条約の締結に必要な国会の承認については，前条第二項の規定を準用する。

第62条〔議院の国政調査権〕　両議院は，各ミ国政に関する調査を行ひ，これに関して，証人の出頭及び証言並びに記録の提出を要求することができる。

第63条〔国務大臣の議院出席の権利と義務〕内閣総理大臣その他の国務大臣は，両議院の一に議席を有すると有しないとにかかはらず，何時でも議案について発言するため議院に出席することができる。又，答弁又は説明のため出席を求められたときは，出席しなければならない。

第64条〔弾劾裁判所〕　①　国会は，罷免の訴追を受けた裁判官を裁判するため，両議院の議員で組織する弾劾裁判所を設ける。

②　弾劾に関する事項は，法律でこれを定める。

第5章　内　　閣

第65条〔行政権〕　　行政権は，内閣に属する。

第66条〔内閣の組織・国会に対する連帯責任〕

①　内閣は，法律の定めるところにより，その首長たる内閣総理大臣及びその他の国務大臣でこれを組織する。

②　内閣総理大臣その他の国務大臣は，文民

でなければならない。

③ 内閣は，行政権の行使について，国会に対し連帯して責任を負ふ。

第67条〔内閣総理大臣の指名・衆議院の優越〕

① 内閣総理大臣は，国会議員の中から国会の議決で，これを指名する。この指名は，他のすべての案件に先だつて，これを行ふ。

② 衆議院と参議院とが異なつた指名の議決をした場合に，法律の定めるところにより，両議院の協議会を開いても意見が一致しないとき，又は衆議院が指名の議決をした後，国会休会中の期間を除いて十日以内に，参議院が，指名の議決をしないときは，衆議院の議決を国会の議決とする。

第68条〔国務大臣の任命及び罷免〕

① 内閣総理大臣は，国務大臣を任命する。但し，その過半数は，国会議員の中から選ばれなければならない。

② 内閣総理大臣は，任意に国務大臣を罷免することができる。

第69条〔衆議院の内閣不信任〕　内閣は，衆議院で不信任の決議案を可決し，又は信任の決議案を否決したときは，十日以内に衆議院が解散されない限り，総辞職をしなければならない。

第70条〔内閣総理大臣の欠缺・総選挙後の総辞職〕　内閣総理大臣が欠けたとき，又は衆議院議員総選挙の後に初めて国会の召集があつたときは，内閣は，総辞職をしなければならない。

第71条〔総辞職後の内閣の職務〕　前二条の場合には，内閣は，あらたに内閣総理大臣が任命されるまで引き続きその職務を行ふ。

第72条〔内閣総理大臣の職権〕　内閣総理大臣は，内閣を代表して議案を国会に提出し，一般国務及び外交関係について国会に報告し，並びに行政各部を指揮監督する。

第73条〔内閣の職務〕　内閣は，他の一般行政事務の外，左の事務を行ふ。

一　法律を誠実に執行し，国務を総理すること。

二　外交関係を処理すること。

三　条約を締結すること。但し，事前に，時宜によつては事後に，国会の承認を経ることを必要とする。

四　法律の定める基準に従ひ，官吏に関する事務を掌理すること。

五　予算を作成して国会に提出すること。

六　この憲法及び法律の規定を実施するために，政令を制定すること。但し，政令には，特にその法律の委任がある場合を除いては，罰則を設けることができない。

七　大赦，特赦，減刑，刑の執行の免除及び復権を決定すること。

第74条〔法律・政令の署名〕　法律及び政令には，すべて主任の国務大臣が署名し，内閣総理大臣が連署することを必要とする。

第75条〔国務大臣の訴追〕　国務大臣は，その在任中，内閣総理大臣の同意がなければ，訴追されない。但し，これがため，訴追の権利は，害されない。

第6章　司　　法

第76条〔司法権，特別裁判所の禁止，裁判官の職務の独立〕　① すべて司法権は，最高裁判所及び法律の定めるところにより設置する下級裁判所に属する。

② 特別裁判所は，これを設置することができない。行政機関は，終審として裁判を行ふことができない。

③ すべて裁判官は，その良心に従ひ独立してその職権を行ひ，この憲法及び法律にのみ拘束される。

第77条〔最高裁判所の規則制定権〕

① 最高裁判所は，訴訟に関する手続，弁護

士，裁判所の内部規律及び司法事務処理に関する事項について，規則を定める権限を有する。

② 検察官は，最高裁判所の定める規則に従はなければならない。

③ 最高裁判所は，下級裁判所に関する規則を定める権限を，下級裁判所に委任することができる。

第78条〔裁判官の身分の保障〕 裁判官は，裁判により，心身の故障のために職務を執ることができないと決定された場合を除いては，公の弾劾によらなければ罷免されない。裁判官の懲戒処分は，行政機関がこれを行ふことはできない。

第79条〔最高裁判所の裁判官・国民審査〕

① 最高裁判所は，その長たる裁判官及び法律の定める員数のその他の裁判官でこれを構成し，その長たる裁判官以外の裁判官は，内閣でこれを任命する。

② 最高裁判所の裁判官の任命は，その任命後初めて行はれる衆議院議員総選挙の際国民の審査に付し，その後十年を経過した後初めて行はれる衆議院議員総選挙の際更に審査に付し，その後も同様とする。

③ 前項の場合において，投票者の多数が裁判官の罷免を可とするときは，その裁判官は，罷免される。

④ 審査に関する事項は，法律でこれを定める。

⑤ 最高裁判所の裁判官は，法律の定める年齢に達した時に退官する。

⑥ 最高裁判所の裁判官は，すべて定期に相当額の報酬を受ける。この報酬は，在任中，これを減額することができない。

第80条〔下級裁判所の裁判官〕 ① 下級裁判所の裁判官は，最高裁判所の指名した者の名簿によつて，内閣でこれを任命する。その裁判官は，任期を十年とし，再任されることができる。但し，法律の定める年齢に達した時には退官する。

② 下級裁判所の裁判官は，すべて定期に相当額の報酬を受ける。この報酬は，在任中，これを減額することができない。

第81条〔最高裁判所の法令等審査権〕 最高裁判所は，一切の法律，命令，規則又は処分が憲法に適合するかしないかを決定する権限を有する終審裁判所である。

第82条〔裁判の公開〕 ① 裁判の対審及び判決は，公開法廷でこれを行ふ。

② 裁判所が，裁判官の全員一致で，公の秩序又は善良の風俗を害する虞があると決した場合には，対審は，公開しないでこれを行ふことができる。但し，政治犯罪，出版に関する犯罪又はこの憲法第三章で保障する国民の権利が問題となつてゐる事件の対審は，常にこれを公開しなければならない。

第7章 財 政

第83条〔財政処理の基本原則〕 国の財政を処理する権限は，国会の議決に基いて，これを行使しなければならない。

第84条〔課税の要件〕 あらたに租税を課し，又は現行の租税を変更するには，法律又は法律の定める条件によることを必要とする。

第85条〔国費支出及び債務負担〕 国費を支出し，又は国が債務を負担するには，国会の議決に基くことを必要とする。

第86条〔予算〕 内閣は，毎会計年度の予算を作成し，国会に提出して，その審議を受け議決を経なければならない。

第87条〔予備費〕 ① 予見し難い予算の不足に充てるため，国会の議決に基いて予備費を設け，内閣の責任でこれを支出することができる。

② すべて予備費の支出については，内閣は，事後に国会の承諾を得なければならない。

第88条〔皇室財産，皇室の費用〕　すべて皇室財産は，国に属する。すべて皇室の費用は，予算に計上して国会の議決を経なければならない。

第89条〔公の財産の支出又は利用の制限〕　公金その他の公の財産は，宗教上の組織若しくは団体の使用，便益若しくは維持のため，又は公の支配に属しない慈善，教育若しくは博愛の事業に対し，これを支出し，又はその利用に供してはならない。

第90条〔決算審査・会計検査院〕
①　国の収入支出の決算は，すべて毎年会計検査院がこれを検査し，内閣は，次の年度に，その検査報告とともに，これを国会に提出しなければならない。
②　会計検査院の組織及び権限は，法律でこれを定める。

第91条〔財政状況の報告〕　内閣は，国会及び国民に対し，定期に，少くとも毎年一回，国の財政状況について報告しなければならない。

第8章　地方自治

第92条〔地方自治の基本原則〕　地方公共団体の組織及び運営に関する事項は，地方自治の本旨に基いて，法律でこれを定める。

第93条〔地方公共団体の機関とその直接選挙〕
①　地方公共団体には，法律の定めるところにより，その議事機関として議会を設置する。
②　地方公共団体の長，その議会の議員及び法律の定めるその他の吏員は，その地方公共団体の住民が，直接これを選挙する。

第94条〔地方公共団体の権能〕　地方公共団体は，その財産を管理し，事務を処理し，及び行政を執行する権能を有し，法律の範囲内で条例を制定することができる。

第95条〔一の地方公共団体のみに適用される特別法〕　一の地方公共団体のみに適用される特別法は，法律の定めるところにより，その地方公共団体の住民の投票においてその過半数の同意を得なければ，国会は，これを制定することができない。

第9章　改　　正

第96条〔憲法改正の手続・憲法改正の公布〕
①　この憲法の改正は，各議院の総議員の三分の二以上の賛成で，国会が，これを発議し，国民に提案してその承認を経なければならない。この承認には，特別の国民投票又は国会の定める選挙の際行はれる投票において，その過半数の賛成を必要とする。
②　憲法改正について前項の承認を経たときは，天皇は，国民の名で，この憲法と一体を成すものとして，直ちにこれを公布する。

第10章　最高法規

第97条〔基本的人権の本質〕　この憲法が日本国民に保障する基本的人権は，人類の多年にわたる自由獲得の努力の成果であつて，これらの権利は，過去幾多の試錬に堪へ，現在及び将来の国民に対し，侵すことのできない永久の権利として信託されたものである。

第98条〔憲法の最高法規性，条約・国際法規の遵守〕　①　この憲法は，国の最高法規であつて，その条規に反する法律，命令，詔勅及び国務に関するその他の行為の全部又は一部は，その効力を有しない。
②　日本国が締結した条約及び確立された国際法規は，これを誠実に遵守することを必要とする。

第99条〔憲法尊重擁護の義務〕　天皇又は摂政及び国務大臣，国会議員，裁判官その

他の公務員は，この憲法を尊重し擁護する義務を負ふ。

第11章　補　則

第100条〔憲法の施行期日・準備手続〕
① この憲法は，公布の日から起算して六箇月を経過した日から，これを施行する。
② この憲法を施行するために必要な法律の制定，参議院議員の選挙及び国会召集の手続並びにこの憲法を施行するために必要な準備手続は，前項の期日よりも前に，これを行ふことができる。

第101条〔経過規定〕　この憲法施行の際，参議院がまだ成立してゐないときは，その成立するまでの間，衆議院は，国会としての権限を行ふ。

第102条〔同前〕　この憲法による第一期の参議院議員のうち，その半数の者の任期は，これを三年とする。その議員は，法律の定めるところにより，これを定める。

第103条〔同前〕　この憲法施行の際現に在職する国務大臣，衆議院議員及び裁判官並びにその他の公務員で，その地位に相応する地位がこの憲法で認められてゐる者は，法律で特別の定をした場合を除いては，この憲法施行のため，当然にはその地位を失ふことはない。但し，この憲法によつて，後任者が選挙又は任命されたときは，当然その地位を失ふ。

◆著者紹介

横藤田　誠（よこふじた まこと）　広島大学大学院人間社会科学研究科教授

［執筆担当］
第1〜3講，第6〜8講，第12〜14講

［主要著書］
『法廷のなかの精神疾患——アメリカの経験』（日本評論社，2002年）
『精神障害と人権——社会のレジリエンスが試される』（法律文化社，2020年）
『謎解き　日本国憲法』（共著，有信堂，第1版2010年，第2版2016年）
『裁判所は「権利の砦」たりうるか』（編著，成文堂，2011年）

中坂恵美子（なかさかえみこ）　中央大学文学部教授

［執筆担当］
第4講，第5講，第9〜11講，第15〜17講

［主要著書］
『難民問題と「連帯」——EUのダブリン・システムと地域保護プログラム』（東信堂，2010年）
『国際法入門——逆から学ぶ』（共著，法律文化社，第1版2014年，第2版2018年）
『日本の法』（共著，日本評論社，第1版2017年，第2版2020年）
『包摂・共生の政治か，排除の政治か——移民・難民と向き合うヨーロッパ』（共著，明石書店，2019年）

Horitsu Bunka Sha

人権入門〔第4版〕
——憲法／人権／マイノリティ

2008年 5 月25日	初　版第1刷発行
2011年 4 月 5 日	第2版第1刷発行
2017年 3 月25日	第3版第1刷発行
2021年 4 月20日	第4版第1刷発行

著　者　横藤田　誠・中坂恵美子

発行者　田靡純子

発行所　株式会社　法律文化社

〒603-8053
京都市北区上賀茂岩ヶ垣内町71
電話 075(791)7131　FAX 075(721)8400
https://www.hou-bun.com/

印刷：中村印刷㈱／製本：㈲坂井製本所
装幀：石井きよ子

ISBN978-4-589-04145-6

宍戸常寿編〔〈18歳から〉シリーズ〕 **18歳から考える人権**〔第2版〕 B5判・106頁・2300円	人権によって私たちはどのように守られているのか？　ヘイトスピーチ，生活保護，ブラック企業……人権問題を具体例から読み解く入門書。SDGs，フェイクニュース，コロナ禍の解雇・雇止めなど，人権に関わる最新テーマにも言及。
水島朝穂著〔〈18歳から〉シリーズ〕 **18歳からはじめる憲法**〔第2版〕 B5判・128頁・2200円	18歳選挙権が実現し，これまで以上に憲法についての知識と問題意識が問われるなか，「憲法とは何か？」という疑問に応える。最新の動向をもりこみ，憲法学のエッセンスをわかりやすく伝授する好評書。
君塚正臣編 **高校から大学への憲法**〔第2版〕 A5判・222頁・2100円	高校までの学習を大学での講義に橋渡しすることをねらったユニークな憲法入門書。本文では高校で学んだ用語を明示するとともに大学での基本用語も強調し，学習を助ける工夫をした。高校の新指導要領を踏まえ全面的に改訂。
横藤田誠著 **精神障害と人権** —社会のレジリエンスが試される— A5判・194頁・2700円	精神障害者がおかれている現況を人権の観点から考察し，その争点となる法的，社会的対応およびその意義と限界を考察する。精神障害者が他者と共生できる社会像を模索していく過程では，常に社会の「レジリエンス」が試されることも明示する。
瀧川裕英編 **問いかける法哲学** A5判・288頁・2500円	私たちの生活に大きくかかわっている法や制度を根本的に見つめ直すことによって，それらがどのように成り立っているのかを考える「いきなり実戦」型の入門書。賛否が分かれる15の問いを根源的に検討するなかで，法哲学の魅力に触れることができる。
河野正輝著 **障害法の基礎理論** —新たな法理念への転換と構想— A5判・274頁・5400円	社会福祉法から障害法への生成過程にある現在，法が対応すべき基本問題を解明するために，障害法の構成する範囲・部門・法原理など基礎理論を考察する。そのうえで現行の障害者総合支援法および障害年金法制の課題も検討する。

————————法律文化社————————

表示価格は本体(税別)価格です